메시지가 미디어다
스마트폰 시대의 사회변동과 메시지 전략

메시지가 미디어다

스마트폰 시대의 사회변동과 메시지 전략

지은이 / 유승찬
펴낸이 / 강동권
펴낸곳 / 나무바다

1판 1쇄 발행 / 2018년 6월 30일

신고 / 2018년 5월 8일 (신고번호 제2018-000063호)
주소 / 서울시 종로구 율곡로13가길 19-5(연건동 304) 우 03081
전화 / 02-720-4572 · 팩스 / 02-720-4573
이메일 / thethickforest@gmail.com
페이스북 / facebook.com/thethickforest · 트위터 / twitter.com/thethickforest

ISBN 979-11-964096-0-9 03300

* '나무바다'는 '이학사'의 임프린트입니다.

* 책값은 뒤표지에 표시되어 있습니다.

이 도서의 국립중앙도서관 출판예정도서목록(CIP)은 서지정보유통지원시스템 홈페이지(http://seoji.nl.go.kr)와 국가자료공동목록시스템(http://www.nl.go.kr/kolisnet)에서 이용하실 수 있습니다.(CIP제어번호: CIP2018017964)

메시지가 미디어다

스마트폰 시대의 사회변동과 메시지 전략

유승찬 지음

나무바다

여름 아침에는
자비로운 하늘이 무수한 우리들의 사진을 찍으리라
단 한 장의 사진을 찍으리라

― 김수영, 「여름 아침」

책을 펴내며
새로운 시작

"여기선 모두가 아파. 싸우는 사람이 지도자가 되는 거야."
— 〈매드맥스: 분노의 도로〉

"나는 모르겠어!"

　평온한 시기에도 그렇지만 급격한 변화의 시기에 우리에게 가장 필요한 덕목은 겸손이다. 겸손은 성찰의 다른 이름이며 용기 있는 삶으로 가는 지름길이다. 폴란드 시인 비스와바 쉼보르스카가 시인으로서의 삶을 지탱한 단 한마디를 "나는 모르겠어"라고 규정한 것은 모른다는 자각이야말로 새로운 질문을 향해 열린 문이기 때문이다. 여기엔 작지만 견고한 날개가 달려 있다. 쉼보르스카가 노벨 문학상 수상 연설에서 아이작 뉴턴이 "나는 모르겠다"고 생각하지 않았다면 그저 사과를 먹기 바빴을 것이라고 한 점은 참 은유적이다. 쉼보르스카는 이렇게 말했다. "스스로에게 새로운 질문을 던지지 않으면 생존에 필요한 열정을 잃고 머지않아 소멸된다."

　그 어느 때보다 기술혁명의 파고가 거세다. '4차 산업혁명'이라는 다소 촌스런 어휘를 쓰지 않더라도 인류의 미래는 거대한 혼란의 소용돌이 속으로 진입한 것 같다. 기술혁명이 인간의 삶에 막대한 영향을 미치는 주기도 점점 짧아지고 있다. 미디어와 정치도 이 파고를 비껴갈 수는 없다.

스마트폰은 가장 짧은 시간에 인류의 보편적인 생활 방식을 뒤바꾼 기기이다. 이 책은 스마트폰 시대의 사회변동과 새로운 미디어 환경에서의 메시지 전략을 다루고 있다. 특히 세월호 참사, 촛불혁명, 미투 운동 등에 이르기까지 우리는 기존의 미디어 환경에서는 상상하지 못했던 새로운 경험을 하고 있다. 메시지와 미디어의 관계에도 변화가 생겼다. 전통 미디어의 역할은 계속 축소되고 있으며, 스마트폰 생태계를 장악한 새로운 형태의 미디어들이 우리의 삶에 더욱 깊숙하게 파고들고 있다. 나는 이 책에서 메시지의 지위가 술어에서 주어로 이동했으며, 그 역할이 이전 시기보다 훨씬 커졌다는 사실을 살펴보려고 했다. 누구나 미디어를 가질 수 있는 시대에 일어나고 있는 사회변동과 삶의 변화에 주목했다.

중요한 점은 이 책을 쓰고 있는 동안에도 새로운 변화가 일어나고 있다는 점이다. 특히 인공지능을 둘러싼 변화는 스마트폰을 또 다른 차원으로 이동시킬 것이며 나아가 현대사회의 새로운 표준을 만들어낼 수도 있다. 이 책은 모든 변화에 대한 닫힌 대답이 아니며 활짝 열린 질문 그 자체다. 이것은 끝이 아니라 시작일 뿐이다. 책을 쓰면서 내내 안개처럼 떠다니는 물음표를 마주해야 했던 이유다. '메시지가 미디어다'라는 책의 제목은 마셜 매클루언의 '미디어가 메시지다'를 반어적으로 표현한 것이다. 메시지가 주어가 된 상황을 스마트폰 시대의 본질적 변화 가운데 하나로 정의한 것이다.

"나는 모르겠어"라는 태도는 질문을 샘솟게 만든다. 이 글을 쓰는 동안 나는 넷플릭스의 영화와 다큐멘터리, 미드, 스탠드업 코미디를 보면서 머리를 식혔다. 그 가운데 로버트 케네디의 정치 역정을 다룬 〈로버트, 우리가 사랑한 케네디〉라는 4부작 다큐멘터리가 참 인상적이었다. 정치인의 관점과 태도가 일상적 접촉을 통해 긍정적으로 변화하는 과정을 잘 표현한 작품이다. 뉴욕 상원 의원에 출마한 케네디의 연설은 처음에는 굉장히 어설펐다. 청중을 사로잡지도 못했고 뭔가 어색했다. 하지만 그는 청중들과 호흡하면서 굉장히 빠른 속도로 적응했다. 문학작품을 시의적절하게 인용하는 그의 즉흥 연설은 금세 뉴욕 시민들의 마음을 사로잡았다.

 "조지 버나드 쇼는 이렇게 말했습니다. 사람들은 존재하는 것을 보고 '왜?'라고 묻는다고 말입니다. 저는 존재하지 않는 것을 상상하며 '왜 안돼?'라고 묻습니다."

 나는 이 책을 통해 독자들의 질문이 더 많아지기를 기대한다. 질문들이 새로운 시작으로 이어지기를!

 책을 읽기보다 술을 더 많이 마신 독서 토론 모임의 안병진, 임채원 교수에게 고마움을 전한다. 또 독서 토론 멤버이자 선거 캠페인 기간 내내 나의 레드 팀red team 역할로 인식의 지평을 넓혀준 친구 우겸(장혜영)에게 특별한 고마움을 전한다. 어려운 선거 캠페인 과정을 기꺼이 함께해준 스토리닷 식구들, 프랭키(김기석), 한섬(김정우), 윤감(윤정민), 루(오규영), 그레이(정대망), 라팜(김지연), 채채(김채영), 곰캐(김채원), 모르니(정기영), 미니(김민)에게도 감사의 인사를 보낸다. 캠페인 기간 나의 닉네임은 애니였다. 나를 항상 응원해준 김호기 교수, 많은 것을 가르쳐준 박성민 대표께도 감사드린다. 책에도 인용한 이명수, 정혜신 샘께 존경의 인사를 보낸다. 그리고 나에게 항상 영감을 주는 많은 페북 친구들께도 고맙다.

감사 인사를 전할 사람이 더 많지만 여기에 다 열거할 수 없음을 용서하기 바란다. 자신의 노래를 만들고 들려준 아들 인서, 책에 대해 관심을 갖고 기꺼이 토론에 응해준 딸 영서에게 사랑을 보낸다. 마지막으로 거친 원고를 다듬어준 임양희 편집장, 기꺼이 출판을 허락해준 강동권 대표께 깊은 감사를 드린다.

2018년 6월 상수동에서, 유승찬

차례

| 책을 펴내며 | 새로운 시작 | 7 |

○ 프롤로그 15
'메시지'는
어떻게 '주어'가
되었나?

스마트폰 시대의 메시지 파워	17
스마트폰 이전과 이후	23
미디어의 경계를 넘는 메시지의 힘	41
메시지가 미디어다	49

○ 1부 57
디지털 미디어
혁명과 사회변동

1장 디지털 기술이 이끄는 '미디어 대지진' 59
1) '내 손 안에 무한을 쥐고' 59
2) 스마트폰이 주도하는 미디어 지도 65
3) 읽을 것인가, 스캔할 것인가 80
4) 국민이 기자다 87
5) 집단 극화와 모바일 부족화 91
   기고 드루킹? 문제는 네이버! 98
   기고 아찔한 '지지율 경마 보도' 104

2장 기술혁명에 대한 두 태도 108
1) 인터넷의 미래에 대한 낙관과 비관 108
2) 포퓰리즘이냐 새로운 대중의 탄생이냐 111

3장 소셜 미디어 시대의 메시지 전략 115
1) 공짜 미디어와 프라이버시 116
2) 강력한 메시지가 된 일상의 기록들 124
3) 해시태그, 전진하는 메시지 132
   기고 혁명적인 포스트잇 미디어 142
4) 촛불혁명, 스마트폰 행동주의 146

2부 159
메시지가 미디어다

1장 메시지와 결합된 다양한 채널	161
2장 스마트폰 정치학	173
1) 승리를 위한 채널 지도 만들기	175
2) 홈페이지와 블로그	178
3) 강력한 캠페인 미디어, 트위터	179
4) 네트워크 최강자, 페이스북	180
5) 새롭게 떠오른 무기, 유튜브	184
6) 누구나 다 하는 카톡과 문자 메시지	185
7) 헤이, 이메일	188
3장 여론을 주도하는 트위터의 힘	190
1) 오바마 "트위터를 하라!"	190
2) 트럼프 "트위터를 한다!"	192
3) 메시지 훈련과 실천의 도구	196
4장 기술혁신과 함께 전진하는 메시지	203
1) 캠페인의 목표와 전략	203
2) 보응우옌잡의 '3불 전략'	206
3) 기술혁신 "캠페인을 캠페인하다"	209
4) '권력의 기득권자'에서 '세상의 도전자'로	213
5장 메시지 없는 전략의 운명	216
1) 여전히 막강한 TV 토론	216
2) 양자 프레임 '문재인과 안철수의 대결'	221
3) 추락하는 것은 날개가 없다	224
6장 세상을 바꾼 메시지들	228
1) 이름을 불러주세요!	228
2) 세종대왕이 살아 있다면?	232
3) 나에게는 꿈이 있습니다	235

4) 고양이가 기가 막혀!	238
5) 전태일을 살려내라!	243

● 3부 247
캠페인 메시지 공작소

1장 좋은 메시지의 9가지 원칙	**252**
1) 메시지는 진실하고 믿을 수 있어야 한다	252
2) 메시지는 구체적인 것을 포함해야 한다	256
3) 메시지는 유권자에게 중요한 것이어야 한다	261
4) 메시지는 명확하며 가슴을 움직여야 한다	262
5) 메시지는 대조를 이뤄야 한다	265
6) 메시지는 짧아야 한다	268
7) 메시지는 반복되어야 한다	271
8) 메시지는 행동과 연결되어야 한다	273
9) 메시지는 겨냥되어야 한다	274
2장 메시지 워크시트	**278**
1) 후보 메시지 만들기	278
2) 메시지 박스 만들기	280
3) 이슈 중요도와 포지션 결정하기	285

● 에필로그 291
새로운 정치를 향한 스마트폰 행동주의

참고 문헌 301

'메시지'는 어떻게 '주어'가 되었나?

———

힘겨운 나날들, 무엇 때문에 너는

쓸데없는 불안으로 두려워하는가?

너는 존재한다— 그러므로 사라질 것이다

너는 사라진다— 그러므로 아름답다

— 비스와바 쉼보르스카, 「두 번은 없다」, 「끝과 시작」

스마트폰 시대의 메시지 파워

촛불혁명은 스마트폰 시대에 일어난 거대한 사회변혁 운동이다. 그것은 하나의 기적이었다. '어둠은 빛을 이길 수 없다'는 메시지는 촛불과 어울려 성스럽게 타올랐다. 세월호 참사의 아픔을 공유한 시민들은 '진실은 침몰하지 않는다'는 구호를 외쳤다.

 1,700만 명의 시민들은 한 손엔 촛불을 들고 한 손엔 스마트폰을 들었다. 촛불은 광장을 밝혔고, 스마트폰은 광장에 나오지 못한 훨씬 더 많은 시민들을 연결했다. 수천만 건의 글과 수백만 장의 사진과 수십만 개의 현장 동영상이 전송되고 공유되었다. 트위터, 페이스북, 유튜브, 인스타그램은 날마다 밤을 지샜다. 수없이 쏟아지는 촛불 관련 뉴스와 콘텐츠가 사람들의 잠을 빼앗았다. 최순실의 태블릿PC 보도가 있던 날과 삼성이 국민연금을 이용했다는 소식이 전해진 날 밤 트위터의 분노는 최고조에 달했다.

촛불혁명은 스마트폰 시대의 사회변혁 운동이 굉장히 새로운 양상으로 나타난다는 사실을 보여주었다. 인류 역사상 가장 큰 규모의 집회와 시위가 단 한 명의 구속자도 없는 평화 시위로 치러졌다는 사실에 전 세계가 깜짝 놀랐다. 시민들은 "촛불도 바람이 불면 꺼질 것"이라는 김진태의 말이 나오자 LED 촛불을 들었다. LED 촛불은 김진태의 발언을 전복하는 하나의 유머였다. 그러나 이미 수백만 장의 사진으로 전송된 촛불은 결코 꺼질 수 없었다. 광장의 촛불은 스마트폰의 신호를 타고 사람들의 마음속에서 더 환하게 타오르고 있었기 때문이다. 광장에서 경찰과 함께 가장 바빴던 사람들은 바로 통신 3사의 기지국과 와이파이 기술자들이었다.

민주주의 역사상 가장 평화적으로 승리한 이 혁명에서 촛불만큼 중요한 것은 스마트폰이었다. 즉 스마트폰에서 구현되는 소셜 미디어와 메신저 앱이었다. 스마트폰을 이용한 생중계와 사진과 메시지가 시민들을 하나로 연결시켰다. 광장의 슬로건은 해시태그로 통일되었다. 그들은 순차적으로 #박근혜_하야, #박근혜_되진, #박근혜_탄핵으로 해시태그 캠페인을 벌였다. 해시태그는 소셜 미디어와 메신저 앱에 분산된 사람들의 목소리를 하나로 연결하고 통합하는 역할을 했다.

촛불혁명은 '스마트폰 행동주의'의 종합판이다. 스마트폰 행동주의가 민주주의의 긍정적 변화에 기여할 수 있다는 하나의 암시이자 전혀 새로운 모델이다. 시민들의 자발적 연설은 스마트폰을 손에 쥔 시민들이 더 이상 메시지의 일방적 수용자가 아니라 능동적인 생산자임을 선언한 것이다. 광장은 시민들의 스피치로 매주 새롭게 태어났다. 강추위와 폭설에도 생기가 넘쳤다. 거기엔 나의 이야기가 있었고, 내 친구의 이야기가 있었고, 내 이웃의 이야기가 있었다. 공적 영역으로의 모험에 나선 인류애의 긍지와 사랑이 촛불 파도로 물결쳤다. 광장의 물결은 스마트폰을 통해 인터넷, 모바일 물결로 연결되었다.

세계가 한국의 민주주의 혁명을 부러워했다. 세계 언론은 한국의 평화혁명을 극찬했다. 시민들은 자신의 행동을 기록하고 퍼뜨렸다. 집회가 끝나면 자발적으로 쓰레기를 치웠다. 어느 날 등장한 '장수풍뎅이연구회'는 집회를 즐겁게 만들었다. '투쟁하냥' '박근혜 하야하야'을 외친 '민주묘총'이나 반려견을 키우는 사람들의 모임인 '전견련'도 등장했다. '콜드 플레이 예매 성공자 연합'이나 '얼룩말연구회' '전국양배추취식연합회' 등 자발적인 소셜 미디어 연대의 깃발이 광장을 수놓았다. 트위터의 해시태그가 깃발이 되었고 그들의 창의적인 구호는 광장을 축제 분위기로 물들였다. 가수들은 노래했고, 무용수들은 춤췄으며, 시민단체들은 피켓을 나누어 주었다. 그들은 모두 강력한 메시지 발신자들이었다.

광장에는 박근혜 탄핵 주장만 있지 않았다. 박근혜 탄핵을 주장하는 사람들이 여성 혐오 발언을 하면 강력하게 저항하기도 했다. 광장에는 페미니즘도 있었고, 성소수자도 있었고, 장애인도 있었다. 비정규직 노동자들의 외침도 있었고, 외국인 노동자도 있었다. 통진당 해산에 대한 항의의 목소리도 있었다. 세월호의 슬픔, 백남기 농민의 죽음에 대한 애도는 촛불혁명의 도화선이었다. 광장 이후의 진짜 혁명을 예견하는 다양한 목소리가 존재했다.

"나도 당했다."

세상을 뒤흔든 '미투Me Too(나도 고발한다)' 운동은 광장의 확장이다. 광장의 일상적 확장이다. 박근혜와 최순실을 몰아냈듯이 '내 안의 박근혜, 내 옆의 최순실'도 청산하자는 목소리다. 미투 운동을 이끌고 있는, 소셜 미디어 시대가 낳은 위대한 발명품인 해시태그(#)는 그 자체로 새로운 메시지이자 특정 브랜드를 갖지 않은 무수한 미디어(들)이다.

피해자들의 간절한 호소는 누구도 대신할 수 없는 강력한 메시지가 된다. 해시태그는 편집자도 주인도 없는 미디어가 된다. 특출한 메신저의 말이 미디어를 통해 일방적으로 소비되는 것이 아니라, 무수한 메시지 생산자들이 새로운 미디어를 만든다.

개인의 경험과 공적 가치가 만나는 지점의 메시지 폭발력은 마치 지진처럼 순식간에 세상을 뒤흔든다. 참여와 공감, 연대의 흐름은 들불 같다. 인류가 한 번도 경험해보지 못한 새로운 흐름이 기존 미디어 권력을 어리둥절하게 만든다. 어디 미디어 권력뿐이겠는가?

해시태그 '위드유With You'는 개별 미투에 대한 지지를 넘어선 '세상의 모든 미투'에 대한 연대의 메시지이자 행동 선언이다. 이것은 마치 빌 클린턴이 삶의 고단함을 호소하는 여성에게 '당신의 고통을 느낍니다I Feel Your Pain'라고 말했던 것과 같다. 그것은 단지 그 여성에 대한 메시지가 아니라 미국의 모든 사회적 약자, 즉 여성, 청년, 비정규직 노동자, 유색인종을 향한 메시지였다. '위드유'는 집과 학교와 직장에서 타오른 새로운 촛불이다.

미투 운동이 어디로 향할지 아무도 알 수 없다. 하지만 야만의 시대는 타격을 입고 비틀거릴 것이다. 인간다움을 향해 나아가는 인류의 위대한 여정은 멈출 수 없다. '미투'라는 메시지는 해시태그를 만나 미디어가 되었고 '위드유'와 연대하면서 스스로를 확장한다. 월가 점령 시위가 '오큐파이occupy'라는 다소 과격한 행동으로 참여자들의 확장성을 담보하지 못한 채 단명했다면, 한국의 촛불시위는 수많은 시민의 스피치와 해시태그를 평화적 광장으로 이끌어 정권 교체라는 중요한 사회 변화를 만들어냈다. 미투 운동은 새로운 분노이고, 새로운 고발이며, 새로운 행동이다. 미투 운동은 남성을 적으로 돌리고 섬멸하는 운동이 아니라, 평등한 세상이라는 인류의 보편적 가치를 지금 이 순간 실현하려는 운동이다.

노무현은 탁월한 메시지와 인터넷이라는 새로운 미디어 공간을 활용하는 능력으로 대통령이 됐다. 오바마는 소셜 미디어와 빅데이터를 잘 활용한 정치인이다. 둘의 공통점은 새롭게 태어난 미디어 리터러시*에 능했다는 점이다. 새로운 미디어를 이해하고 활용할 줄 아는 능력은 곧 대중과의 공감을 이끌어내는 힘이다. 그들은 고졸 출신, 흑인 출신이라는 핸디캡을 오히려 장점으로 만들 줄 아는 지도자였다. 노무현은 링컨과 김대중을 언급하며 학벌 중

* 미디어 리터러시

미디어학자 박종구는 "'리터러시lit-eracy'란 일반적으로 텍스트, 즉 문자를 쓰고 읽는 능력을 의미하는데, 커뮤니케이션 기술의 발달이 가져온 언어의 형태에 따라 개념이 확장되어왔다. 즉 문자 매체의 시대에는 문자 언어를 분석하기 위한 능력이, 영상 매체의 시대에는 영상 언어를 분석하기 위한 미디어 리터러시 능력이 요구되었다. 한편 디지털 시대에는 디지털 언어가 구성하는 메시지를 분석할 수 있는 능력을 의미하는 새로운 리터러시가 요구되고 있다"고 말했다.
소니아 리빙스턴은 미디어 리터러시를 "다양한 형태의 메시지에 접근해서 분석 평가하며, 다양한 형태의 메시지를 만들어낼 수 있는 능력 ability to access, analyze, evaluate, and createmessage in a variety of forms"으로 정의했다(박종구, 『뉴미디어 채택 이론』).

심 사회를 비판했고, 오바마는 "내가 대통령 선서를 하는 순간 전 세계 유색인종이 다시 꿈꾸기 시작할 것"이라는 감동적인 메시지를 남겼다.

하지만 미투 운동은 유명인의 미디어 활용이라는 측면을 넘어선다. 이제 사람들은 유명인의 메시지를 소비하고 열광하는 데 그치지 않고 그들 스스로 메시지 생산자가 되고 행위자가 된다. 일방적인 메시지 유통 질서를 거부한 시민들은 마치 안토니오 그람시가 설파한 '진지전'처럼 도처에 자신의 채널을 만들고 메시지를 생산한다. 마치 어디를 공격해야 할지 몰라 해킹을 할 수 없는 '블록체인'처럼 미투 운동 역시 중심 세력이 없다. 기득권 체제 아래서 폭력적 상황에 노출됐던 여성들이 다양한 경로로 자신의 피해 사실을 폭로하기 시작했다. 성폭력은 예방할 수 있지만 이미 저지른 성폭력에 대한 고발을 예방할 수는 없다. 그렇기 때문에 남성들은 '펜스룰' 같은 비겁한 방식을 택할 것이 아니라 성 평등에 대한 근본적인 인식 전환을 하는 것이 안전하다. 스마트폰은 지울 수 없는 디지털 흔적을 남긴다. 만약 당신이 잘못을 저지른다면 그것은 지금 당장은 아니더라도 언젠가는 드러나게 될 것이다.

스마트폰 시대의 가장 큰 특징은 '네가 지난 여름에 한 일'을 누군가는 알고 있고 그 누군가가 마음만 먹으면 언제든지 자신의 메시지를 발신할 수 있다는 점이다. 그리고 그 메시지는 거의 동시적으로 사람들에게 전달된다. 적어도 자신의 아버지가 아이들 교육의 책임자인 교육감이 되는 것은 막아야 한다고 생각한 고승덕의 딸 캔디 고가 발신한 메시지 하나가 순식간에 모든 미디어의 톱뉴스가 됐다. 캔디 고의 삶과 용기가 만든 메시지가 강력한 미디어가

된 것이다. 당시 캔디 고가 메시지를 전한 페이스북 계정의 '좋아요' 숫자는 채 50개도 되지 않았다. 메시지는 그것이 누구의 메시지이든, 갖고 있는 채널의 영향력이 어떻든 경청할 만한 가치가 있다면 그 순간 강력한 미디어가 된다.

스마트폰 이전과 이후

평창동계올림픽 스피드스케이팅 국가대표 김보름 선수는 단 2분의 인터뷰로 마녀사냥의 타깃이 되었다. 안희정 전 충남도지사가 정치 인생을 접는 데 걸린 시간은 단 두 시간이었다. 두 사건은 사람들에게 각각 다른 성격의 충격을 안겼지만 가공할 만한 뉴스 전파 속도에 쓰나미처럼 휩쓸려가버렸다는 공통점을 갖는다. 스마트폰은 뉴스 전파 속도를 결정하는 가장 강력한 무기이다. 뉴스 소비에 있어서 인류 역사는 스마트폰 이전과 이후로 구분된다.

스마트폰 이전의 세상을 돌이켜보는 것은 스마트폰 이후의 세상을 이해하는 데 큰 도움이 된다. 단 10년 동안 인류의 정보 소비 방식은 전혀 딴판이 됐다. 많은 사람이 지금 이 순간 스마트폰 없는 세상으로 돌아갈 수 없을 것이라고 말한다. 4인 가족이 거실에 있다. 아빠는 TV로 야구 경기를 보고 엄마는 책을 읽는다. 아들과 딸은 스마트폰으로 동영상을 본다. 아빠가 시끄럽다고 소리친다. 엄마는 안방으로 가고, 아이들도 각자의 방으로 들어간다. 한 빅 데이터 분석가는 아이들을 거실로 나오게 하려면 각자의 방에서는 와이파이가 잡히지 않게 하는 방법밖에 없을 것이라고 말한다. 당신은 무엇을 잃어버렸을 때 가장 큰 공황에 빠지는가? 지갑? 신용카드? 시계? 물론 사람마다 다르겠지만 이미 머릿속에 스마트폰을 떠올리는 사람이 많을 것이다. 현금과 신용카드와 시계가 이미 스마트폰으로 통합된 사람도 많을 것이다.

윌리엄 블레이크가 쓴 '내 손 안에 무한을 쥐고'라는 시구詩句를 마주한 스티브 잡스의 표정이 어땠을까? 컴퓨터와 태블릿 PC의 도전을 물리치고 스마트폰은 지금 이 순간에도 무한을 향한 질주를 멈추지 않는다. 아이폰을 처음 접했을 때 나는 친구들에게 말했다. "궁극의 단말기가 될 거야." 아무 근거 없이 한 말이었지만, 스마트폰은 내가 상상했던 것보다 훨씬 빠른 속도로 궁극의 단말기가 되어가고 있다. 전화와 메신저는 스마트폰 기능의 아주 일부가 되었다. 사람들이 스마트폰으로 뉴스를 읽고, 드라마를 보고, 게임을 하고, 소셜 미디어를 하는 것은 이제 일상이 되었다. 여기서 더 나아가 이제 사람들은 스마트폰으로 주식 거래를 하고, 폰뱅킹을 하며, 신용카드 결제까지 하기 시작했다. 한때 선풍적인 인기를 끌었던 내비게이션 서비스도 스마트폰으로 흡수되었다. 스마트폰 사진전을 하는 작가가 생겼으며, 스마트폰으로 그린 그림으로 전시회도 연다. 넷플릭스가 회원제 스트리밍 서비스를 시작하면서 스마트폰 영화관 시대가 열렸고, 온라인 교육의 상징인 무크(MOOC: Massive Open Online Course)는 대학 교육의 새로운 패러다임을 예고한다. 시간, 장소의 구애를 받지 않고 거의 모든 생활을 스마트폰으로 누릴 수 있는 시대가 도래한 것이다. 스마트폰은 인류의 삶 전체의 중심이 돼가고 있다.

언어의 장벽을 허무는 순간 인류에겐 새로운 네트워크 시스템이 출현할 것이다. 인류가 언어의 장벽으로부터 해방된다면 어떤 일들이 벌어질까? 극단적으로 가정해서 내가 쓰는 이 책이 한글로

쓰이는 순간 동시에 세계 각 나라의 언어로 번역되는 시대가 온다면 우리에겐 어떤 변화가 일어날까?

자유로운 의사소통이 가능하다는 사실만으로도 각각의 언어권에 갇혀 있던 사람들의 상상력에 강력한 지진이 일어날 것이다. 이는 스마트폰이 인공지능과의 결혼에 성공했다는 것을 뜻한다. 인공지능 스마트폰의 시대가 열리면 지금은 상상도 할 수 없는 변화가 일어날 것이다. 데이터 칩을 심은 인간이 나올 수도 있고 키보드를 누르거나 소리를 내지 않고 단지 생각하는 것만으로도 검색이 되는 시대가 열릴 수도 있다. 인간의 직업이 어디까지 바뀔지도 알 수 없다. 과연 인간은 인공지능을 인류에게 유익한 방향으로 통제할 수 있을까? 이 질문에도 찬반양론이 분분하다.

흔히 말하는 '모든 지식은 구글에 물어보면 된다'는 '구글 노잉 google knowing'의 시대가 또다시 과거가 되는 것이다. 구글 노잉, 네이버 지식의 시대를 넘어, 즉 지식 의존성을 넘어 행동 의존성의 시대가 열릴 것이다. 인공지능이 일상적인 업무를 자동으로 처리해주는 것을 넘어 주식 투자, 세무 계산, 급여 이체, 법정 소송 등 인간에게 필요한 일을 인간보다 더 정확하게 대신해줄 가능성이 열리는 것이다. 이미 비트코인 같은 가상화폐에 투자하는 인공지능 소프트웨어는 인간보다 훨씬 더 안정적이고 효과적인 수익을 내고 있다. 가상화폐 거래 시장은 일반 주식시장과 달리 개장과 폐장이 없다. 24시간 동안 패턴을 알고리즘화할 수 있는 것이다. 기업 분석도 필요 없다. 예를 들어 패턴 빅 데이터 분석과 수익률 규정, 즉 수익 40%, 손실 10% 구간을 설정하고 프로그램을 가동하면 일체의 피로도 느끼지 않고 잠을 자지 않아도 되는 프로그램이

24시간 사고팔고를 반복하는 것이다. 인간은 결국 경쟁을 포기할 것이다. 사실 지금 우리는 이미 행동 의존성의 시대에 진입했는지도 모른다. 과학철학자 토머스 쿤이 1959년 『과학혁명의 구조』에서 과학혁명의 패러다임 쉬프트를 말했듯이 기술혁명은 단계적으로 일어나지 않는다. 어느 순간 문득 새로운 패러다임을 만든다. 굳이 특이점singularity*을 거론하지 않더라도 말이다.

이 책은 단지 스마트폰에 대한 것이 아니므로 다시 뉴스로 돌아가보자.

옥스포드대학이 매년 발표하는 저널리즘 이용 현황을 보면 해마다 스마트폰을 통해 뉴스를 소비하는 비율이 크게 늘고 있다는 사실을 알 수 있다. 스마트폰 사용이 일반적이라는 사실은 통계를 보지 않더라도 지하철을 타보면 알 수 있다. 연령대에 상관없이 열에 아홉은 스마트폰을 보고 있다. 나라마다 조금씩 차이는 있지만 우리나라는 스마트폰 뉴스 이용률이 특히 높은 편이다. 우리나라에서 스마트폰을 통한 뉴스 이용률은 노트북을 포함한 PC를 앞질렀다. 세계에서 가장 빠른 수준이다. 반면 한국인의 신문 이용률은 20-30대에서는 그 의미를 찾을 수 없는 정도의 수치인 2-3%에 머물고 있다. 50대 이상에서도 7% 정도다. 전국 일간지는 무수히 많이 존재하지만, 신문을 보는 사람은 거의 사라지고 있는 셈이

---

* **특이점**

구글의 기술이사인 레이먼드 커즈와일은 2005년 저서 『특이점이 온다』를 통해 2045년이면 인공지능(AI)이 모든 인간의 지능을 합친 것보다 강력할 것으로 예측하면서 인공지능에 대한 우려를 나타냈다. 즉 2045년이 되면 인공지능이 만들어낸 연구 결과를 인간이 이해하지 못하게 됨에 따라 인간이 인공지능을 통제할 수 없는 지점이 올 수도 있는데 그 지점이 바로 특이점이라는 것이다(한경 경제용어사전).

다. 브런치 카페에 앉아 커피를 마시며 신문을 보는 근사한 풍경은 서서히 박물관을 향하고 있다. 이것은 옳고 그름의 문제가 아니다. 시대의 흐름은 가혹할 정도로 완강하다.

　이제 신문은 거실의 식탁이나 사무실의 탁자 위에 '존재'하지 않는다. 거기에 놓여 있다고 해도 생생한 뉴스의 보고가 아니라 장식용인 경우가 더 많다. 꽃병이 있고 신문이 있고 몇 권의 잡지가 꽂혀 있는 식이다. 신문이 생동감과 소구력을 갖춘 뉴스의 보고가 아니라 스마트폰 포털 앱의 한 귀퉁이에 입점해 사람들의 손길을 애타게 기다리는 천덕꾸러기가 된 시대에 우리는 무엇을 해야 할까?

　얼마 전 대학교 심리학과 2학년인 딸이 '신문 읽기' 모임을 한다고 했다. 친구들끼리 각자 신문 하나씩을 정해 주제를 고르고 기사를 요약하고 토론하는 신문 읽기 모임이다. 딸은 『경향신문』을 맡았다고 한다. 그런데 신문을 읽는 일이 의외로 재미있어서 스스로도 놀랐다고 한다. 인터넷과 함께 태어난 '디지털 원주민'인 딸이 종이 신문을 그런 식으로라도 접한다는 사실은 '디지털 이민자'인 나에겐 무척 반가운 일이었다. 딸은 종이로 신문 기사를 읽으니 속도가 느려지고 그만큼 더 많은 생각을 하게 된다고 말했다. 또 하루를 보는 한 신문의 온전한 시선이 느껴져 세상을 보다 종합적으로 볼 수 있는 느낌이 들었다고 했다.

　나는 딸에게 신문 읽는 법을 다룬 책 『신문 소프트』*라는 책을 소개해줬다. 딸이 바로 그 자리에서 스마트폰으로 검색해보더니

* 『신문 소프트』
신문 활용법을 다룬 책으로 1991년 10월 지식공작소가 펴냈다. 저자는 강성기. 신문을 열 배로 활용하는 기술, 큰 정보, 작은 정보, 신문을 내 정보로 만드는 법 등으로 구성됐다. 출간 당시 화제를 모았던 책이지만 지금은 절판됐다.

'절판'됐다고 했다. 어찌 보면 절판된 것이 당연하지 않은가. 딸은 중고책 판매 사이트를 검색하더니 2,800원(배송비 별도)에 책을 구매했다고 했다. 시간과 공간을 넘어 무언가 구매 행위가 즉각적으로 이루어졌다는 사실이 놀라웠다.

『신문 소프트』가 대학생 필독서로 인식되었던 시대에서 신문 자체가 사라져가는 시대로 이동한 지금 우리에게 떠오르는 질문은 무엇일까? 신문이 사라진다는 것은 무엇을 뜻하는가? 신문사는 왜 그 많은 정보와 콘텐츠를 갖고도 스마트폰 시대에 적응하지 못했을까? 스마트폰의 빠른 속도가 생각의 여백을 지우는 현상을 우리는 어떻게 해결할 수 있을까? 질문은 수없이 많다.

우리는 지금 대답이 정해지지 않은 질문 속에서만 앞으로 나아갈 수 있는지도 모른다. 답이 정해져 있는 지식은 구글이나 네이버가 이미 더 많이 알고 있기 때문이다. 이 숨막히는 전환의 시대에 우리에게 남은 가치는 질문 그 자체인지도 모른다. 몇 개의 키워드로 뉴스를 신문으로 '읽는' 것과 스마트폰으로 '보는' 시대의 특징적 차이를 정리해보기로 한다. 이 정리는 그저 빙산의 일각에 불과하다. 하지만 그 정리를 통해 기술혁명 시대 뉴스 소비 변화의 일단을 알아가는 것은 매우 긴요한 일이다.

첫째, 놀라운 전파 속도.

스마트폰은 빛의 속도로 뉴스를 퍼 나른다. 시간의 차이를 의미 없게 만드는 비동시성의 동시성을 구현한다. 스마트폰에서 한 자리를 차지하고 있는 뉴스 어플리케이션은 사용자의 관심에 따라 무제한적인 정보를 제공한다. 그것은 '네이버' 같은 포털 사이트일 수도 있고, '카카오톡' 같은 메신저일 수도 있고, '트위터' '페이스북' 같은 소셜 미디어일 수도 있다. '디시인사이드'나 '엠엘비파크' 같은 커뮤니티 게시판일 수도 있다. 물론 영향력은 아주 약해졌지만 언론사 사이트일 가능성도 존재한다. 나의 딸은 미처 소화하기도 전에 밀려드는 정보의 홍수 때문에 정신이 멍해질 때가 종종 있다고 고백한다. 책의 판매량은 급격히 줄어들었지만 텍스트 소비량은 비약적으로 늘어났다. 요즘 사람들은 언제 어디서든 스마트폰을 통해 텍스트를 읽거나 쓰거나 한다. 일부러 찾아보지 않아도 뉴스가 밀려드는 경험을 해봤을 것이다. 이 엄청난 정보의 유통량이 이전과는 비교할 수 없는 전파 속도를 부추긴다.

평창동계올림픽 스피드스케이팅 여자 팀추월 경기 후 인터뷰를 한 김보름 선수는 순식간에 마녀사냥의 대상이 됐다. 팀추월은 3명의 선수가 한 팀을 이뤄 일렬로 나란히 스케이트를 타는 종목으로, 가장 마지막에 들어온 선수의 기록으로 순위를 가른다. 그런데 김보름, 박지우 선수가 한참 뒤처진 노선영 선수를 내팽개치고 게임을 마친 것이 논란이 됐다. 이른바 왕따 논란. 그런데 문제를 폭발시킨 것은 경기 내용보다 김보름 선수의 인터뷰 태도였다. 인터뷰 내용도 문제였지만 김보름 선수의 비웃는 듯한 웃음이 분노의 도화선이 되었다. 2분간의 인터뷰와 한순간의 웃음이 '가해자-피해자 프레임'을 형성하며 전국을 강타한 것이다. 뉴스가 전파된 가공할 속도는 그들의 '스피드 스케이팅'보다 훨씬 더 빨랐다.

둘째, 사라지는 미디어 브랜드.

안희정의 수행비서 성폭행 사실은 〈JTBC 뉴스룸〉을 통해 저녁 8시에 처음 보도됐다. 나는 그 시간에 지방선거 출마를 결심한 정치인 및 그의 후원자들과 저녁을 먹고 있었다. 폭로 예고 문자가 먼저 돌았다. 저녁 7시 16분에 지인으로부터 카톡 문자를 받았다.

'안희정 지사, 수행비서 성폭행 금일 JTBC에서 나올 예정.'

나중에서야 쉼표가 안희정 지사 바로 다음에 찍혔다는 사실을 알았다. 처음 문자를 받을 때만 해도 안희정 지사의 수행비서가 누군가를 성폭행했다고 생각했다. 뉴스 보도가 구체적으로 나오기 전까지도 나뿐만 아니라 그날 모인 사람들 모두가 그렇게 생각했다.

샐러드가 나오고 와인을 한 잔쯤 마셨을 때 파장이 느껴졌다. 모인 사람들이 쉼표가 안희정 지사 바로 다음에 찍혔다는 사실을 확인했다. 사람들은 순식간에 패닉 상태에 빠졌다. 파장이 만만치 않을 것임을 예감했다. 좀처럼 다른 화제로 넘어가지 못했다. 지방선거 이야기를 꺼낼 틈도 없이 여기저기서 전화벨이 울렸다. 다른 모든 화제는 테이블에 오르자마자 곧 다시 안희정으로 돌아왔다.

청와대 비서진들은 저녁 약속을 파하고 비상 상황에 대비하기 위해 청와대로 복귀했다. 더불어민주당은 긴급 최고위원회의를 소집했다. TV를 시청하고 있던 지인이 피해자 김지은 씨 인터뷰 내용을 속기로 정리해 보내주었다.

순식간에 네이버 검색어 톱10 가운데 7개를 모두 안희정 미투 관련 내용이 점령했다. 트위터도 마찬가지였다. 정말 순식간에 전국으로 퍼졌다. '발 없는 말이 천 리 간다'는 말이 있지만, 예전에는 천 리를 가기 위해 한 달이 걸리기도 하고, 빨라도 최소 하루가 걸렸지만 지금은 1초, 아니 동시에 천 리를 간다. 소문의 확산 속도는 제로를 향해 수렴되고 소문의 확산 범위는 무한대를 향해 나아간다. 그러므로 특종은 등장과 동시에 더 이상 특종이 아니게 된다.

신문 시대에 '특종'은 미디어의 브랜드 가치를 높이는 가장 강력한 무기였다. 스티븐 스필버그의 최근작 〈더 포스트〉는 베트남전에 관한 1급 비밀문서 맥나마라 보고서를 특종 보도한 『워싱턴포스트』 이야기를 다루고 있다. 한나 아렌트가 『공화국의 위기』에서 다뤘던 꼼수와 거짓말에 대한 이야기다. 영화에 따르면 닉슨 정부의 협박에도 불구하고 용기 있게 특종 보도를 함으로써 『워싱턴포스트』는 별 볼 일 없는 지역지에서 일약 신뢰받는 전국지로 성장했다. 『뉴욕타임스』 입장에서는 기분 나쁜 영화일 수밖에 없다. 자료를 먼저 입수하고도 『워싱턴포스트』에 특종을 빼앗긴 내용이 담겨 있기 때문이다. 물론 이 영화가 묘사한 당시 두 신문의 보도 내용에 대한 팩트 논란은 여전히 뜨겁다. 그럼에도 '언론의 자유는 권력이 아니라 국민을 위해 존재한다'는 당시 대법원 판결문은 언론과 권력의 관계에서 표현의 자유를 한 단계 진전시킨 것으로 평가된다.

물론 지금도 특종은 있다. 하지만 특종은 1초 뒤에 사라진다. JTBC 특종 보도는 10분도 안 돼 수십, 수백 개의 기사로 만들어졌고 수만 개의 트윗을 통해 전송됐다. 카톡 같은 메신저를 통해서 얼마나 많이 전송됐을지는 상상조차 하기 어렵다. JTBC라는 미디어 브랜드는 여전히 특종의 자부심을 갖고 있겠지만 사람들은 김지은, 안희정이라는 두 이름 뒤에 항상 JTBC를 떠올리지는 않는다. 사실 네이버 창에 뜬 뉴스 리스트 가운데 관심 있는 것을 클릭해 들어가서 내용을 확인할 때 사람들은 미디어 브랜드에 주목하지 않는다. 그것을 KBS가 보도했는지, JTBC가 보도했는지, 나아가 비영리저널리즘인 『뉴스타파』가 보도했는지 중요하지 않다. 그것을 『조선일보』가 보도했는지 『한겨레』가 보도했는지도 주요 관심 사항이 아니다. 미디어 공급자는 브랜드 정체성을 따지고 중시하고 관철하려 하지만 뉴스 수용자들은 일어난 사실을 그저 자신의 관심도에 따라 확인할 뿐이다.

『뉴욕타임스』는 워싱턴 주의 캐스케이드 산맥에서 일어난 눈사태 보도로 2013년 퓰리처상을 수상했다. 『뉴욕타임스』는 '스노우 폴snow fall'이라는 뉴스 플랫폼을 만들어 텍스트, 이미지, 동영상, 인포그래픽을 총동원해 60여 개의 비디오와 모션그래픽이 살아 움직이는 전혀 새로운 재난 보도를 했다. 인터랙티브(상호작용) 보도의 신기원을 열었다는 평가가 쏟아졌다. 많은 사람이 『뉴욕타임스』가 드디어 스마트폰 시대의 뉴스에 완전히 적응했다고 감탄했다. 이 보도와 관련해 『뉴욕타임스』 최초의 여성 편집국장 질 에이브람슨은 "뉴스는 읽거나 보는 것이 아니라 경험하는 것"이라는 유명한 말을 남겼다. 탐사 보도의 새로운 지평을 연 것이다. 하지만 상을 받은 감동도 사람들의 감탄도 다른 인터넷 언론의 2차 보도로 무색해졌다. 『허핑턴포스트』나 『버즈피드』 같은 인터넷 언론들은 이 특집 보도를 독자가 보기 편하게 잘게 쪼개어 수십 배에 이르는 클릭 수를 기록했다. 『뉴욕타임스』의 역사적인 특종을 독자들이 반응하는 기사 형식으로 재구성함으로써 훨씬 더 많은 도달률을 기록한 것이다. 캐스케이드의 눈사태 소식은 더 이상 『뉴욕타임스』만의 것이 아니다. 물론 그들의 도전적인 실험 정신과 퓰리처상 수상이라는 명예는 사라지지 않을 것이다. 하지만 수익은 다른 매체들이 더 많이 올렸다. 『뉴욕타임스』는 '스노우 폴'이라는 새로운 인터랙티브 전투에서 승리했지만 클릭 수 전쟁에서는 패배했다.

 기존 미디어들은 미디어 브랜드를 수호하기 위해 안간힘을 쓰지만 특종이 특종으로 유지될 수 없는 새로운 시대에 그 목표를 이루기란 어려워졌다. 기존 미디어가 브랜드 파워를 유지하려면 완전히 새로운 전략이 필요한지도 모른다. 하지만 그 새로운 전략은 기술 변화가 가져온 세상의 근본적 흐름을 직시할 때 현실화할 수 있다. 뉴욕대학 교수이자 미래학자인 에이미 웹의 발언은 뉴스 브랜드를 수호하려는 기존 미디어들에겐 차라리 공포에 가깝다.

> 앞으로 10년 이내에 뉴스를 보더라도 그것이 어느 언론사의 뉴스인지에 대한 관심이 사라질 것이다. 구글, 텐센트, 페이스북, 알리바바 등 9개의 글로벌 기업이 미디어를 대체해 다양한 역할을 수행할 것으로 예상된다(『이데일리』 2017년 11월 10일자).

 셋째, 소셜 미디어 이니셔티브.
 버락 오바마가 2008년 대통령 선거를 소셜 미디어 선거로 치른 이래 정치에서 소셜 미디어의 영향력은 폭발적으로 증가했다. 정치 초년병이었던 오바마는 거함 힐러리 클린턴을 상대하려면 뭔가 새로운 무기가 필요했다. 처음 경선에 나섰을 때 오바마는 당내에서도 네다섯 번째에 위치할 정도로 존재감이 약했다.
 오바마가 전세를 뒤집기 위해서는 미디어 프레임의 '왜곡'을 넘어 꾸준히 자신의 메시지를 '온전히' 전달할 매체가 필요했다. 그런 그가 새롭게 등장한 트위터와 페이스북에 주목한 것은 당연했다. 더군다나 혁신을 좋아하는 오바마는 새롭고 신기한 140자 단문 블로그에 단숨에 매료됐다. 오바마의 당선은 트위터 없이는 불가능했을지도 모른다. 페이스북은 또 다른 느낌으로 오바마의 메시지에 힘을 실어주었다. 당시 힐러리 경선 캠프의 수석 전략가 마크 펜은 오바마 캠프를 두고 '페이스북 같은 장난감이나 만지작거리는 어린애들'이라는 투로 비난했다. 결과적으로 그들은 기득권에 취해 뉴미디어의 출현을 지나치게 과소평가했다는 평가를 받았다. 오바마는 소셜 미디어뿐 아니라 신문, 텔레비전, 라디오 등 거의 모든 미디어를 잘 활용했다.

오바마가 트위터뿐 아니라 페이스북, 나아가 CNN, 뉴욕타임스를 비롯한 기존 언론을 가장 잘 활용한 정치인이라면 도널드 트럼프 대통령은 트위터에 올인해 대통령 선거를 승리로 이끈 첫 번째 정치인이다. 트위터는 마치 '단순하게' 돌진하는 트럼프를 위한 미디어 같았다. 짧게 말하는 것을 좋아하고 자신이 주도해야 직성이 풀리는 트럼프는 트위터를 즐겼고 트위터와 함께 살다시피 했다. 진보, 보수를 막론하고 미국의 주류 언론이 트럼프를 적대시하고 트럼프에 대해 일방적인 맹공을 퍼부었지만 트럼프는 이에 전혀 아랑곳하지 않았을 뿐만 아니라 오히려 이런 공격을 즐겼다.

현재 트럼프의 트위터 팔로워는 5,000만 명을 넘어섰다. 미국 대통령이 된 이후 그의 트위터 메시지는 세계 언론이 가장 민감하게 주목하는 미디어 가운데 하나다. 북핵과 ICBM을 다룬 트럼프의 트위터 메시지는 세계를 한순간에 전쟁의 위협 속에 빠뜨리기도 하고 평화에 대한 기대를 갖게 하기도 한다. 트럼프는 우여곡절 끝에 성사된 김정은과의 북미 정상회담 논의 과정을 트위터에 생중계하다시피 했다. 정상회담이 열린 12일 당일에도 싱가포르 현지에서 연속으로 트윗을 올렸다. 정상회담을 3시간 30분여 앞둔 새벽 5시 27분(현지 시각)에 트럼프는 "대표단과의 협의가 아주 순조롭고 빠르게 진행됐다"는 트윗을 올렸고, 회담이 열리는 카펠라 호텔에 먼저 도착한 트럼프는 오전 8시 18분에 심근경색으로 군 병원에 호송된 래리 커들로 백악관 국가경제위원장의 안부를 묻는 트윗을 올렸다. 또 기자회견을 하기 직전인 오후 4시쯤에는 김정은에게 자랑한 자신의 '캐딜락 원' 사진과 정상회담 모습이 담긴 44초짜리 동영상을 잇따라 게시했다. 12일에만 트럼프는 최소 5개 이상의 트윗을 올렸다. 트럼프는 자신의 생각을 기존 언론의 프레임을 거치지 않고 직접 전달하는 것을 강력하게 선호하는 정치인이다.

그는 노골적으로 기존 언론을 공격한다. 트럼프는 지난 4월 6일 뉴욕 WABC 라디오와의 인터뷰에서 백악관 출입 기자단을 싸잡아 비난했다.

"나는 그들을 소설가라고 부른다"며 "그들은 너무 나쁘고, 너무 가짜며, 너무 지어낸다it's so bad, so fake and so make-up"고 일갈했다.

트럼프는 이제 방송 인터뷰도 마치 트위터를 쓰듯 하곤 한다. 트럼프는 백악관 기자단 만찬 행사도 보이콧한다고 했다. 트럼프의 트위터 위력은 아마존을 위험에 빠뜨린 사건에서 입증됐다. 트럼프가 트위터에 "아마존이 우체국을 배달 소년처럼 이용했다"고 연속 공격을 가했고, 아마존 시가총액은 한때 600억 달러(65조 원)가 증발했다. 아마존은 『워싱턴포스트』의 새 주인이다. 이 신문은 러시아의 대선 개입 사건 등 트럼프가 가장 민감해하는 이슈들을 추적 보도하고 있다. 트럼프는 항상 보복으로 존재감을 입증하려 한다.

리처드 닉슨 대통령 이후 가장 강력하게 주류 미디어와 전쟁을 벌이고 있는 트럼프는 자신의 트위터를 활용하는 것을 넘어 최근 한 미디어 그룹과 새로운 동맹을 결성했다. 폭스 뉴스가 트럼프의 우군이고 폭스 뉴스 출신이 백악관에 대거 진출한 것은 잘 알려진 사실이다. 트럼프는 최근 미국 전역에 193개 지방 방송국과 614개 채널을 보유한 거대 지역 민방 체인인 '싱클레어방송그룹(SBG)'과 굳건한 동맹을 맺었다. 트럼프의 미디어 동맹은 주류 엘리트에 대한 세계적인 반감과 교차하면서 효과를 발휘하고 있다. 미국의 한 대학이 4월 초에 공개한 여론조사에서 미국 국민들의 77%가 "미국의 주류 언론이 가짜뉴스를 보도한다"고 응답했다.

이제 소셜 미디어는 미디어 가운데서도 확고한 주도권을 쥐었다. 주류 언론은 상업적으로, 정치적으로 급격히 힘을 잃어간다. 트럼프의 예에서 보듯이 정치인들은 굳이 한 매체를 선택해서 인터뷰하지 않아도 된다. 미디어 프레임에 의해 자신의 메시지가 재단되는 위험을 감수하지 않아도 된다. 특히 유력 정치인의 경우 트위터나 페이스북에 자신의 입장을 올리는 것만으로도 충분히 자신의 뜻을 전달할 수 있다. 메시지가 가치가 있다면 그 전파 속도는 무제한으로 빨라질 것이다. 물론 기존 미디어의 영향력이 완전히 사라졌다는 이야기를 하는 것은 결코 아니다. 이것은 주도권에 관한 이야기이지 단순한 점유율에 관한 이야기가 아니다.

텔레비전 시대가 왔다고 해서 라디오 시대가 완전히 끝나는 것은 아니다. 텔레비전 드라마가 안방의 사랑을 독차지한다고 해서 영화의 시대가 완전히 끝나는 것도 아니다. 중요한 것은 무엇이 미디어를 주도하고 있으며 영향력을 키우고 있는가의 문제다. 지금

세계의 모든 정치, 외교, 안보 라인의 기자들은 트럼프 트위터를 팔로잉하고 있을 것이다. 그렇지 않다면 직장을 계속 다니기 어려울지도 모른다. 한국의 정치부 기자가 유력 정치인들의 트위터와 페이스북을 들여다보지 않는다면 항상 뉴스 생산에서 뒤처질 수밖에 없다. 유명 정치인이 트위터에 글을 올릴 때 이 사실을 알려주는 알람 기능도 필수가 됐다.

넷째, 집단 극화의 일상화.

파급력의 증대가 속도와 결합되면 여백이 사라진다. 성찰의 시간이 극도로 축소되는 것이다. 스마트폰 시대는 신문 시대에 비해 읽는 속도가 비교할 수 없을 정도로 빨라졌다. 가령 한자가 병용되던 신문 시대를 상상해보자. 한자는 어렵다. 만약 그것이 보통명사라면 네 글자 가운데 세 글자, 혹은 두 글자만 알아도 맥락을 고려해 짐작을 할 수 있다. 당연히 읽는 속도는 느려진다. 하지만 사람 이름의 경우는 짐작하기조차 어렵다. 옥편을 찾아보거나 누군가에게 물어봐야 한다. 사람 이름이 한자로 돼 있으면 그곳에 더 오래 머무르게 되고 그러면 그 사람 이름을 기억할 확률이 높아진다. 한자 병용 시대에 신문에 자주 오르내리는 정치인 이름을 사람들이 더 많이 기억했던 이유이다.

그런데 지금은 심지어 당 대표를 지낸 정치인 이름도 모르는 경우가 허다하다. 정치와 관련된 일을 하거나 정치에 큰 관심을 갖지 않는 한 아주 유명한 정치인, 예컨대 대통령 선거에 출마했거나 나쁜 사건에 연루되어 널리 회자된 정치인 이외의 정치인 이름은 기억하지도 않고 별로 기억할 필요도 느끼지 않는다.

스마트폰에서 뉴스를 접하는 태도는 신문을 읽을 때와 판이하다. 네이버나 다음 어플리케이션에서 뉴스 리스트를 스크롤하다가 관심 가는 뉴스를 클릭한다. 화면이 뜨면 신문을 읽을 때처럼 한 줄 한 줄 텍스트를 읽는 것이 아니라 마치 기사 전체가 하나의 이미지인 것처럼 스캔하는 경우가 많다. 스캔하고 다시 리스트로 돌아와 같은 주제의 뉴스를 스캔하고 다시 리스트로 돌아와 스캔하고 자신의 입장을 정한다. 질문하거나 비판적으로 사고하거나 텍스트에 대해 회의할 여유는 사라진다. 그런데 정확한 정보를 얻는 것만으로는 충분히 안다고 할 수 없다.

마이클 린치는 어떤 것을 아는 데 그치지 말고 '이해'할 것을 주문한다. 여기서 '이해'란 단지 지식을 습득하는 것이 아니다.

> 이것은 우리가 단지 증거에 반응하는 데 그치지 않고, 증거들이 서로 어떻게 들어맞는지, 그리고 사실들 자체뿐만 아니라 사실들의 설명에 창조적 통찰을 발휘할 때 하는 일이다. 이해는 우리가 '무엇'뿐 아니라 '왜'까지 알 때 이르는 단계이다(마이클 린치, 『인간 인터넷』).

스마트폰을 통한 뉴스 소비는 이해에 이르지 않고 단지 '수용'하는 것에 그칠 때가 많다. 수용적 태도는 대체로 비성찰적이다. 성급하게 결론 내리고 경험을 무의식적으로 통합해 신념화한다. 가령 '모세는 얼마나 많은 종의 동물을 방주에 태웠을까?"라는 질문을 갑자기 던지면 이 질문에 어떤 오류가 있는지 알아차리지 못한다. 린치에 따르면 방주에 태운 동물을 생각하는 나머지 방주를 만든 사람이 모세가 아니라 노아라는 사실을 깜빡 잊어버린다는 것이다.

　스마트폰을 통해 정보를 습득한다는 것은 우리가 상대적으로 노력을 덜 기울이고 정보를 얻는다는 것을 뜻한다. 즉 빠르지만 비성찰적으로 정보를 수용하게 될 가능성이 높다는 말이다. 이것은 정보 전달의 신속성과 뉴스의 파급력이 유언비어를 유통시킬 확률을 더 높일 수 있다는 것을 뜻한다. 우리는 선거 과정에서 가짜뉴스가 빠르게 퍼진다는 사실을 알고 있다. 그리고 특히 선거 과정에서는 가짜뉴스에 대한 팩트 체크가 채 이뤄지기도 전에 선거가 끝나버리고 만다는 사실도 알고 있다. 이 같은 사실은 많은 유권자가 가짜뉴스에 근거해서 후보를 선택할 가능성이 높아졌다는 것을 의미한다. 우리가 지금 이 순간에 영국 왕립학회의 모토처럼 "누구의 말도 그대로 믿지 말라nullius in verba"고 충고할 순 없지만, 의심과 회의의 여백이 완전히 사라진 순간에 우리 앞에 닥칠지도 모르는 재앙에 대한 경고는 귀담아들을 필요가 있다.

　정보 습득의 수동성은 집단 극화group polarization로 이어지기 십상이다. 디지털사회사상가인 캐스 선스타인은 인터넷이 극화를 조장하는 이유에 대해 "그 입장을 지지하는 사람들이 많다는 암시를 받으면서 극단적인 입장에 반복적으로 노출되면, 비슷한 성향이면서 거기에 노출되는 사람은 그것을 믿는 쪽으로 이동할 것"(캐스 선스타인, 『우리는 왜 극단에 끌리는가』)이라고 말했다.

　특히 팔로잉과 팔로워 관계로 이뤄지는 소셜 미디어의 경우 이런 집단 극화가 일상화가 되는 경향이 있다. 즉 자신과 비슷한 생각을 가진 사람들을 구독하는 사용자는 시간이 흐르면서 자신의 소셜 미디어 세계와 현실 세계를 동일시할 가능성이 더욱 커지는 것이다.

특히 선거처럼 진영이 분명하게 나뉠 때 이 같은 현상은 더욱 분명하게 나타난다. 가령 어떤 사람이 A 후보를 지지하는데 B 후보가 당선됐다고 치자. 소셜 미디어에서 A 후보 지지자만 팔로우하던 그가 이렇게 말한다. "내 주변에 B 후보를 찍었다는 사람이 단 한 사람도 없는데 B 후보가 당선된 것은 분명히 부정선거가 있었다는 거야." 그러면서 부정선거 가능성을 보여주는 팩트를 수집한다. 그는 '전자 개표가 조작됐을 가능성이 높다'고 보고 뜻 맞는 사람들과 함께 수개표 운동을 벌인다. 물론 전자 개표 조작 가능성이 존재한다. 혹자는 해킹 우려를 제기하기도 한다. 하지만 소셜 미디어와 현실의 괴리가 더 빨리 이런 확신에 도달하게 한 것은 분명해 보인다.

'드루킹'의 매크로를 이용한 댓글 조작 사건은 공론장의 왜곡을 기계화했다는 점에서 '범죄화된 집단 극화'의 사례로 볼 수 있다. 베스트 댓글, 즉 '베댓'이 여론 형성에 큰 영향을 미친다는 사실을 악용한 것이다. 그들 스스로 율도국을 꿈꾸고 드루킹을 '추장'이라고 불렀다는 점은 매우 상징적이다. 이는 스마트폰 시대의 '인터넷 부족화' 현상을 단적으로 보여준다. 모바일 시대에 더욱 강화되고 있는 부족화 현상은 비판적 이해의 거부를 넘어 종교적 광신으로 흐르는 경향을 보인다. 네이버와 같은 절대 영향력을 가진 플랫폼의 존재는 그 영향력에 준하는 사회적 책임에 대한 진지한 물음을 우리에게 던지고 있다.

미디어의 경계를 넘는 메시지의 힘

지난 2월 24일 장편 다큐멘터리〈어른이 되면〉시사회가 열렸다. 2018 서울국제여성영화제 본선 경쟁 부문에 진출한〈어른이 되면〉은 서른한 살 여성인 장혜영 감독이 중증발달장애인인 한 살 터울 여동생 장혜정 씨와 사회 속에서 함께 살아가는 이야기를 담은 영화다.

내가 대표로 있는 정치 캠페인 회사 스토리닷에서 온라인 기획팀장 일을 하던 장혜영은 2017년 대통령 선거가 끝나자마자 동생을 시설에서 데리고 나왔다. 장애를 가진 동생과 사회 속에서 함께 살기로 결심한 것이다. 중증발달장애와 자폐성장애를 동시에 갖고 있는 장혜정은 24시간 보살핌이 필요한 성인이다.

내가 보기에 장혜영의 결심은 인생을 건 도박 같았다. 나의 입장에서는 정치 캠페인 영역에서 유능한 동료를 잃는 일이라 안타깝기도 했다. 장혜영은 내게 5월 말쯤 진지하게 상의를 해왔고 나는 장혜영을 만류할 수 없었다. 삶과 사랑에 대한 깊은 고민 끝에 내린 결론이었기 때문이다.

장혜영은 창작자를 위한 크라우드 펀딩 플랫폼인 텀블벅에서 다큐멘터리 프로젝트 모금을 진행했다. 5,000만 원을 목표로 한 이 후원 캠페인은 우여곡절 끝에 목표액을 초과 달성했다. 무려 1,249명이 펀딩에 참여했고 댓글 등을 통한 반응도 뜨거웠다. 정말 많은 사람이 장혜영이 운영하는 유튜브 채널 '생각 많은 둘째 언니'를 통해 애정 어린 관심을 보였고 공중파 방송들은 물론이고『한겨레』를 비롯한 중앙 일간지들에서도 취재를 요청해 왔다. 페이스북 동영상 페이지이자 실험적 언론인 닷페이스dotface에 게재

된 장혜영 인터뷰 동영상은 150만 조회 수를 기록했다. 『한겨레』 토요판 '이진순의 열림' 인터뷰 기사(2017년 10월 20일자)가 나갔을 땐 네이버 메인에 올라 수천 개의 응원 댓글이 달리기도 했다.

그때 인터뷰에서 장혜영은 이렇게 말했다.

> 더 많은 도움이 필요한 사람들을 일찌감치 격리해두니까 충분히 할 수 있던 것도 더욱 할 수 없게 만들죠. 돈으로 물건을 사는 것도 못하고, 버스·지하철 타는 것도 못하고, 세상 사람들이랑 대화하는 법도 모르고, 자기 욕구를 표현하는 법도 못 배우고…. 그래 놓곤 '거봐, 할 수 없잖아'라고 말하죠. 세상으로부터 격리시켜놓은 채, '이 사람들에겐 다른 행복이 있을 거야, 갇혀 있어도 행복할 거야' 우기는 거죠. 스웨덴 같은 선진국에선 그래서 아예 법으로 시설을 폐쇄했거든요.

자매의 이야기는 사람들의 마음을 움직였다. 그것은 언니의 용기에 대한 응원이기도 하고, 함께 살아가는 사회를 향한 염원이기도 했다. 이진순은 기사 말미에 "정작 세상이란 '시설'에 갇혀 나를 잃고 사는 건 지금 코앞의 목표에 볼모가 되어 전전긍긍하는 우리들 자신인지도 모른다"고 했다. 기사를 읽은 독자들도 같은 생각이었을 것이다.

자매의 이야기가 이렇게 큰 힘을 갖게 된 이유는 무엇일까.

개인의 경험과 공적 가치가 만나는 지점에서 메시지는 폭발한다. 서른한 살 장혜영은 동생과 함께 사는 삶을 선택하는 것과 탈시설 운동을 결합했다. 개인의 삶과 공적 가치가 일치하는 순간 이들의 이야기는 사람들에게 큰 울림을 주며 퍼져나갔다. 장혜영의 유튜브 채널 '생각 많은 둘째 언니'는 장혜영-장혜정 메시지를 퍼 나르는 저수지가 됐다. 장혜영의 메시지는 그대로 중증발달장애인을 위한 미디어가 되었다. 그것도 기존의 장애인 미디어보다 더욱 폭발적인 반향을 불러일으키는 미디어가 되었다. 장혜영의 메시지는 단순히 장애인 동생과 함께 살아가는 이야기를 넘어 탈시설과 장애등급제, 부양의무제 폐지라는 메시지로 이어졌고 급기야 '무사히 할머니가 될 수 있을까'라는 여성의 이야기로 확장되었다.

> 무사히 할머니가 될 수 있을까?
> 죽임당하지 않고 죽이지도 않고서
> 굶어 죽지도 굶기지도 않으며
> 사람들 사이에서 살아갈 수 있을까
> 나이를 먹는 것은 두렵지 않아
> 상냥함을 잃어가는 것이 두려울 뿐
> 모두가 다 그렇게 살고 있다고
> 아무렇지 않게 말하고 싶지는 않아(장혜영, 〈무사히 할머니가 될 수 있을까〉).

한국 사회를 충격에 빠뜨린 미투 운동을 보면 이 땅의 여성들이 과연 '무사히 할머니가 될 수 있을까'라는 질문을 하게 만든다. 이 세상에서 살아남기 위해서는 '상냥함'을 잃어야 할지 모른다는 두려움, 사람들 사이에 존재하는 폭력 구조에 대한 성찰이 담긴 노래다. 국가가 압축 성장을 이룩하는 동안 여성들은 지배적인 남성 권력 아래서 이중의 착취를 당하는 야만의 세월을 보내야 했다. 장혜정은 여성이면서 동시에 장애인이다. 제주의 한 바닷가에서 동생을 보며 만들었다는 이 노래의 질문이 더 아프게 다가오는 이유다.

2018년을 강타한 미투 운동은 이데올로기 투쟁이 아니다. 그것은 진작 이루어졌어야 할 인간의 존엄, 인간다움을 위한 투쟁이다. 미투 운동은 진보-보수의 구체제, 즉 앙시앙 레짐의 해체를 지향한다. 양성평등을 넘어 성소수자를 포함한 차별 금지의 헌법 정신을 표상하고 있다.

물론 미투 운동은 그 자체로 해방적 메타포를 갖지만 미투 운동만으로 사회가 근본적으로 전진하지는 않는다. 미투 운동은 특정 권력자를 파괴할 수는 있지만 그것만으로 새 체제를 구현하기는 어렵기 때문이다. 여성의 문제가 해결되기 위해서는 여성의 이야기가 많아져야 한다. 장혜영 자매의 경우에서 보듯이 장애인 문제를 해결하기 위해선 장애인의 이야기가 많아져야 한다. 성소수자 인권을 개선하기 위해서는 성소수자들의 더 많은 커밍아웃이 필요하다. 한 걸음 더 나아가 여성 문제를 근본적으로 해결하기 위해서는 여성 정치인이 획기적으로 늘어나야 한다. 장애인 정치인, 성소수자 정치인도 늘어나야 한다. 세상을 바꿀 도전적 투사들이 국회에 대거 들어가 앙시앙 레짐을 해체할 법률을 만들어야 한다.

미투 운동의 가장 중요한 특징은 미투 운동이 소셜 미디어와 밀접한 연관을 갖는다는 점이다. 미디어의 새로운 표준이 미투 운동의 확산을 견인하고 있다. 기존 언론이 다뤄주지 않아도 미투 운동의 열기는 식지 않는다. 커뮤니티의 게시판에서, 페이스북의 대나무숲에서 여성들의 충격적인 고발을 확인할 수 있다. 우리는 이제 해시태그라는 강력한 무기를 발명했다. 캠페인은 해시태그를 활용하기 시작하면서 더욱 강력해졌다. 해시태그는 소셜 미디어에서 분산된 관심사를 연결하고 검색하고 확장하는 강력한 미디어 도구로 발전하고 있다.

미투 운동이 폭발력을 갖는 것은 그것이 당사자 혹은 피해자의 구체적인 경험에 근거하고 있기 때문이다. 그들의 메시지는 안타깝고 슬프고 어둡다. 그들의 메시지는 시간의 역사를 갖고 있고 진실하다. 어쩌면 절규에 가깝다. 가해자가 권력자라는 것도 확산의 기제다. 가해자가 정의로운 권력자를 가장했다면 그 파괴력은 배가된다. 피해자에 대한 공감과 가해자에 대한 분노가 동시에 일어나면서 폭발력이 증가한다. 그렇다면 해시태그 미투#Me_Too 운동을 가능하게 만든, 혹은 미투 운동이 폭발적으로 확산되는 근거지인 소셜 미디어 시대 메시지의 특징은 무엇인가?

첫째, 경험과 가치.

거대 시장 혹은 대량 시장의 시대가 끝났다. 예전에 기업들은 신제품을 내놓고 TV 광고로 융단폭격을 퍼부었다. 선거 캠페인도 마찬가지였다. 현재 우리나라 선관위는 아직도 신문광고와 TV 광고를 중심으로 선거비용을 보전해준다. 스마트폰 시대의 특징을 전혀 반영하지 못하고 있는 것이다. 하지만 낡은 제도에도 불구하고 전형적인 재래전의 시대는 끝났다. 신제품의 장점을 아무리 이야기해도 고객은 별 반응을 보이지 않는다. 고객은 이제 단순한 소비자가 아니라 사용자이고 나아가 유발 하라리의 '호모데우스'에 기대어 과장하자면 '신의 경지'에까지 이르고 있다. 인간은 이제 죽음이라는 한계에 도전하고 있다.

이미 2004년에 경제지 『비즈니스 위크』는 특집 기사로 '사라지는 대량 시장'을 다뤘다. 그때 이 잡지의 주제는 '완전히 새로운 세계를 준비하라'는 것이었다. 몇몇 글로벌 기업은 소셜 미디어의 위력을 일찍이 알아차렸다. 모두에게 맞는 제품의 시대가 끝나고 이야기가 있는 새로운 시대가 도래했음을, 제품이 아니라 가치와 스토리를 팔아야 한다는 사실을, '무엇'이라는 대답이 아니라 '왜'라는 질문을 팔아야 한다는 사실을 아는 기업은 새로운 시대를 점령했다.

'다르다 it's different'는 것을 전면에 내세운 스티브 잡스의 애플은 새로운 모바일 운영체제인 iOS와 터치스크린을 탑재한 신개념 스마트폰인 아이폰을 내놓았다. 그들은 단지 제품의 성능을 판 것이 아니다. 그들은 새로운 세상, 다른 가치를 팔았다. 고집스럽게 기존 제품을 팔던 노키아는 애플의 도전적 가치와 기술혁신 앞에 무릎을 꿇었다.

나이키, 코카콜라, 스타벅스 등의 소비 기업들은 적어도 각 나라에 맞는 스토리가 필요하다는 사실을 일찍 깨우쳤다. 그들은 소비자들의 관점이 '나는 보통 사람으로 살고 싶다'에서 '나는 나만의 삶을 살고 싶다'로 이동했다는 사실을 인정했다. 『타임』지는 무려 2만 가지나 되는 맞춤형 잡지를 만들어야 했다. 한 가지를 수백만 부 제작해서 뿌리면 되는 시대가 끝났다는 것을 안 것이다. 신발 회사들은 소비자에게 디자인을 받아 고객 맞춤형 제작에 나섰고, 소량 출판사들이 출현했으며 다품종소량생산 시스템의 의류 회사들, 즉 유니클로, 자라, 에이치앤엠 같은 회사들이 글로벌 시장을 장악했다.

구체적인 이야기가 아니면 관심을 끌지 못한다. 구체적인 이야기를 구체적인 사람에 맞추어 새로운 플랫폼에 장착해야 효과를 볼 수 있다. 미투 운동이 제기한 개인의 피해 경험은 그 자체로 오리지널리티를 갖는다. 하지만 그것이 개인의 경험으로 끝나서는 관심을 지속시킬 수가 없다. 이 관심을 묶어 지구상에 가장 폭발적인 프레임을 만든 것이 해시태그 미투다. 해시태그 미투를 통해 각기 다른 성폭력, 성추행, 성희롱 경험을 폭로하는 것 자체가 여성의 권리 향상과 성 평등 사회라는 보편적 가치와 만났다. '다른 사람들은, 후배들은 나와 같은 피해를 당하지 말았으면 좋겠다'는 메시지는 미투 운동의 공적 가치 선언이다. 구체적 경험과 보편적 가치가 만나 공감과 참여를 활성화하는 것이다.

과거의 소비자는 제품을 원했지만 현재의 사용자들은 가치를 찾는다. 옛날의 유권자들은 공약이나 정책을 원했지만 지금의 정치 사용자들은 정직한 도덕성을 갖춘 후보자들의 가치와 철학을 원한다. 단지 제품으로 승부하는 기업이나 학자들을 동원한 그럴듯한 공약으로 승부하는 정치인의 경쟁력은 예전만 못하다.

기존의 미디어에서는 단순한 팩트도 기사가 됐지만 소셜 미디어에서는 가치 있는 스토리가 아닌 단순 팩트는 잘 전파되지 않는다. 코카콜라는 코카콜라만을 팔지 않는다. 코카콜라가 만든 뉴스룸인 '코카콜라 저니cocacola journey'가 내건 슬로건은 맛있는 다이어트 콜라 따위가 아니다. '한 번에 하나의 이야기로 세상을 새롭게 한다Refreshing the world, one story at a time'는 것이다. 무슨 선거 슬로건 같지 않은가? 그들은 제품 대신 이야기를 팔기로 했다. 이케아 홈페이지는 마치 정치인의 캠페인을 보는 것 같다.

* 롱테일의 법칙

롱테일은 『와이어드』 편집장 크리스 앤더슨이 만든 말이다. 미국의 넷플릭스, 아마존 등 전통적인 오프라인 기업들을 무너뜨리며 성장하고 있는 인터넷 기업들을 설명하기 위한 개념이다. '롱테일'은 판매 곡선에서 볼록 솟아오른 머리 부분에 이어 길게 늘어지는 꼬리 부분을 가리킨다. 크리스 앤더슨은 "인터넷 비즈니스에 성공한 기업들 상당수가 20%의 머리 부분이 아니라 80%의 꼬리에 기반하여 성공했다"고 주장한다. 오프라인 서점은 한정된 매장에 책을 진열해야 하기 때문에 상위 20% 위주로 책을 전시하게 된다. 하지만 온라인에서는 이런 비용이 적기 때문에 오프라인에서 빛을 못 보던 책들이 오히려 유통될 수 있는 기회를 갖게 된다. 비즈니스의 꼬리는 점점 길어진다.

** 넛지

행동경제학자 리처드 테일러와 캐스 선스타인이 함께 쓴 『넛지』라는 책을 통해 일반화된 표현으로 원래 '팔꿈치로 콕콕 찌르다'는 뜻이다. 마케팅에선 '소비자의 선택을 유도하는 부드러운 개입'이다. 선거에선 '유권자의 선택을 유도하는 정서적 반응 유도'를 위해 사용한다. 촛불집회 과정에서 나타난 '민주묘총'도 넛지의 한 형태다. 패러디를 통해 고양이를 좋아하는 사람들의 참여를 유도했다.

둘째, 자발성의 힘.

누군가가 위로부터 기획하고 조직한 것은 생명력이 짧다. 아래로부터 자발적으로 형성된 무언가가 롱테일의 법칙*을 만든다. 우회하고 '넛지 nudge'** 하는 것이 일반화됐다. 이는 새로운 시대가 갖는 개방성의 특징을 반영한다. 한마디로 이제 일방적으로 통제하던 시대가 끝났다. 통제할 수도 없다. 이제 수백만, 수천만의 사용자들은 더 이상 단순 정보 수용자로 만족하지 않는다. 그들은 이야기를 스스로 창조하고 싶어 한다. 촛불광장의 스피치는 그것의 전형이다. 이것을 통제하겠다고 생각하는 사람들은 이데올로기를 떠나 구체제에 대한 강한 향수를 가진 사람들이다. 지금은 2018년 아닌가?

셋째, 연대와 참여.

연대와 참여 가능성을 열어놓아야 메시지가 더욱 강력해진다. 해시태그 위드유 운동은 미투 운동에 대한 연대와 참여를 촉진한다. 내가 일방적으로 끌고 가는 것이 아니라 다양한 사람이 참여할 수 있도록 하는 플랫폼적 사고가 지속 가능한 참여를 부른다. 블록체인은 이 점에서 시사하는 바가 크다. 무수한 사람이 블록을 만들어 공유함으로써 완전히 새로운 가치를 만들어내는 것이다. 비트코인으로 상징되는 가상화폐는 블록체인을 위한 인센티브에서 출발했다.

연대와 참여의 힘을 우리는 박근혜 탄핵 촛불집회 때 경험했다. 수천만 명의 대중이 광장에 모여 집회와 시위를 하면서 단 한 건의 폭력 행위도 일어나지 않았다는 사실은 소셜 미디어에서 자발적으로 퍼진 연대와 참여의 힘이 얼마나 강력한지 증명한다. 시민들의 자발적인 참여와 메시지가 광장의 에너지였다. 그들의 이야기가 광장과 만나고 그들의 삶이 변화의 가치를 만나는 순간에 새로운 혁명이 일어났다. 사람들의 메시지는 다시 소셜 미디어에 공유된다. 흔히 집단 지성이라고 말하는 이 현상은 사실은 지성 이상의 의미를 갖는다. 감성과 지성이 통합된 어떤 하나의 아우라가 만들어지는 것이다. 우리는 촛불집회를 통해 '메시지-연대-행동-메시지'라는 선순환의 거대한 흐름을 목격할 수 있었다.

메시지가 미디어다!

1993년 2월에 발매된 록그룹 '듀란듀란'의 싱글 앨범 제목은 ≪너무 많은 정보Too Much Information≫다. 25년 전의 예언일까. 듀란듀란은 이 노래에서 말한다. "to sell you things that you don't need / it's too much information for me." 필요 없는 것을 팔기 위해 너무 많은 정보가 있다는 이야기인데 지금 시대를 예언한 듯 의미심장하다.

우리는 너무 많은 정보의 홍수 속에서 살아간다. 우리가 원하지 않아도 정보가 쏟아져 들어온다. 스마트폰 중독은 곧 정보 중독이기도 하다. 대부분은 우리에게 필요 없는 정보들이다.

다시 말하면 우리가 생산하는 콘텐츠들도 누군가에겐 소음일 뿐이다. 우리는 눈을 뜨면 수백만 개의 소음을 마주한다. 마치 미세먼지가 시야를 가리는 것과 같다. 우리는 그 속에서 어떻게 신호를 찾고 신호를 보낼 것인가? 신호를 찾는 것은 어렵지 않을 수 있다. 하지만 신호를 보내는 것은 참 어려운 일이다.

이 책은 99%의 소음을 뚫고 도달하는 1%의 신호를 만드는 방법에 관한 책이다.

스마트폰 시대의 사회변동이 어떤 방식으로 나타나고 있고 그 가운데 나는 어디에 존재하며, 사람들의 마음을 움직이는 신호는 어떻게 만들어지는지 살펴볼 것이다. 그 1%의 신호를 메시지라고 부르기로 한다.

메시시는 우리가 일반적으로 글쓰기라고 말하는 것과는 다르다. 콘텐츠와도 다른 의미다. 메시지는 사람의 마음을 움직여 행동하게 만드는 어떤 언어다. 말이거나 글이거나 영상이거나 사진이다. 혹은 그 사람의 표정일 수도 있다. 중요한 것은 상대방의 영감이나 가치를 뒤흔들 어떤 것이다. 흑인 인권 운동가 마틴 루터 킹이 "나에게는 꿈이 있습니다"라고 말했을 때, 청중들의 마음이 움직였다. 그리고 그들은 연대와 행동을 만들어 세상을 바꿨다. 이 책에서 나는 새로운 미디어 시대, 스마트폰 시대의 정치 행동과 사회 변화 과정에서 메시지의 힘이 왜 더 강력해지는지 살펴볼 것이다.

캐나다 출신의 미디어 학자 마셜 매클루언은 "미디어가 메시지다"라는 유명한 말을 남겼다. 그가 쓴 『미디어의 이해』라는 두꺼운 책은 예나 지금이나 미디어 이론의 고전으로 추앙받는다. 난해하지만 통찰력이 번뜩이는 책이다. 연세대학 사회학과 교수 김호기는 『세상을 움직인 사상』에서 마셜 매클루언을 "전후 현대사상에서 매클루언만큼 최고의 찬사와 격렬한 비난을 동시에 받은 지식인도 드물다"고 말했다. 매클루언은 미디어를 이루는 형식이 미디어에 담긴 콘텐츠보다 삶과 세계를 인식하는 데 오히려 큰 영향을 미친다고 생각했다.

비록 같은 내용이라고 해도 그것을 전달하는 미디어의 형식에 따라 그것을 듣는 사람들은 그 내용을 다르게 인식한다는 뜻이다. 가령 텔레비전과 라디오, 신문이라는 각기 다른 미디어는 그 자체로 (각각 다른) 메시지가 된다. 미디어가 메시지다라는 의미는 미디어의 형식 자체에 메시지가 내재되어 있어서 미디어 자체가 메시지를 인식하는 방식에 영향을 준다는 뜻이다. 미디어는 단지 형식에 불과하다는 생각을 전복한 것이다. 가령 마셜 매클루언에 따르면 사람들은 미투 운동을 신문으로 볼 때, 라디오로 들을 때, 텔레비전으로 볼 때 각각 다른 메시지를 받게 된다. 이는 신문을 보는 시각과, 라디오를 듣는 청각, 텔레비전을 보는 공감각이 각각 다른 역할을 하기 때문이다.

마셜 매클루언은 미디어를 인간의 확장이라는 관점에서 바라보았다. 즉 책은 눈의 확장이고, 옷은 피부의 확장이고, 라디오는 귀의 확장이고, 바퀴는 발의 확장이며, 전자장치는 두뇌의 확장이라고 보았다. 이런 관점에서 미디어 자체가 갖는 확장적 메시지에 주목한 것이다. '미디어가 메시지다'라는 명제는 수많은 논쟁을 불러일으켰으며 논쟁은 지금도 여전히 진행 중이다.

신문이 많아지면서 신문 브랜드도 메시지가 됐다. 가령 '조중동'이라는 신조어는 『조선일보』,『중앙일보』,『동아일보』를 보수를 대변하는 신문으로 프레임화한 것이다. 최근엔 다른 의미이지만 '한경오'라는 말도 생겨났다. 『한겨레』와 『경향신문』, 『오마이뉴스』는 상대적으로 진보 진영을 상징한다. 가령 『조선일보』와 『한겨레』에 똑같은 글이 실려도 이것을 보는 독자는 『조선일보』의 의도와 『한겨레』의 의도를 글의 앞단에서 프레임화한다. 이것은 또 하나의 메시지다.

앞에서도 언급했지만 소셜 미디어 시대는 이 같은 관점을 뒤엎는다. 스마트폰에 올라온 뉴스 리스트를 통해 뉴스를 보는 사람들은 이제 그것이 신문이나 라디오나 텔레비전 어디에서 나온 것인지 중요하게 생각하지 않는다. 그들에게는 동일하게 스마트폰 속에 존재하는 뉴스다. 혹은 자신이 구독하는 소셜 미디어 피드에 올라오는 뉴스일 뿐이다.

앞서도 언급했듯이 미디어 브랜드까지 존재감을 잃어가는 시대가 됐다. 그것이 완전히 사라지지는 않겠지만 사람들은 미투 운동 기사가 『조선일보』에 나온 것이든 『한겨레』에 나온 것이든 크게 상관하지 않는다. 어느 쪽이든 똑같이 그들이 쥐고 있는 스마트폰으로 접한 기사이기 때문이다. 그들의 관심은 어느 신문, 어느 텔레비전에 뉴스가 나왔는가가 아니라 와이파이가 지금 이 순간 잘 터지느냐 아니냐 여부일 것이다.

네이버나 다음 같은 포털 사이트는 그들 나름의 노출 알고리즘이 있을 것이다. 포털의 영향력이 커지자 상단 노출 조작 논란이 일기도 하지만, 각각의 포털은 클릭 수나 댓글 같은 그들 나름의 알고리즘을 이용해 뉴스피드의 순위를 결정할 것이다. 이 알고리즘을 악용해 여론을 조작한 '드루킹 사건'은 포털 사이트의 사회적 책임에 관한 새로운 문제를 제기한다. 페이스북은 페이스북대로 트위터는 트위터대로 무엇을 자주 노출시킬 것인지에 관한 정형화되지는 않은 알고리즘을 주기별로 다르게 적용할 것이다. 알고리즘 변화가 없으면 광고 효과를 높이거나 정치적으로 가짜뉴스를 퍼뜨리려는 나쁜 이용자들의 타깃이 될 것이기 때문이다.

미래학자 피터 힌센은 미디어가 메시지라는 마셜 매클루언의 명제를 다시 생각해볼 것을 권유한다.

> 인터넷이라는 미디어에 의해 우리의 행동 양식은 변화를 맞았다. 그리고 뉴 노멀 시대에는 미디어가 더 이상 메시지가 아니다(피터 힌센, 『뉴 노멀』).

그러면서 그는 '반응이 메시지다'라고 주장했다. 반응에는 여러 가지가 있을 수 있다. 클릭이나 댓글 같은 것도 있고 좋아요나 공유도 있다. 이를 상호작용이라고 부르기도 한다. 어쨌거나 피터 힌센은 뉴스 공급자가 갖고 있는 콘텐츠나 미디어 자체가 아니라 고객 혹은 유권자와 '접촉contact'하는 지점에서 일어나는 행동을 가장 중요한 메시지로 본 것이다.

마셜 매클루언은 '미디어가 메시지다'라고 했고 피터 힌센은 '반응이 메시지다'라고 수정되어야 한다고 했다. 하지만 어떤 측면에서 '반응이 메시지'라는 말은 지나치게 몰가치적이다. 메시지의 의미를 포퓰리즘화한 명제로 보인다. 단지 마케팅의 관점에서 미디어와 메시지를 바라봤기 때문에 생긴 필연적인 결과일지도 모른다.

하지만 나는 메시지라는 말을 보다 엄격하게 사용하려고 한다. 앞서 말했듯이 소셜 미디어 시대에 메시지는 메신저의 삶과 분리되지 않는다. 정치든, 시민운동이든, 노동조합이든 사회 변화를 주도하는 세력의 가치와도 분리되지 않는다. 메시지가 세상의 변화를 위해 사람들의 마음을 움직이는 어떤 것이라면 그 진실한 경험과 보편적 가치가 만나야 영향력을 갖는다. 모든 반응이 메시지가 되는 것이 아니다. 물론 반응하지 않는 것도 메시지가 아니다. 메시지는 전달되어야 한다. 그러므로 모든 메시지는 반응을 수반하고 미디어를 움직인다. 그것이 스마트폰 시대에 메시지의 중요성 혹은 지위를 다시 규정해야 하는 이유다.

마셜 매클루언과 피터 힌센이 규정한 명제는 모두 메시지가 '주어'가 아니라 '술어'에 위치해 있다. 하지만 지금은 누구나 미디어를 가질 수 있는 시대이고, 누구나 반응을 이끌어낼 수 있는 시대이다. 미디어나 반응 자체는 이미 주어가 아니다. 메신저의 삶이 가치 있고, 그것이 메시지로 만들어진다면 그 자체로 강력한 미디어가 된다.

문재인이나 트럼프는 이제 기존 미디어를 경유하지 않아도 자신의 메시지를 국민들에게 직접 전달할 수 있다. 이제 많은 정치인이 미디어 프레임에 왜곡되지 않은 채 자신의 메시지를 직접 전달하는 것을 더 선호한다. 시민운동가들도 마찬가지고 기업들도 그렇다. 사람들의 메시지는 곧 미디어가 된다. 이는 유명한 정치인들에게만 해당되는 이야기가 아니다. 당신들의 이야기이기도 하다.

'미디어가 메시지다'라는 마셜 매클루언의 정의는 여전히 위대하다. '반응이 메시지다'라는 피터 힌센의 정의는 현재 아주 강력하다. 하지만 둘 다 충분하지는 않다. 메시지만 있으면 메신저는 순식간에 강력한 영향력을 가진 미디어가 되고 반응도 이끌어낸다.

새로운 관점이 우리의 미래를 더욱 풍부하게 만든다. 나의 정의는 단순하다.

스마트폰 시대에 메시지가 주어가 되었다는 것이다.

'메시지가 미디어다.'

1부

디지털 미디어 혁명과
사회변동

정리된 지옥보다 혼돈의 지옥을 더 좋아한다

신문의 제1면보다 그림형제의 동화를 더 좋아한다

잎이 없는 꽃보다 꽃이 없는 잎을 더 좋아한다

— 비스와바 쉼보르스카, 「선택의 가능성」, 『끝과 시작』

1장

디지털 기술이 이끄는 '미디어 대지진'

1) '내 손 안에 무한을 쥐고'

이진법으로 세상의 모든 것을 설명하려는 시도는 아주 옛날에도 있었다. 동양에서는 우주의 이치를 음陰과 양陽으로 표현했다. 점을 보는 책인 『주역周易』, 즉 『역경易經』의 역은 해[日]와 달[月]을 합친 글자다. 해는 양이고 달은 음이다. 이것을 독일의 철학자이자 수학자 라이프니츠가 0과 1로 표현한 것이 이진법이다. 라이프니츠는 베이징에 주재하는 프랑스 전도사와 서신을 통해 주역을 공부하며 현대 이진법의 기초를 만들었다고 알려졌다.

농경 사회가 발전하고 잉여 생산물이 늘어나면서, 특히 교역이 활발해지면서 계산의 속도와 정확성이 점점 중요해졌다. 교역량이 급격히 늘어나자 열 손가락으로 셈하는 십진법은 인류의 욕망을 수용하기 힘든 한계를 드러냈다. 정보가 일정한 양 이상으로 늘어나면 오프라인 저장 공간은 금세 한계에 다다르며 아무리 분류를 잘한다고 해도 원하는 정보를 제때 꺼내 쓰는 것이 점점 어려워진다. 전자계산기와 컴퓨터의 발명은 인류의 간절한 욕망과 필요의 산물이다. 이진법은 존재와 부재의 무한 반복과 변주를 통해 모든 가능성을 무한으로 향하는 문으로 안내했다.

컴퓨터의 발명은 이진법의 시대를 예고했고 인터넷의 발명은 이진법의 시대를 선언했다. 이들은 정보의 저장과 활용, 연결의 한계를 극복했다. 컴퓨터의 가격은 대중이 수용 가능한 수준으로 낮아졌다. 물론 아직도 기아에 허덕이는 인구가 수억 명이나 되고 그들은 인터넷에 접근조차 할 수 없지만, 대부분의 문명국가 시민들은 컴퓨터에 접근할 수 있게 되었다. 인터넷은 컴퓨터가 보급되는 것보다 훨씬 더 빠른 속도로 사람들의 일상이 되었다. 거대 통신 회사의 횡포가 여전히 정부의 비호 아래 자행되고 있지만 그들의 가격 정책은 폭동을 유발할 정도로 높지 않다.

반도체 메모리 기술의 발전은 인간의 거의 모든 상상력을 실현 가능하게 만들어주었다. 저장 용량의 초소형화가 인류의 생활을 어떻게 바꿨는지 설명하자면 끝도 없을 것이다. 마이크로칩의 저장 용량이 24개월마다 2배씩 증가한다는 무어의 법칙은 새로운 기술혁명의 상징이 됐다. 일본에서 반도체 패권을 빼앗아 온 삼성이 세계 전자 산업 분야를 선도한 것은 전혀 이상한 일이 아니다. 우리는 디지털 기술의 발전과 함께 소니와 코닥이 몰락의 길을 걷는 과정을 생생하게 목격했다. 미국의 대형 서점 체인도, 비디오 체인도 모두 무너졌다. 그 반면에 아마존과 넷플릭스 등 새로운 인터넷 기업들은 기술혁명의 세례를 받으며 무럭무럭 성장해갔다.

코닥이 세계 최초로 디지털카메라를 만들어놓고도 기존 카메라와 필름 판매에 영향을 줄까 봐 코닥 이사회가 디지털카메라 출시를 거부했다는 이야기는 전설처럼 회자된다. 당시만 해도 기술혁신의 파고를 예측하지 못한 것은 아주 일반적인 일이었을 것이다. 더 큰 이익을 위해 디지털카메라 출시를 보류한 코닥의 결정이 아주 잘못됐다고 할 수도 없다. 코닥이나 2010년 가을 파산한 미국 최대의 DVD 대여업체인 블록버스터의 공통점은 '우리 곁에 이미 와 있는 미래'를 인정하려 하지 않았다는 것이다. 하지만 그것을 인정했다고 하더라도 그 폭과 깊이를 제대로 알기는 어려웠을 것이다. 인정 여부와 상관없이 그들의 결론은 같았을 수도 있다. 단지 디지털 기술혁명에 더 치명적으로 영향 받는 기업이 있었을 뿐이다. 가령 디지털카메라가 나오자 필름 카메라 시장이 거의 순식간에 사라지고 전자책 시장이 열리자 오프라인 서점 체인은 하루하루가 다르게 매출이 준 것처럼 말이다. 특히 미국처럼 넓은 나라에서는 그러한 변화의 속도가 더 빨랐다. 스마트폰의 등장과 함께 기존 핸드폰 시장은 사라지는 것을 넘어 아예 잊혀졌다.

세계 1위 핸드폰 기업이었던 노키아는 스티브 잡스의 상상력과 기술의 융합이라는 기습 작전으로 함락됐다. 몰락한 대부분의 거대 기업이 그렇듯이 노키아도 수도 없이 제기된 '디지털 선전포고'를 무시했었다.

스티브 잡스는 '다른 것'을 추구하는 기업가다. 스티브 잡스의 애플은 제품을 판매하기 이전에 기업의 가치를 판매하려고 한다. 그 가치의 핵심은 '세상에 대한 도전'이다. 세상에 존재하는 것들을 재구성해 완전히 새로운 것을 만드는 것이다. 그들은 그것을 혁신이라고 불렀다.

　모든 사람이 제품의 기능을 최우선으로 고려할 때조차도 스티브 잡스는 디자인을 포기하지 않았다. 단말기에 선이 남는 것이 싫어서 분리형 배터리를 포기했다. 애플의 수석 디자이너 조너선 아이브는 "우리는 시작을 시작한다"는 말로 애플의 혁신 정신을 일갈했다. 이는 최근 뉴욕타임스 같은 전통 미디어 기업이 '혁신을 혁신한다'는 기치 아래 이른바 '파괴적 혁신disruptive innovation'을 주창한 배경이기도 하다. 클레이트 크리스텐슨이 처음 사용한 단어인 '파괴적 혁신'은 아주 다양하게 응용된다. 원래 크리스텐슨이 이 말을 사용했을 때의 의미는 저렴한 제품이나 서비스로 시장에 진입한 뒤 주도권을 갖는다는 뜻이었다. 하지만 지금 파괴적 혁신은 전통 기업이 일반적인 방식으로 진행한 모든 혁신이 실패한 뒤에 나왔다. 기존의 강자가 혁신을 하기란 좀처럼 쉽지 않다. 기득권의 저항이 강력하기 때문이다. 그러다가 시장의 지배권을 새로운 혁신 기업에게 빼앗기게 되면 그제야 기존의 강자는 혁신의 필요성을 절감한다. 파괴적 혁신은 좀처럼 혁신하기 어려운 기업이 스스로를 담금질하기 위해 내놓는 급진적 혁신 전략을 일컫는다.

　세계적인 테드TED 강연자이자 경영 혁신 컨설턴트인 사이먼 사이넥은 애플의 성공 요인을 '무엇what'보다 '왜why'에 집중했기 때문이라고 분석한다. '무엇'이 제품이라면 '왜'는 가치다. 이 가운데 '어떻게how'가 존재한다. 애플의 사례로 '어떻게'는 새로운 디자인이라고 할 수 있다. 애플의 제품은 소비자들에게 '왜 → 어떻게 → 무엇'의 순으로 인식된다. 애플은 '가치를 디자인해서 제품을 만드는' 회사인 것이다.

1999년쯤 나는 샌프란시스코에서 스티브 잡스를 인터뷰했다. 지금 이 말을 하면 사람들이 깜짝 놀라며 믿지 않으려고 하지만 사실이다. 왜 당시에 잡스의 사인을 받지도 않고 그 흔한 인증샷 하나 찍지 않았는지 지금도 후회가 된다. 당시에 스티브 잡스는 자신이 만든 애플에서 쫓겨나 긴 방랑 생활을 하다가 픽사 스튜디오를 인수해 3D 애니메이션을 제작하고 있었다.

당시 나는 영화 잡지 『스크린』 편집장이었고 3D 애니메이션인 〈벅스 라이프〉 월드 프리미어 기자 시사회에 참여할 기회를 얻었다. 픽사 스튜디오가 〈토이 스토리〉 이후 두 번째 내놓은 본격 3D 애니메이션이었다. 전 세계의 영화 기자들이 모여들었다. 일정엔 영화 시사회와 존 래스터 감독 인터뷰와 픽사 스튜디오 탐방, 스티브 잡스 인터뷰가 잡혀 있었다.

존 래스터 감독의 안내를 받으며 픽사 스튜디오 탐방을 끝내고 함께 간 기자들 몇 명과 호텔 인터뷰 룸에 들어가자 스티브 잡스가 나타났다. 첫 느낌은 한마디로 단정했다. 말끔한 양복 정장 차림에 단정하게 빗어 넘긴 헤어스타일, 차분하고 침착한 표정과 행동. 마치 전형적인 모범생 같았다. 영화계에서 보기 힘든 유형이었고 수줍은 기업 CEO에 가까웠다. 인터뷰도 영화 얘기보다는 그가 픽사 스튜디오를 왜 인수했는지, 픽사 스튜디오에서 일하는 기라성 같은 아티스트들을 어떻게 스카우트했는지, 스튜디오 사무실은 어떤 방식으로 운영되는지, 3D 영화의 미래는 어떻게 될 것인지에 집중됐다. 잡스는 모든 아티스트를 전 세계를 돌아다니며 직접 인터뷰한 뒤 채용했다고 강조했다. 학력 같은 것은 전혀 고려하지 않았고 퍼포먼스와 상상력, 창의력을 기준으로 선발했다는 말도 덧붙였다. 이 말을 할 때 잡스의 눈은 가장 빛났다. 마치 돌아온 황야의 무법자처럼.

나도 그랬지만 다른 영화 기자들도 스티브 잡스보다 존 래스터 인터뷰에 더 큰 관심을 갖고 있는 것처럼 보였다. 영화 기자들이니 당연한 일이었다. 당시 "〈벅스 라이프〉를 연출하면서 가장 중점을 둔 부분이 무엇이냐"는 질문에 존 래스터는 기술혁신이나 캐릭터 디자인 같은 대답 대신 "첫 번째도 스토리이고, 두 번째도 스토리이고, 세 번째도 스토리"라는 대답을 내놓았다. 즉 영화 테크놀로지가 아무리 발전해도 기본이 되는 스토리가 여전히 가장 어렵고 또한 중요하다는 것을 고전적인 화법으로 강조한 것이다. 고대 정치인 데모스테네스는 설득에서 가장 중요한 기술이 무엇이냐는 질문에 "첫 번째도 연기, 두 번째도 연기, 세 번째도 역시 연기"라고 대답했다고 한다.

당시 스티브 잡스는 마치 고독한 영웅처럼 보였다. 뭔가 더 큰 꿈을 꾸고 있는 사람에게서 흔히 발견되는 외로움이 엿보였다. 그로부터 몇 년이 지난 뒤 그는 '아이폰'이라는 혁신적인 상품을 들고 세상에 나타났다. 가장 빠른 시간에 인류의 생활 방식을 송두리째 바꾼 스마트폰은 샌프란시스코 인터뷰 때 그에게서 보였던 고독의 결과물일지도 모른다. 아주 주관적인 기억이지만, 나는 샌프란시스코에서의 인터뷰는 잡스가 가장 좋아했다는 윌리엄 블레이크의 「순수의 전조Auguries of Innocence」 같은 것이 아니었을까 생각한다.

　　한 알의 모래에서 우주를 보고
　　한 송이 들꽃에서 천국을 보라

당신의 손 안에 무한을 쥐고

순간 속에서 영원을 보라

To see a world in a grain of sand

And a heaven in a wild flower

Hold infinity in the palm of your hand

And eternity in an hour.

2) 스마트폰이 주도하는 미디어 지도

지하철을 타면 승객의 대다수가 스마트폰을 들여다보는 풍경을 볼 수 있다. 지하철에서 신문을 읽는 사람을 보는 것은 열흘에 한 번 있을까 말까 한 일이 되었다. 그래서 나는 가끔 이런 질문을 하곤 한다. 우리나라 지하철에 와이파이를 차단하면 어떤 일이 벌어질까. 신문이나 책을 보는 사람들이 늘어날까? 아니면 폭동이 일어날까? 결과야 어떻든 지하철 와이파이 차단이라는 무모한 정책을 펼칠 정치인은 존재하기 어려울 것이다.

현재 우리나라에는 5,000만 대 이상의 스마트폰이 보급되어 있다. 이것은 거의 모든 국민이 스마트폰을 쓰고 있다는 의미다. 현재의 통신 요금은 상당히 비싼 편이지만 무료 와이파이 존zone이 존재한다. 선거에 나온 정치인들의 공약 등을 살펴볼 때, 앞으로 무료 와이파이 존은 늘어나면 늘어났지 줄어들지는 않을 것 같다. 공짜가 늘어나고 속도가 빨라지니 동영상을 보는 사람들이 늘어나는 것도 당연하다. 지하철에서 밀린 드라마를 보는 사람을 어렵지 않게 발견할 수 있다. 게임을 하는 사람도 많다. 소셜 미디어를 하거나 뉴스를 검색하거나 메신저 앱을 통해 대화를 하는 사람도 많다.

팟캐스트 시장도 그렇게 형성됐다. 팟캐스트는 지난 몇 년간 우리 미디어 지형에 나타난 가장 영향력 있는 도전이었다. 특히 출퇴근 거리가 상당히 먼 직장인들이 미리 다운받은 팟캐스트를 들으며 출근하는 풍경은 새로운 정치 문화 가운데 하나로 자리 잡았다. 나도 김종배 앵커가 진행하는 팟캐스트 '소리통'에 고정 출연한 적이 있었는데, 적은 인원이 영향력 있는 라디오 방송국을 만들 수 있다는 사실에 깜짝 놀랐다. 거의 매일 모든 새벽잠을 반납하고 청취자들에게 품격 있는 뉴스와 토크를 전해주던 김종배 앵커는 지금 교통방송 TBS에서 저녁 방송을 진행하고 있다. 김어준 같은 팟캐스트 슈퍼스타는 공중파 TV 시사 프로그램 메인 앵커로 진출했고, 메이저 방송국 내에서도 높은 시청률을 기록하고 있다. 팟캐스트를 통해 단련된 그들의 솔직한 말솜씨와 기획력, 취재력, 정치적 관점 등이 대중의 눈과 귀를 즐겁게 해주기 때문일 것이다.

몸에 지니고 다니며 언제나 인터넷에 접속할 수 있는 스마트폰은 우리 미디어 지도를 어떻게 바꾸고 있을까? 실제 뉴스 소비의 변화는 어느 정도의 폭과 깊이로 일어나고 있을까? 옥스포드대학 로이터 저널리즘 연구소와 한국언론진흥재단이 공동으로 진행한 '디지털 뉴스 리포트 2017'을 보면서 뉴스 소비 변화의 몇 가지 특징을 살펴보기로 한다. 이 보고서는 2012년부터 매년 발간되어온 것으로 디지털 뉴스 생태계 분석에서 세계적인 권위를 인정받는 보고서다. 2017년 보고서는 36개국을 대상으로 했으며 이 설문조사에는 세계에서 7만 1,715명, 한국에서 2,002명이 참여했다.

첫 번째 특징: 스마트폰이 변화를 주도하다

앞서 말한 지하철 풍경은 이번 조사 결과에서도 그대로 나타났다. '일주일 동안 뉴스 이용 경험이 있는 매체'를 복수 응답하라는 질문에 대한 응답으로 한국은 소셜 미디어를 포함한 디지털 이용이 84%로 가장 높았다(표 1).

36개국 평균도 83%로 한국과 비슷했다. 한국인은 이 밖에 텔레비전 73%, 소셜 미디어 31%, 종이 신문 26%, 라디오 12% 순으로 응답했다. 텔레비전은 36개국 평균과 같았으나 소셜 미디어는 평균 54%에 비해 23% 포인트 낮았으며 종이 신문은 13% 포인트, 라디오는 22% 포인트 낮았다. 즉 한국 사람들은 네이버, 다음 같은 검색 서비스와 텔레비전을 이용해 뉴스를 소비하고 있는 것으로 나타난 것이다.

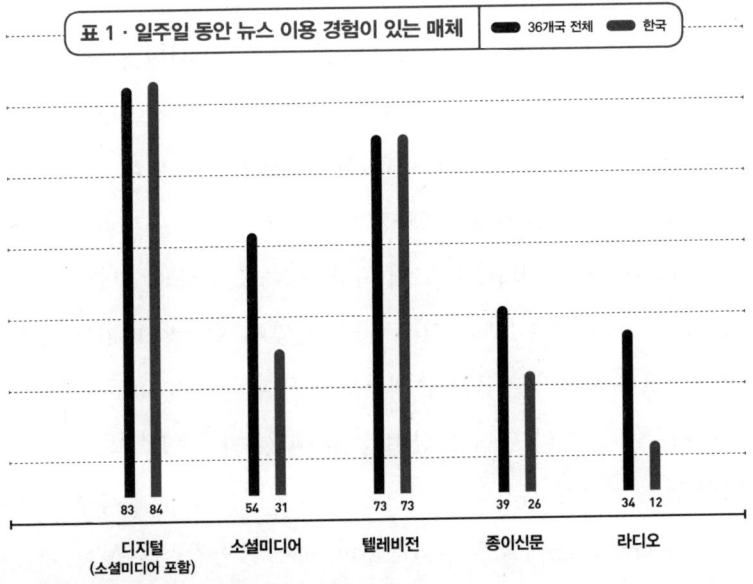

표 1 · 일주일 동안 뉴스 이용 경험이 있는 매체

질문을 조금 바꿔서 '주로 이용한 뉴스 출처를 하나만 고르라'고 했을 때도 비슷한 양상이 나타났다(표 2). 소셜 미디어를 포함한 디지털 뉴스가 50%로 가장 높았고, 텔레비전이 44%로 뒤를 이었다. 이어 소셜 미디어가 6%, 종이 신문 5%, 라디오 1% 순이었다. 종이 신문 5%는 다소 충격적이다. 이는 36개국 평균 8%에 비해 3% 포인트 낮은 수치인데 종이 신문의 쇠퇴를 단적으로 보여주는 사례라고 볼 수 있다.

연령대별로는 연령이 낮을수록 디지털 뉴스를 많이 이용했으며 55세 이상은 32%만이 디지털 뉴스를 이용했고 61%가 여전히 텔레비전에 의존하고 있었다. 55세 이상의 텔레비전 이용률이 36개국 평균보다 10% 포인트 높았는데, 이는 종편 채널의 시사 뉴스 프로그램이 장년층에게 폭넓은 인기를 누렸기 때문인 것으로 분석된다. 한국이 다른 나라들에 비해 소셜 미디어 이용률이 현저히 낮은 것은 네이버, 다음 등 검색 포털의 영향 때문이다. 검색 포털 자체에 블로그나 카페 같은 소셜 미디어 기능을 가진 서비스들이 존재히기 때문에 전통적 의미의 소셜 미디어 의존도가 다소 떨어진 것이 아닌가 추측해볼 수 있다. 우리나라의 경우 소셜 미디어를 주요 뉴스 출처로 이용한 비율은 18-24세가 23%, 25-34세가 13%, 35-44세가 8%, 45-54세가 5%, 55세 이상이 4%로 조사돼 전 연령대에서 36개국 평균보다 10% 포인트 가량 낮았다. 한국의 디지털 뉴스 이용 비율은 주요 국가들 가운데서도 높은 편이다(표 3).

이제 스마트폰의 위력을 살펴볼 차례다. '지난 일주일 동안 디지털 뉴스 이용에 사용한 기기는 무엇인가'라는 질문에 복수 응답한 결과 한국은 스마트폰이 65%로 PC 58%를 앞질렀다(표 4). 이는

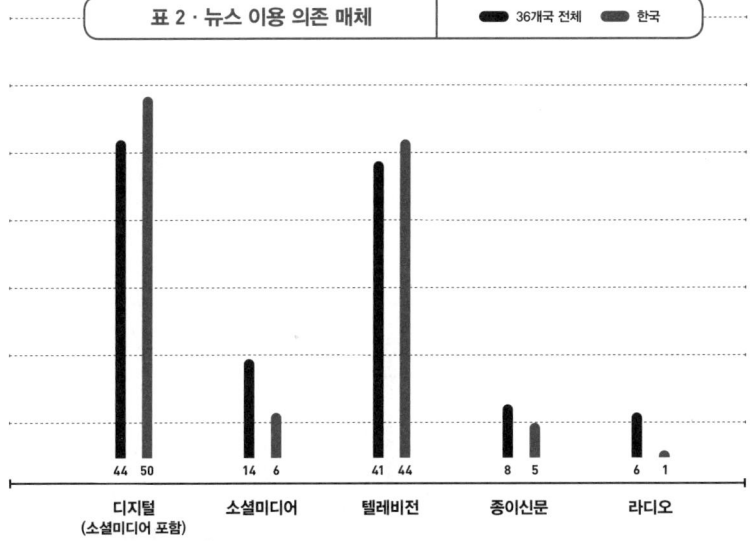

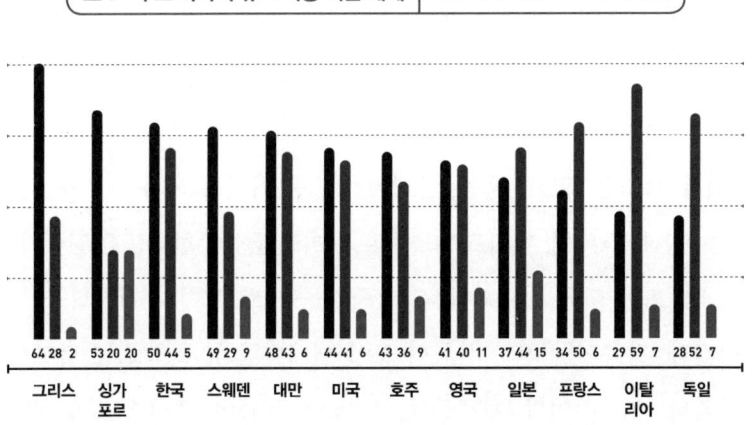

36개국 평균인 스마트폰 56%, PC 58%와 비교해 볼 때 스마트폰을 통한 뉴스 이용률이 상대적으로 높다는 것을 뜻한다. 태블릿은 13%에 불과해 36개국 평균 22%에 훨씬 못 미쳤다.

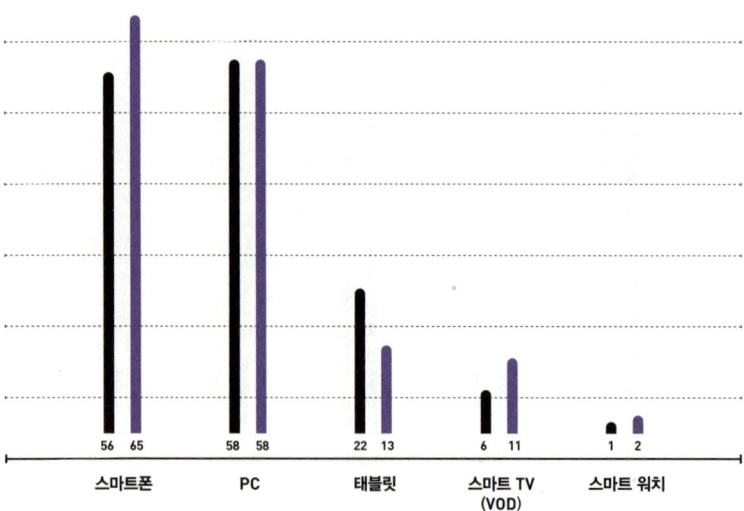

표 4 · 일주일 동안 디지털 뉴스 소비에 사용한 적이 있는 기기 ■ 36개국 전체 ■ 한국

'뉴스 이용에 사용한 기기를 하나만 고르라'고 했을 때도 한국은 스마트폰이 49%를 차지해 PC 38%를 10% 포인트 이상 앞질렀다. 한국은 전체 조사 대상국 가운데 스마트폰 이용률 7위였다. 1위부터 3위까지는 싱가포르, 홍콩, 말레이시아 등 아시아 국가들이 차지했으며 칠레, 스웨덴, 멕시코가 스마트폰 이용률에서 한국을 앞질렀다.

스마트폰 이용 빈도의 급격한 증가는 뉴스 소비의 개인화를 부추긴다. 가족이나 친구가 함께 모여 텔레비전 뉴스를 보는 것과는 확연히 다른 것이다. 실제로 한국인들은 36개국 평균보다 더 개인화된 공간에서 뉴스를 소비하는 것으로 조사됐다. 뉴스 소비의 개인화에 대해 조사 보고서는 다음과 같이 분석한다.

스마트폰은 뉴스 소비를 개인화시키는 경향이 있다. 한때 '전자회로electronic furnace'라고 불렸던 텔레비전은 가족 단위의 뉴스 시청을 가능케 했지만, 모바일 기기는 가족이 아닌 개인 단위 뉴스 소비를 촉진시킨다(『디지털 뉴스 리포트 2017』).

실제 2017년 조사 결과 한국은 전체 평균해 비해 개인화된 공간에서 더 많이 뉴스를 소비한 것으로 나타났다. 한국인은 63%가 침실 등 개인 공간에서 뉴스를 이용했고(36개국 평균 55%), 50%가 화장실에서(36개국 평균 42%), 63%가 지하철이나 버스에서(36개국 평균 54%) 뉴스를 봤다고 응답했다.

결론적으로 한국 사람들은 개인화된 공간에서 디지털 플랫폼에 올라온 뉴스를 스마트폰으로 소비하는 셈이다.

두 번째 특징: 플랫폼 뜨고 언론사 희미해지다

기술혁명의 시대엔 존재하지만 존재하지 않는 것들이 늘어난다. 『뉴욕타임스』 편집국장 질 에이브람슨의 말처럼 우리는 "잠시 숨 돌릴 틈도 없이 저멀리 달아나는 세상"에 살고 있기 때문이다. 언론사는 여전히 존재하지만 적어도 예전처럼 존재하지 않으며 더 나아가 어디에 존재하는지 알 수 없는 경우도 있다. 그들은 사라지지 않았지만 사라져가고 있으며 그것도 아주 빠르게 사라져가고 있다.

언론사가 생산한 뉴스들은 해당 언론사 홈페이지에서는 소비되지 않는 경향이 있다. 그 뉴스들은 검색 포털과 소셜 미디어를 배회하며 '인디펜던스 데이'를 외친다. 독자들이 뉴스 목록에서 관심 있는 뉴스를 클릭하고 들어가는 순간, 이제 그 뉴스를 『조선일보』

가 쓴 것인지, 『한겨레』가 쓴 것인지, KBS가 보도한 것인지, JTBC가 보도한 것인지는 별 상관이 없다. 내가 아는 많은 기자에게는 차마 이야기하기 싫지만 기자들의 이름은 더욱 상관이 없다. 기자가 자신의 이름을 독자들에게 알리기 위해선 단지 메이저 언론사에서 기사를 쓰는 것만으론 턱없이 부족하다. 기자 스스로 언론사 브랜드에서 독립해 스타가 되는 길밖에 없다. 우리는 조선일보 편집국장이나 논설위원 이름은 거의 기억하지 않지만 조선일보 출신으로 '빨간 책방'이라는 팟캐스트를 운영하고 있는 이동진은 기억한다.

그렇다면 조사 결과도 그걸 말해주고 있을까? 불행하게도 단연코 그렇다. 이번 조사에서 가장 극단적인 케이스를 보여준 것이 '디지털 뉴스 소비 의존 통로'다. 언론사 홈페이지를 통해서 뉴스를 소비한다고 응답한 사람은 단 4%에 불과했다. 전체 조사 대상국 가운데 꼴찌다. 언론사 홈페이지 이용률이 두 번째로 낮은 35위 일본이 16%인 점을 감안하면 한국의 언론사 홈페이지 이용률은 거의 없다고 봐도 무방할 정도다. 4%의 의미는 언론사가 존재하면서 동시에 존재하지 않는다는 것이다(표 5). 1위는 64%를 차지한 핀란드로 대다수 국민이 언론사 홈페이지를 직접 방문해 뉴스를 소비했으며 『가디언』, BBC 등을 필두로 세계에서 가장 앞장서 디지털 혁신을 단행한 영국이 58%로 3위에 랭크됐고 중하위권 미국은 28%를 차지했다.

반면 검색 및 뉴스 수집 서비스 플랫폼을 통해 뉴스를 소비하는 비율은 한국이 77%로 압도적 1위에 올랐다. 2위 일본의 63%에 비해 14% 포인트나 높은 수치다. 플랫폼 이용률이 가장 낮은 나라는

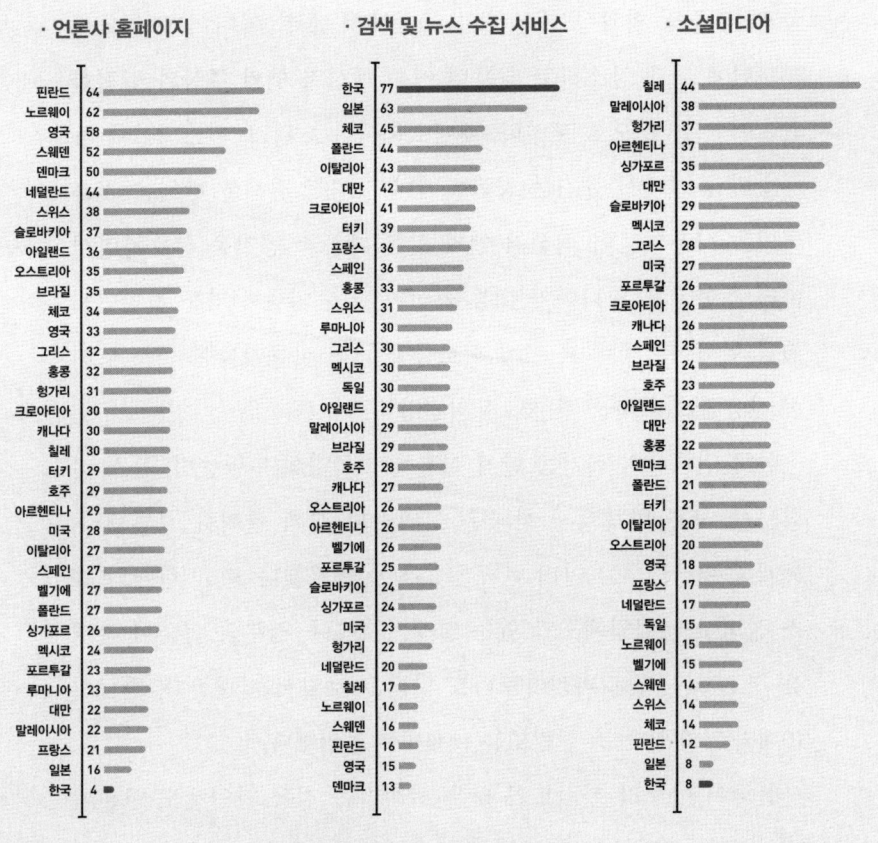

표 5 · 국가별 디지털 뉴스 의존 통로

덴마크(13%)였다. 이를 통해 뉴스 소비 통로의 세계적 편차가 굉장히 크게 나타난다는 사실을 알 수 있다. 기존의 언론사가 자체 혁신에 기반해 신뢰와 영향력을 강화하고 있는 나라와 플랫폼에 완전히 주도권을 빼앗긴 나라로 양극화되고 있는 세계 언론 지형을 목격할 수 있다.

한국의 경우 소셜 미디어를 통한 뉴스 소비는 오히려 후퇴하고 있는 것으로 나타났다. 이용률은 8%로 일본과 공동 꼴찌다. 미국과 영국을 제외한 대부분의 국가에서 소셜 미디어 이용률이 2016년에 비해 감소하고 있는데 이는 메신저 앱의 부상과 밀접한 관련이 있는 것으로 보인다. 페이스북이나 트위터, 인스타그램 등 개방된 공간에서 뉴스를 공유하거나 정치적 견해를 밝히는 것을 꺼리는 사용자들이 메신저 앱과 같은 폐쇄적 공간을 선호하면서 나타난 현상이다. 나아가 대통령 선거 같은 대형 선거를 거치면서 팬덤 현상이 강화되고 이에 피로감을 느낀 사용자들이 뉴스에 대한 반응을 회피하는 경향도 포착된다.

한국 언론사의 위기는 단지 이용률에 국한되지 않는다. 뉴스 신뢰도를 묻는 항목에서 한국은 그리스와 함께 꼴찌를 기록했다. 36개국 평균이 43%인데 한국은 23%에 불과했다(표 6). 한국의 뉴스 신뢰도는 검열제도가 있는 말레이시아나, 정부와 언론이 분쟁을 겪고 있는 슬로바키아보다도 낮다고 보고서는 말한다. 한국의 10대와 20대의 뉴스 신뢰도는 10%대에 불과했다.

한국이 아무리 신뢰도가 낮은 사회라는 점을 감안해도 언론에 대한 한국 국민의 낮은 신뢰도는 충격적이다. 이는 언론사들의 권력 의존도와 재벌 의존도가 높은 데 따른 결과라고 분석할 수 있다. 언론에 대한 낮은 신뢰도를 상징적으로 보여주는 단어가 '기레기' 아닐까 싶다. 책임 있는 언론사들의 존재와 그들의 신뢰 회복은 민주주의 발전에서 필수적이라는 점에서 안타까운 통계다. 가짜뉴스가 창궐해도 이를 바로잡을 신뢰받는 언론사가 없다면 혼란이 가중되고 국민들이 받아야 할 고통도 증가할 것이기 때문이다.

한국의 언론 자유에 대한 인식은 11%로 36개국 평균인 25%의

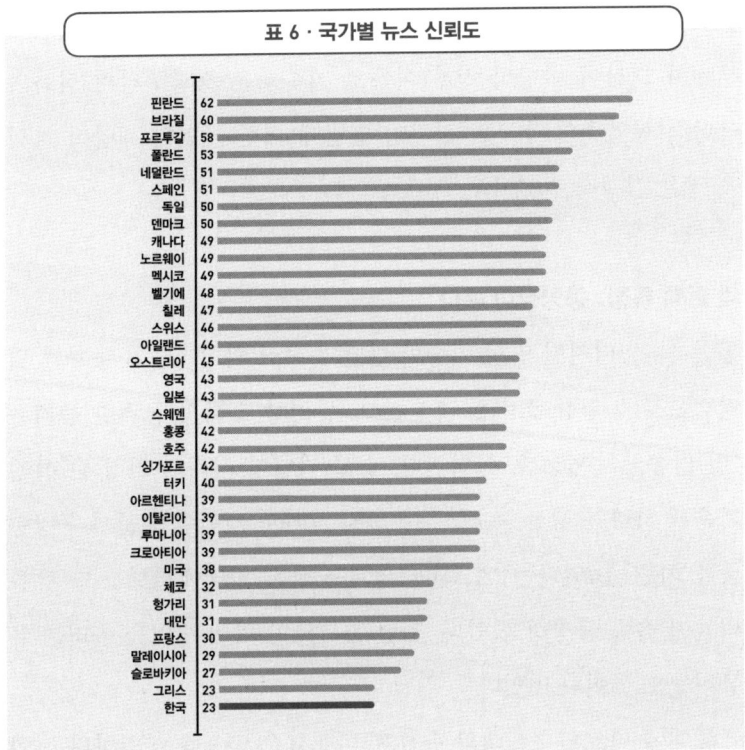

표 6 · 국가별 뉴스 신뢰도

절반에도 미치지 못했다. 국민들은 한국의 언론이 정치권력의 영향력으로부터도, 기업의 영향력으로부터도 자유롭지 못하다고 대답했다. 특히 '기업으로부터 자유로운가?'라는 질문에 단 2%만이 그렇다고 답해 한국 언론의 기업 종속성이 거의 절대적인 것으로 조사되었다.

　이 보고서에 따르면 이용률, 신뢰도, 자유도 세 측면 모두에서 한국 언론은 대위기를 맞고 있다. 이는 네이버, 다음 같은 뉴스 플랫폼 서비스의 독점적 구조 탓도 있겠지만 언론사 자체의 문제가 더욱 큰 것으로 보인다. 세계 언론이 사활을 걸고 디지털 혁신을 감행할 때 한국 언론 대부분은 소극적인 태도로 일관했다. 혁신의 부재와 더불어 이명박 정부 이래로 지속돼온 정파주의의 심화와 극단적 상업주의 추구의 결과가 언론에 대한 국민의 재앙적 불신을 낳은 결정적 원인이다.

세 번째 특징: 동영상이 온다

통신 기술, 디지털 영상 기술의 발달과 무료 와이파이의 증가는 필연적으로 동영상 소비를 촉진한다. 동영상 소비의 급격한 증가는 1인 방송국의 증가로 이어진다. 소셜 미디어 시대의 가장 큰 특징 가운데 하나는 생산수단을 소유하지 않아도 개인이 신문사나 방송국을 차릴 수 있다는 데 있다. 세계는 물론 한국에서도 스타 유튜버들이 속속 등장하고 있다. 채널 광고로만 억대 수익을 올리는 유튜버들도 늘어나고 있다.

통계에 따르면 Z세대의 유튜브 이용률은 95%를 상회한다고 한다. 미국 밀레니얼 세대millenials*의 유튜브를 통한 검색량은 이미 구글에 근접하거나 능가했다는 통계도 나온다. Z세대에 대한 정확한 정의는 아직 존재하지 않지만 대체로 1995년 이후부터 2000년 초반에 태어난 사람들을 말한다. 미래학자 피터 힌센은 이들을 디지털 원주민이라 부른다. 즉 태어날 때부터 디지털이 존재

---

* 밀레니얼 세대

1980년대 초부터 2000년대 초에 출생한 세대를 일컫는다. 닐 하우와 윌리엄 스트라우스가 1991년 펴낸 책 『세대들, 미국 미래의 역사Generations: The History of America's Future』에서 처음 사용한 것으로 알려진다. 밀레니얼 세대는 인터넷과 함께 성장하고 모바일에 가장 익숙하며 소셜 미디어와 동영상을 자유자재로 활용한다. 대학 진학률도 높다. 자기표현 욕구가 강하고 온라인 쇼핑을 하며 멀티태스킹을 좋아한다.

했던 사람들이다. 어쩌면 이들에게는 부모가 지어준 '리얼 네임'보다 '디지털 아이디ID'가 더 중요할지도 모른다. 이들에게 디지털카메라는 존재하지 않는다. 이들이 아는 모든 카메라는 디지털카메라이며 이들은 디지털카메라가 아니라 오히려 필름 카메라를 특정해서 부를 것이다. 카메라를 앞에 두고 이것을 디지털카메라라고 부르면 '디지털 이민자'라고 한다. 아날로그 세계에서 디지털 세계로 이민 온 사람이라는 뜻이다. 밀레니얼 세대나 Z세대는 텍스트를 읽는 것보다 동영상을 보는 것을 더 선호한다. 그들은 영상 촬영이나 편집에도 능숙해서 기성세대가 글을 쓰는 것처럼 영상을 생산하기도 한다.

동영상 소비가 늘자 신문사들도 동영상을 제작하기 시작했다. 영국의 『가디언』은 기자들이 취재할 때 동영상 촬영을 함께하는 것으로 유명하다. 한국의 언론사들도 다양한 동영상 콘텐츠를 생산하기 시작했다. 신문사별로 작은 TV 채널을 만들거나 인터뷰 같은 기사에 동영상을 덧붙이는 식이다. 기존의 방송국들도 소셜 미디어가 선호하는 동영상을 따로 제작한다. SBS의 '비디오 머그'는 소셜 동영상을 표방한다. 페이스북 좋아요만 70만 개에 이른다. JTBC도 페이스북 '소셜 스토리' 채널에서 동영상을 별도로 제작해 텔레비전에서 다 하지 못한 이야기나 별도로 기획된 내용을 방송한다. 소셜 동영상에는 기자들이 자유롭게 출연해 취재 뒷이야기 등을 들려준다.

닷페이스 같은 독립 동영상 미디어 채널도 각광을 받고 있다. 닷페이스 페이스북 페이지는 약 12만 명의 팔로워를 갖고 있으며 주로 우리 사회의 비주류로 알려진 리버럴 이슈를 취급한다. 최근 미투 운동 지지 동영상에서 보이듯이 이들은 페미니즘 이슈, 성소수자 이슈, 장애인 이슈 등 사회적 약자들의 이야기를 중점적으로 보도한다. 20대 여성인 조소담 대표가 세대 감성을 이끌며 새로운 미디어 경영에 도전하고 있다. 닷페이스가 제작한 동영상들은 조회수를 빠르게 늘려가며 유튜브 등으로 자신의 채널을 확장해가고 있다.

이번 로이터 조사를 보면 사람들은 아직 문자 뉴스를 가장 선호한다. '주로 문자 뉴스만 본다'는 응답자는 33%였고 '문자 뉴스를 주로 보면서 가끔씩 동영상 뉴스도 본다'는 응답자는 37%였다. 문자 위주의 뉴스 소비 비율이 70%다. 동영상 위주의 뉴스 소비 비율은 36개국 평균 23%이며 한국은 이보다 8% 포인트 높은 31%를 기록했다.

보고서는 한국에서 동영상 이용률이 높은 이유를 '빠른 인터넷 속도'라고 분석했다. 한국은 인터넷 속도가 가장 빠른 국가 가운데 하나다. '지난 일주일 동안 동영상 뉴스를 이용한 경험이 있느냐'는 질문에 한국은 79%의 높은 응답률을 보였다(전체 72%). 5분 미만의 짧은 동영상 시청 경험을 묻는 질문에 대해서도 66%가 그렇다고 답해 59%인 전체 평균보다 7% 포인트 높았다. 단 5분 이상의 긴 동영상 시청 경험에서는 한국이 24%로 전체 평균 25%를 밑돌았다. 한국 동영상 사용자들의 인내심이 상대적으로 약한 셈이다. 라이브 동영상 시청 경험도 한국이 35%로 전체 30%를 5% 포인트 웃돌았다(표 7).

표 7 · 일주일간 동영상 뉴스 시청 경험

		36개국 전체	한국
전체 동영상 뉴스 시청 경험		72%	79%(+7P)
동영상 뉴스 길이	5분 미만 짧은 동영상	59%	66%(+7P)
	5분 이상 긴 동영상	25%	24%
라이브 뉴스 동영상 시청		30%	35%(+5P)

　동영상 뉴스 이용률이 문자 뉴스 이용률보다 낮은 것은 당연하다. 문자는 버퍼링이 없고 아무 곳에서나 자유롭게 볼 수 있다는 장점이 있고 또한 뉴스를 보다가 중간에 다른 일을 하기도 용이한 반면, 동영상은 멈췄다가 다시 재생해야 하는 불편이 있는 데다 소리를 낼 수 없는 공간에선 반드시 이어폰을 껴야 하는 불편도 존재하기 때문이다. 그럼에도 불구하고 동영상 뉴스 이용이 꾸준히 증가하고 있는 것은 주목할 만한 현상이다. 페이스북이 전략적으로 동영상 서비스에 집중하는 이유도 미래 세대의 동영상 소비가 기하급수적으로 증가할 것이기 때문이다. 페이스북은 최근 페이스북 친구들의 동영상 콘텐츠를 뉴스피드 최상단에 배치하는 실험을 시작했다.

　HD 화질의 장편영화가 유튜브에서 스트리밍 서비스된다는 사실은 우리에게 많은 시사점을 준다. 버퍼링 제로 시대에 가격마저 제로에 가까워진다면 동영상 사용은 더욱 늘어날 것이다. 한국에선 성공하지 못할 것이라던 넷플릭스가 회원 수를 급격히 늘리고 있는 점도 이런 전망에 힘을 실어주고 있다. 동영상을 촬영하고 편집할 수 있는 디지털 원주민의 사회 진출은 보다 다양한 동영상 채널의 시대를 열 것이다.

신문사 브랜드가 사라졌듯이 이제 방송사 브랜드도 새로운 포지션을 찾아야 할 시대가 도래했다. 물론 개인이 방송사가 보유한 인력이나 장비를 따라갈 수는 없겠지만, 플랫폼의 진화는 인력이나 장비 규모가 아니라 콘텐츠 혹은 메시지에서 차별화될 가능성이 충분히 존재한다. 동영상 뉴스 이용의 증가는 양적 변화를 넘어 질적 변화를 불러올 것이다.

3) 읽을 것인가, 스캔할 것인가

올해 1월 추위가 극성을 부리던 어느 오후에 햇살이 드는 카페에 앉아 『한겨레』와 스마트폰을 나란히 놓고 생각에 잠긴 적이 있다. 신문을 1면부터 차례로 넘겨보고 스마트폰에 뜬 네이버 뉴스 목록을 봤다. 이 둘 사이엔 어떤 근본적인 차이가 존재하는 것일까? '종이의 집'에 편집된 한정된 텍스트를 읽는 것과 '스마트폰 바다'에 펼쳐진 무한의 텍스트를 스캔한다는 것은 어떤 차이일까? 이것은 우리의 생각을 어떻게 규정할까? 즉 우리의 지식 습득 방법과 지식에 대한 비판적 사고를 어떻게 뒤바꿀까?

코네티컷대학의 철학과 교수 마이클 린치는 인터넷 시대의 사유 가능성에 대한 성찰을 계속하고 있는 보기 드문 철학자다. 그는 트위터와 페이스북을 즐기며 동시에 그것이 갖는 위험성을 생각한다. 인터넷 기술 발전을 긍정적으로 바라보면서도 그것이 인류의 사유 능력을 고갈시키지 않을까 우려하는 것이다.

마이클 린치는 인터넷을 인쇄술의 발명에 비교하는 것에 반대한다. 인쇄술은 문자의 대량생산 시스템, 즉 유통에 관련된 것이지

인간의 새로운 지식 습득 방법은 아니라는 것이다. 그러면서 린치는 인터넷을 굳이 비교한다면 문자의 발명에 견주어야 한다고 주장한다. 즉 문자가 그랬던 것처럼 인터넷도 인간의 지식 습득 방법을 근본적으로 변화시키고 있다는 것이다.

> 인터넷은 우리의 지식 습득 방식에 이것[문자]과 비슷한 혁명을 가져오고 있다. 문자가 우리에게 시간 여행을 가능케 한다면, 인터넷은 공간 이동을 가능케 한다(마이클 린치, 『인간 인터넷』).

우리는 유발 하라리의 『사피엔스』를 읽으며 과거가 생생하게 눈앞에 재현되는 느낌을 경험한다. 과거의 기록은 문자를 통해 후대에 전송된다. 인류가 정착을 하고 경작을 하며 잉여 생산물을 저장하기 시작한 이후 이전과는 완전히 다른 새로운 시대가 열렸다는 것도 알 수 있다. 마틴 루터 킹의 연설문은 당시의 흑인 인권 운동을 바로 우리의 문제로 가져다놓는다. 기미독립선언서는 일제강점기 우리 선조들이 어떤 마음으로 목숨을 건 저항을 시작했는지 공감하게 만든다. 인쇄술은 이 문자들을 대량으로 공급할 수 있도록 만든 것이지 지식을 습득하는 방법을 근본적으로 변화시킨 것은 아니다. 우리는 문자를 통해 시간을 초월해 공감하고 소통하는 능력을 키워왔다.

나는 가끔 미국에 있는 지인과 밤새 카카오톡으로 수다를 떤다. 시간은 다르지만 둘 다 깨어 있기만 하다면 소통은 언제나 공짜로 가능하다. 내가 한밤중일 때도 있고 상대가 한밤중일 때도 있다. 인터넷은 공간의 동시성을 실현한다. 이스라엘에 저항하는 아랍 소년의 행동을 페이스북 라이브를 통해 실시간으로 볼 수 있다. 인터넷은 공간의 폐쇄성을 일거에 개방했다. 공간적 제약을 완전히 없앤 것이다. 디지털화된 도서관은 우리가 굳이 도서관을 방문하지 않아도 그곳에 있는 정보를 열람할 수 있게 해준다. 1993년 내가 『내일신문』에서 기자 생활을 할 때만 해도 과거의 기사를 보려면 반드시 해당 신문사를 방문해 열람 신청을 해야 했다. 그래서 그것을 복사해서 다시 사무실로 돌아와서야 꼼꼼하게 그 자료를 볼 수 있었다. 하지만 지금은 그런 시간의 소비는 상상도 하지 않는다. 사실 너무 많은 정보를 너무 빨리 바로 내가 있는 이곳에서 찾아볼 수 있다. 커피숍에 앉아 이 글을 쓰고 있는 지금, 궁금한 것이 생기면 나는 곧바로 그것을 찾아낼 수 있다. 아마 여러분도 그럴 것이다.

요즘 카페의 테이블은 대체로 노트북을 올려놓을 공간 정도를 허락한다. 일간지를 펼쳐 놓고 읽을 공간은 거의 없다. 지식은 어디에 있는가? 지식은 이제 더 이상 일간지나 책 속에만, 그리고 인간의 두뇌 속에만 존재하지 않는다. 지식은 인터넷만 접속되면 우리가 언제나 접근할 수 있는 온라인의 어딘가에 항상 존재한다. 최근 알리바바는 지식을 독해하는 인공지능 로봇을 선보였다. 독해력 테스트에서 이 로봇은 인간을 이겼다. 이 사실에 대해 조금 더 자세한 것을 알고 싶은 사람은 검색창에 '알리바바+독해력+인공지능'을 입력하면 된다. 관련 내용을 담은 뉴스 리스트가 뜨는 데 단 1초의 시간도 걸리지 않는다.

이 뉴스 리스트엔 2018년 1월 15일에 작성된 블룸버그 통신의 보도도 포함돼 있다. 스탠퍼드대학의 독해력 테스트에서 인공지능 로봇이 처음으로 인간을 이겼다는 기사다. 10만 개 이상의 질문에 정확하게 대답을 해야 하는 이 테스트에서 알리바바의 인공지능 로봇은 82.44점을 얻어 인간이 기록한 82.3점을 앞질렀다. 현재 이 분야에서 1위는 마이크로소프트로 82.65점을 기록했으며, 삼성은 현재 77.44점으로 14위를 기록 중이다. 자연어 처리 방식을 습득한 이 인공지능 로봇은 앞으로 박물관 안내, 온라인 의료 상담 등에 순차적으로 사용될 예정이다.

언어를 다루는 인공지능이 인간의 직업을 얼마나 변화시킬지 상상하는 것은 끔찍한 일일 수도 있다. 이런 변화는 사회 속에서 노동의 역할을 재규정해야 하는 상황을 압박할 수도 있다. 정착 농경 사회가 삶의 방식을 근본적으로 바꾸었듯이 인터넷과 인공지능의 발전은 인간 행위의 가치 평가에 대한 근본적인 변화를 예고하고 있다.

내가 여기서 말하고자 하는 것은 지식 습득 방법의 근본적인 변화다. 우리가 원하는 지식의 대부분이 구글에 있다고 자연스럽게 생각하는 상태를 '구글 노잉'이라고 부른다. 우리가 얼마나 많은 지식을 갖고 있든 상관없이 구글은 우리보다 더 많은 지식을 갖고 있다. '네이버 검색창에 ☐를 쳐보세요'라는 카피는 이제 새로울 것도 없는 우리의 일상이 되었다. 지금은 거의 폐허가 되었지만 한때 각광을 받았던 네이버의 '지식인' 서비스는 정확하게 이런 시대적 흐름에 부합한다. 지식에 관한 한 디지털 의존성은 되돌릴 수 없는 상황이 되었다.

신문은 '읽지만' 인터넷은 '다운로드'한다. 우리가 텍스트를 받아들이는 이 태도, 즉 지식이나 정보를 받아들이는 이 상이한 태도는 많은 변화를 내포하고 있다. 우리가 신문을 읽을 때, 그것은 그날의 제한된 정보와 지식을 읽는다는 것이다. 집에서든, 사무실에서든, 브런치 카페에서든 신문을 펼쳐 읽는 사람을 보는 것이 희귀한 일이 되었지만, 어쨌거나 신문을 읽는다는 행위 자체에선 여백이 느껴진다. 신문을 읽다가 모르는 사실이 나오면 그것에 대해 곰곰이 생각하는 시간도 가지게 된다. 만약 누군가와 함께 있다면 물어보며 읽기도 한다.

중요한 것은 궁금한 것을 신문 안에서는 해결할 수 없다는 사실이다. 궁금한 사실을 즉각 확인할 수 없거나 누군가에게 물어봐야 한다는 것은 생각의 여백이 생기게 된다는 것을 뜻한다. 신문에는 즉시 해결할 수 없는 질문이 존재하는 것이다. 이런 질문을 만나면 머릿속에서 궁금증을 해결하기 위한 사고 작용이 일어난다. 프롤로그에서 말했듯이 한자가 병용되던 시대의 신문을 읽다 보면 모르는 한자가 툭툭 튀어나온다. 모르는 한자가 보통명사 속에 섞여 있으면 맥락으로 지레짐작하면서 읽곤 했던 기억이 있다. 가령 '후보들 公明選擧 다짐'이라는 제목에 나온 한자 가운데 한두 글자를 모른다고 해도 대략 의미를 파악할 수 있다. 그런데 사람 이름의 경우는 조금 다르다. 맥락이 없기 때문에 모르는 한자는 읽을 수가 없다. 모르면 오래 쳐다보게 된다. 친구에게 물어보거나 옥편을 찾기도 한다. 이런 행위는 뇌의 기억장치를 자극한다.

구글 노잉 시대의 가장 큰 특징은 즉각적인 수용성이다. 인터넷에 내가 알고 싶은 지식의 대부분이 존재하고 그것은 당연히 옳다는 믿음이다. 친구와는 논쟁하지만 구글과는 논쟁하지 않는다. 네이버에 나온 정보나 지식은 대체로 옳다는 믿음이 사람들의 인식에 뿌리박혀 있다. 식당을 예약하고 참석자들에게 네이버 지도 링크를 보내주면 알아서 찾아온다. 이런 믿음은 아주 일상적이어서 강력한 오류가 발견되기 전에는 의심하지 않는다. 내가 광흥창역 플랫폼에서 지하철을 기다리면 적어도 10분 안에 지하철이 온다는 믿음과 같은 것이다. 밤 12시가 넘지 않는 한 그 누구도 지하철이 오지 않을 수도 있다는 생각을 하지 않는다. 즉각적인 수용성은 즉각적인 신뢰를 의미한다. 즉 비판적 사고의 여백이 사라진 지식 습득이 일상화되었다는 뜻이다.

인터넷 시대에 정보 습득의 또 다른 특징은 텍스트를 '읽지 않고' '스캔한다'는 것이다. 예전에 속독법을 가르치는 학원이 유행한 적이 있지만 이것과는 차원이 다르다. 거의 모든 사람이 종이에 인쇄된 텍스트를 읽을 때보다 더 빠르게 글을 스캔한다. 이는 읽을 정보가 너무 많기 때문이기도 하지만 특히 텍스트가 한눈에 들어오는 모바일 화면의 작은 크기와도 상관이 있다. 즉각적인 수용성이 성찰의 결여를 촉진한다면, 스캔하듯 읽는 빠른 속도는 팩트의 오류를 무시할 것을 장려한다. 모바일 화면으로 뉴스를 읽을 때 기사가 포착한 팩트와 상관없이 자신이 믿고 싶은 방향으로 기사의 내용을 규정해버리는 것이다. 이런 행위는 너무 순식간에 일어나서 무엇이 먼저인지 알 수 없을 정도다. 기사를 읽는 것과 거의 동시에 자신이 선험적으로 생각했던 방향으로 기사를 스캔해버리기 때문이다.

2017년 6월 최순실이 이대 입학 비리와 관련해서 징역 3년을 선고받았다는 기사가 나왔을 때 댓글을 보면 '기사 스캔'이 얼마나 광범위하게 일어나고 있는지 알 수 있다. 이 사건이 정유라의 이대 입학 비리에 국한된 재판이었음에도 불구하고 수천수만 개의 댓글에는 형량이 너무 적다는 비난 일색이었다. 뒤이어 판사에 대한 신상털이도 일어났다. 기사를 읽어보기만 해도 이번 재판이 최순실의 전체 범죄에 대한 재판이 아니라 정유라의 이대 입학 비리에 대한 '분리 재판'이었다는 것을 알 수 있는데, 대부분의 독자가 '최순실 징역 3년'이라는 사실만 갖고 예단을 해버린 것이다.

구글 노잉 시대는 임마누엘 칸트가 말한 '스스로 생각하려는 용기'가 줄어드는 시대를 의미한다. 이 시대에는 다수의 흐름을 따라가려는 경향이 극단적으로 강화된다. 영국에서 EU 탈퇴 여부를 묻는 브렉시트 국민투표가 통과된 날 구글 검색창에 영국인들이 가장 많이 올린 검색어가 'EU가 뭐예요?'였다는 사실은 우리에게 많은 생각을 하게 만든다. 많은 영국 국민이 EU에 대한 생각이나 성찰이 아니라 영국에 실업자가 늘어난 것은 EU 때문이라는 선동으로 인해 투표에 참여했다는 뜻이기 때문이다.

댓글이니 '좋아요' 등의 반응에 따라 뉴스피드의 순위가 결정되는 시대에 사람들은 사유의 과정을 거치지 않고 더 많은 좋아요가 달린 기사를 추종하는 경향을 갖는다. 관람객이 많은 영화에 대한 쏠림 현상이 강화되는 것도 같은 흐름이다. 기사의 팩트는 사라지고 다수의 프레임이 그 자리를 대체한다. 나아가 클릭 수는 언론사의 수익에 영향을 미친다. 저널리즘은 이런 대중의 경향을 부추긴다. 상업주의 저널리즘이 기승을 부릴 수밖에 없는 환경이다.

이런 미디어 환경의 급격한 변화를 이해하는 것은 우리가 메시지 전략을 짜는 데 매우 중요하다. 대중들의 이런 일반적인 수용성과 속도를 객관적으로 인정하고 그들의 마음을 움직일 메시지가 무엇인지 고민해야 한다. 카드뉴스는 시선을 끌기 위한 고육지책이다. 그들이 어떤 이야기에 관심을 기울일 충분한 이유는 무엇인가? 우리는 이 질문을 피할 수 없다.

4) 국민이 기자다

문재인 대통령이 한 손에 커피를 든 참모들과 와이셔츠 차림으로 청와대 계단을 내려오는 장면은 '한국 정치의 한 장면'이라 할 만하다. 이는 마치 청와대의 탈권위주의 선언처럼 보인다. 참모들과의 칸막이를 없애고 수평적으로 대화한다는 인상은 구중궁궐의 청와대에서 불통과 공포로 통치했던 박근혜 정부와 선명하게 대조되면서 국민들의 호감을 키운다. 일부 야당과 보수 언론은 이 같은 대통령의 모습을 '쇼통'이라 비판했지만, 누리꾼들은 '너희는 쇼통이라도 해봤느냐'고 응수했다.

사람들은 본능적으로 이미지 정치를 비난하지만, 이미지 정치는 정보가 넘쳐나는 시대에 리더십을 강화하는 한 방법이라고 이해하는 것이 더 현명한 일일지도 모른다. 이미지 정치는 그 자체로 좋은 것도 나쁜 것도 아니다. 물론 국민의 삶을 돌보지 않고 개혁은 뒷전인 채 이미지에만 매달리는 정치는 오래 지지받기 어려울 것이다. 하지만 이미지를 좋게 만들려는 노력을 이미지 정치로 예단하는 것은 위험하다. 사람들은 오바마의 유려한 메시지도 기억하지만 그가 남긴 사진들을 더 선명하게 기억한다. 비서를 위한 생일 케이크를 들고 천진스런 표정으로 백악관 복도를 지나는 그의 사진은 그를 '말 걸고 싶은 대통령'으로 만든다. 가상현실 고글을 쓰고 새로운 기술에 심취해 있는 오바마 곁의 비서는 아주 무심한 듯 자신의 업무를 처리하고 있다. '대통령이 무엇을 하든 나는 내 일을 한다'는 공간 미장센이 주는 힘은 매우 강렬하다.

주목할 사실은 언론은 중개자 이상의 역할을 하지 못한다는 것이다. 대통령의 사진을 기억하는 사람들은 그것이 어느 신문에 나온 사진인지는 전혀 관심이 없다. 요즘 말투로 관심이 1도 없다. 대통령은 이제 국민과 직접 소통한다. 언론이 설계한 프레임을 통과하지 않고 직접 국민들을 만난다. 오바마는 '국민이 기자다'라는 슬로건으로 백악관 보도 자료를 언론사와 페이스북에 동시에 공개했다.

문재인 청와대는 아직 언론의 주도적 역할을 인정한다. 하지만 이제 그 인정 여부와 상관없이 사람들은 청와대의 움직임을 직접 주시하기 시작했다. 기존의 미디어가 과거의 방식으로 존재하는데 반해 대통령은 시대의 흐름을 탄다. 메신저가 더 강력한 미디어다. 메신저가 발신하는 한 장의 사진이 그 자체로 미디어로서의 독립성을 갖는다. 제천 화재 당시 문 대통령의 '욕이라도 들어드리는 게 대통령의 도리라고 생각한다'는 메시지는 순식간에 대통령의 역할을 재규정했다. '말 걸고 싶은 대통령'에서 '공감하고 돌보는 대통령' 이미지가 형성된 것이다.

언론은 공론을 형성하고 주도하는 본연의 사명에서 많이 밀려났다. 그것은 시대의 흐름에 적응하지 못한 언론 자신의 탓이 크다. 포털 사이트 탓을 할 시간에 조금만 더 혁신의 노력을 기울였더라면 사정은 조금 더 나아졌을지도 모른다. 나는 민주주의의 정원을 잘 가꾸기 위해서라도 여전히 언론의 역할은 중요하다고 생각한다. 하지만 언론은 빠르게 변화하는 시대의 한복판에서 살아남기 위해 혁신이라는 어려운 길을 피해 분노 상업주의, 클릭 상업주의라는 '당장 돈 되는 길'을 선택했다.

일부 언론은 대통령보다 앞서가려고 노력하는 대신 종종 대통령을 증오 프레임 안에 가두려고 한다. 대통령을 강하게 비판하는 야당 지도자들을 대통령과 나란히 등장시킴으로써 언론의 상업주의 프레임을 강화하는 것이다. 가둘 수 없는 것을 가두려 하니 신뢰도 영향력도 떨어진다. 또 미투 운동에 대한 다수 언론의 보도 행태는 선정주의와 범죄의 경계를 넘나든다. 한 신문은 성폭력 범죄자 사진을 잘못 실었다가 사과한 적도 있다. 더 많은 언론이 더 선정적인 제목을 뽑는다. 피해자가 아닌 가해자의 관점에서 기사를 판매하려고도 한다. 언론이 인터넷 부족들에게 의존하려는 경향은 선거 때 더욱 강렬해진다. 선거 때 네거티브가 훨씬 더 잘 팔리기 때문이다. 현대 선거에서 후보들이 언론 프레임에 의존한다면 자신의 메시지를 전달할 기회는 영영 오지 않을지도 모른다. 선거 시기에 언론은 흔히 지지율에 과도하게 의미를 부여함으로써 주목을 끌려고 노력하는데, 이는 1, 2위 후보를 제외한 다른 후보들은 프레임에서 사라지게 하는 결과를 초래한다. 언론이 양자 프레임 혹은 네거티브 프레임에 과도하게 의존하는 것은 그들이 공론장으로서의 기능을 포기하고 상업주의의 노예가 되었다는 것을 의미한다.

언론의 이런 관행에 비추어 볼 때 대통령과 청와대, 혹은 어떤 개인이 메시지와 이미지를 직접 획득하는 경향은 더욱 강화될 것이다. 2017년 문재인 정부 초창기에 에이케이스 유민영 대표는 『관훈 저널』 가을호에 기고한 칼럼 「스스로 미디어가 된 청와대와 대통령」에서 아주 상징적인 장면을 묘사한다.

> 대선을 며칠 앞둔 날 서울시청을 지나는 좌석버스를 탔다. 빨간 야외복 점퍼를 입은 젊은 할머니 한 분이 스마트폰을 붙잡고 계셨다. … 빨간 후보가 등장하는 정치 단톡방과 손자 손녀가 등장하는 가족 단톡방이 동시 생방송되고 있었다. 흐뭇한 웃음과 비장한 표정이 교차했다. 기사는 공론을 주도하는 것이 아니라 이미 정해진 진영과 주장을 위해 소모되고 있었다. 다른 색깔의 지지자들도 사정은 크게 다르지 않았다. 언론은 그렇게 의미 없이 소진되고 있었다.

유민영은 이 글에서 『뉴욕타임스』 칼럼니스트 니콜라스 크리스토프가 2009년에 기고한 칼럼 「일간 나 The Daily Me」를 인용한다. 내가 '일간 나'라는 개념을 처음 본 것은 MIT 미디어랩 교수 니콜라스 네그로폰테가 쓴 책 『디지털이다』에서였다. 나는 1995년 당시 박영률출판사에서 이 책을 만드는 스태프 가운데 한 명으로 일했다. 서울과학기술대학 교수 백욱인이 번역한 이 책은 인터넷 시대를 선언한 걸작이었다. 네그로폰테는 이 책에서 듣고 싶은 것, 보고 싶은 것만 골라서 볼 수 있는 시대가 올 것이라고 예언했다.

크리스토프는 이 칼럼에서 진보(리버럴)와 보수(컨서버티브)가 끼리끼리 모여 살고 있으며 그 결과 미국이 '레드(공화당) 아메리카'와 '블루(민주당) 아메리카'로 분화되고 있다고 진단한다. 이 같은 현상을 가속화하는 것이 미디어의 홍수, 뉴스의 홍수, 정보의 홍수라는 것이 그의 주장이다. 드 블라지오 뉴욕시장의 선거 캠페인 슬로건인 '두 도시 이야기'와 비슷한 이야기다. 드 블라지오는 가난한 뉴욕과 부자인 뉴욕을 부자 증세를 통해 하나로 만들겠다는 메시지로 73%가 넘는 득표율을 기록하며 당선됐다.

크리스토프의 2009년 통찰을 유민영의 글에서 재인용한다. "온라인에 가면, 우리는 스스로 에디터가 되고, 게이트키퍼*가 된다. 우리 마음에 드는 뉴스와 오피니언을 선택한다. … 이제 우리는 더 이상 좋은 정보를 원하지 않는다는 것이 증명되고 있기 때문이다. 대신 우리의 편견을 더 굳건하게 해주는 정보를 선호한다. 우리는 지성적으로는(머리로는) 의견의 충돌을 지지한다고 하지만, 실제로는 방음 시설이 된 방에 우리를 가두고 있다."

5) 집단 극화와 모바일 부족화

스스로 에디터가 되고 게이트키퍼가 되는 시대가 꼭 좋은 것만은 아니다. 사람들은 점차 자신과 다른 것을 배척하는 경향을 강화한다. 정치 팬덤 현상도 그런 경향 가운데 하나라고 볼 수 있다.

팬덤은 메신저가 가진 매력의 광장에 모인다. 매력은 능력과 다르다. 능력은 대통령이라는 공적 인식이라면 매력은 문재인이라는 개인 캐릭터와 문재인 대통령이 만나는 어떤 지점에서 형성된다. 매력 있는 메신저가 발신하는

> *** 게이트키퍼**
> 수문장이라는 뜻이다. 커뮤니케이션의 문을 지키는 사람이란 뜻으로 뉴스나 정보의 유출을 통제하는 사람을 가리킨다. 가장 빨리 정보를 수용하고 그것을 다른 사람에게 전파하는 여론 주도자를 부르는 의미로 확장됐다.

메시지는 마치 아이돌 가수가 부르는 노래와 같다. 일단 팬덤이 형성되면 맹목적 추종이 뒤따른다. 물론 정치인은 뮤지션과 다르다. 정치인 팬덤이 양날의 검인 까닭이다. 아이돌 팬덤에 비해 정치인 팬덤은 다소 위험하다.

안젤라(가명)라는 여성의 '미투 고발'을 당한 정봉주 전 의원의 경우를 보자.『프레시안』은 여의도의 한 호텔 커피숍에서 정봉주에게 성추행을 당했다는 한 여성의 고발을 기사화했다. 정봉주 팬클럽인 '미권스(미래권력들)'를 중심으로『프레시안』에 대한 즉각적인 공격이 시작됐다. 이 사건을 보도한 담당 기자는 신상이 털리고 차마 입에 담을 수 없는 정도의 심한 욕설에 시달렸다. 정봉주가 사실을 전면 부인하면서 공세의 수위는 절정에 달했다.

결국 정봉주는『프레시안』기자와 편집국장 등을 명예훼손 혐의로 검찰에 고발했다. 처음엔 2차 보도를 한『한겨레』와『중앙일보』등도 고발했다가『프레시안』으로 고발 범위를 좁혔다. 기자회견이 이어졌고 정봉주의 나꼼수 친구인 김어준과 김용민도 정봉주 지원사격에 나섰다. 피해자와『프레시안』이 고립되는 형국이었다. 심지어 김어준은 정봉주의 알리바이를 증명하는 데 공중파 프로그램을 이용하기도 했다. 정봉주 관련 기사에 실린 댓글만 보면 정봉주는 정의로운데『프레시안』과 피해자가 어떤 음모를 갖고 사실이 아닌 것을 조작한 것 같은 착각에 빠질 수밖에 없었다.

하지만 양측의 공방은 싱겁게 결론이 났다. 피해자가 적시한 당일 해당 커피숍에 간 일조차 없다고 주장한 정봉주의 말이 거짓임이 증명됐기 때문이다. 그날 정봉주가 그 호텔 커피숍에서 카드를 사용한 기록이 나온 것이다. 정봉주는 고소를 취하하고 정치 활동을 하지 않겠다고 선언했다. 그런데 정말 이상한 점은 자신의 실수를 인정하면서도 정작 피해자에겐 사과 한마디 하지 않은 대목이다. 김어준도 방송의 공정성 문제에 대해선 사과했지만 피해자에 대한 사과는 하지 않았다. 상식적으로 이해가 가지 않는 대목이다.

이에 대해 『한겨레』 김지훈 기자가 '정봉주 김어준, 사과하라'는 제하의 칼럼을 썼다. 그는 "가장 용납하기 어려운 것은 끝끝내 피해자에게 사과하지 않은 정봉주의 태도다. 민국파 같은 동행한 사람도 기억하는 성추행 장소 방문 사실을 지금도 기억하지 못하겠다는 말 자체가 별로 신뢰가 가지 않는다. 설령 그 말을 믿어준다고 하더라도, 자신의 방문 사실이 확인된 지금도 피해자의 기억을 사실로 받아들이고 사과하지 않는 태도는 납득하기 힘들다"고 했다. 여기서 더 주목할 점은 김지훈 기자가 칼럼 말미에 "두 사람을 비판하는 글을 쓰는 건 부담스러운 일인데, 나도 그의 지지자들에게 어떤 해를 입지 않을지 걱정이 된다"고 한 대목이다. 한국의 유력 일간지 기자가 칼럼을 쓰는 데 두려움을 느낀다는 이야기다. 아니나 다를까. 기자에 대한 극도의 혐오와 비난 댓글이 수도 없이 달렸다.

그렇다면 왜 정봉주가 거짓말을 했다는 사실이 밝혀졌는데도 그들은 정봉주를 옹호하는 것일까?

집단 극화는 원래 심리학에서 쓰는 용어다. 1961년에 MIT 대학원생 제임스 스토너가 자신의 석사 논문에서 사람들은 개인이 결정할 때보다 집단이 결정할 때 더 모험적이 된다는 '모험성 이행risky shift' 가설을 발표하면서 일반화되기 시작했다. 이 논문이 발표된 이후 집단극화 이론은 행동심리학의 주요 의제가 되었고 현대까지도 논란을 이어가고 있다. 이 반대편에 집단 지성group intelligence이 있다. 집단 극화는 과도한 선택이라는 결과로 이어지는 반면 집단 지성은 더 옳은 선택이라는 결과로 이어진다. 대부분의 사람들은 촛불시위를 집단 지성의 결과라고 말한다. 일상적으로 볼 때 스마트폰과 소셜 미디어 환경은 집단 극화를 더욱 강화한다. 촛불혁명은 집단 지성의 힘도 성장한다는 것을 보여준다.

스마트폰 시대의 집단 극화는 팬덤과 결합될 때 강력해진다. 즉 집단 극화는 '인터넷 부족화'로 이어진다. 생각이 같은 사람들끼리 모여 정보를 나누고 반대를 공격하고 세력을 형성하는 것이다. '모바일 부족화'는 '인터넷 부족화'를 더욱 확대하고 강화한다. 이들은 스스로를 의도적으로 고립시키려는 경향을 가지며, 심할 경우 종교적 광신에 빠진다. 드루킹을 둘러싼 논란은 수사(특검) 결과를 조금 더 지켜봐야겠지만, 집단 극화와 부족화 현상을 해석할 많은 단서를 남기고 있다. 부족화는 더 강한 '확증 편향confirming vias'을 부른다. 확증 편향은 자신이 믿고 싶은 사실만 받아들이는 경향이다. 집단 극화와 부족화, 확증 편향은 순환 고리를 이루면서 더욱 과격해지는 경향을 갖는다. 서로가 서로를 팔로우하고 서로의 이야기에만 귀를 기울이면서 조금이라도 다른 생각을 배격하고 공격하는 것이다. 만약 상대편의 주장이 권위 있는 기관의 팩트에 기반하고 있다면 그들은 그 기관의 권위를 부정함으로써 팩트를 무력화시킨다. 이 상황에서 논쟁은 불가능하다. 이미 결론은 정해진 것이나 다름없기 때문이다.

2017년 9월 28일 여성민우회가 10대부터 70대까지의 여성 1,257명을 대상으로 한 조사 결과를 발표했다. 이 조사에서 여성

93%가 한국이 성적으로 평등하지 않은 국가라고 대답했다. 이 같은 조사 결과를 실은 신문 기사 밑에 달린 댓글들은 충격적이다. 여성민우회를 과격한 페미니즘 집단이라고 매도하며 조사 결과를 신뢰할 수 없다고 말하는 댓글들이 큰 호응을 얻은 것이다. '메갈리안'이라는 딱지는 기본이다. 팩트에 대해선 기관을 공격하는 방식으로 '여혐 부족'의 이익을 실현하는 것이다.

국내 단체뿐 아니라 외국의 저명한 기구의 발표에 대해서도 마찬가지 반응이 나타났다. 2017년 11월 1일 세계경제포럼(WEF)이 144개국을 대상으로 조사한 「세계 성 격차 보고서」를 발표했다. 이 조사에서 한국의 성 평등 지수는 144개국 가운데 118위에 머물렀다. 임금격차가 가장 심각했고 정치 참여, 기업 임원, 교육 평등 부문에서도 최하위 수준을 벗어나지 못했다. 이 같은 조사 결과가 언론에 보도되자 '여혐 부족'들은 조사의 신빙성을 문제 삼으며 여성들을 공격하기 시작했다. 세계경제포럼도 공격 대상이었다. '여자도 군대를 보내야 한다'는 댓글에 수천 개의 '좋아요'가 붙는다.

모바일 부족화 현상은 이제 일상이 됐다. 이런 연결된 부족들의 진지전은 포퓰리즘의 세계화를 촉진하는 데도 한몫한다. 물론 사회 발전에 긍정적으로 기여하는 부족들도 존재할 것이다. 다만 집단 극화와 부족화 현상이 생각과 토론의 여지를 없앨 가능성이 높다는 것도 사실이다. 합리적 근거를 떠올리려는 노력 자체를 포기하는 것은 인류를 아주 큰 위험에 빠뜨릴 수도 있다.

부족화 현상이 심해지면서 기존 언론의 힘은 더욱 약화된다. 그들이 볼 때 언론은 더 이상 신뢰할 만한 기관이 아니다. 옥스포드대학 로이터 저널리즘 연구소의 보고에 따르더라도 한국의 언론 신뢰 지수는 세계 최하위 수준이다. 대량 광고 시장의 위축과 플랫폼 영향력의 강화 등으로 언론들은 선정주의와 상업주의에 몰두하는 경향이 있다. 정치적으로는 전북대학 신문방송학과 교수 강준만이 일갈한 '증오 상업주의'에 경도되고 상업적으로는 '클릭 상업주의'에 의존한다. 증오와 클릭은 상호 의존한다. 언론은 정치적 어젠다를 증오 프레임 안에서 다루려는 유혹을 느낀다. 적대적 증오를 부추긴다. 새로운 인물과 새로운 정책은 설 자리가 없다. 홍준표 같은 정치인이 막말 퍼레이드에도 불구하고 지난 지방선거 때까지 살아남았던 이유는 그가 문재인의 대척점에 있었기 때문이다.

2009년 이래로 이런 현상은 더욱 가속화되고 있다. 영국의 브렉시트나 트럼프 현상은 이런 경향의 최전선이다. 트럼프는 기존 언론과 공공연히 적대하면서 자신의 독자적 영향력을 과시하려 하고 있다. 그는 언론과 진지하게 대화할 생각이 없는 것처럼 보인다. 트럼프는 취임 100일 기념 백악관 출입 기자 만찬장에도 참석하지 않았다. 『화염과 분노』의 저자 마이클 울프는 이렇게 회상한다. "그의 대통령 임기 100일째 되는 — 특히 후텁지근했던 — 날 오후 5시가 막 지나서 약 2,500명의 언론사 관계자와 그 친구들이 백악관 출입 기자 만찬 행사가 열리는 워싱턴 힐튼호텔에 모였을 때, 대통령은 머린원 헬기를 타고 웨스트윙을 떠나 앤드루스 공군기지로 날아갔다." 트럼프는 기존 미디어가 주도하는 합리적 토론보다 집단 극화를 통한 부족화 경향에 기대어 자신의 주도권을 강화하려 한다. 주류 언론은 계속 트럼프를 공격하고 있지만 그들이 예전의 영향력을 다시 회복하는 것은 사실상 쉽지 않아 보인다.

주류 언론에 대한 불신은 국민들 사이에도 깊이 뿌리내렸다. 주류 언론도 기득권 엘리트 체제를 만들고 누려온 강력한 권력 집단으로 인식되기 때문이다. 국민들은 이제 주류 언론의 공론화에 기대는 대신 새롭게 등장한 메신저에 주목한다. 그가 정치인이든, 기업인이든, 개그맨이든 뭔가 탁월한 업적을 이룬 사람의 메시지는 여전히 강력한 영향을 미친다.

2018년 2월 7일 중국의 알리바바 회장 마윈이 연세대학교에서 열린 '글로벌 지속 발전 가능 포럼'에서 반기문 전 유엔사무총장과 특별 대담을 가졌다. 마윈은 이날 AI시대를 대비하려면 지식과 이성보다는 지혜와 감성을 길러야 한다고 강조했다.

> 알리바바의 성공 비결은 여성과 청년이었다. '근력'이 아니라 '지혜'를 겨뤄야 하고, 돌봄의 경쟁이 중요한 21세기엔 여성 지도자가 더 많아져야 한다. 알리바바는 6만 5,000명의 직원 중 49%가 여성이고 여성 임원의 비율도 37%다. … 청년은 우리의 미래이고 희망이다. 희망이 없다고 말하는 건 그 기업에 젊은이가 없기 때문이다. 젊은이들이 많은 기업엔 아이디어가 많고 그곳에선 희망을 이야기한다. 우리는 젊은이들을 더 많이 고용할 것이다. … 지구에 존재하는 18억 명의 젊은이가 미래의 에너지원이다.

마윈의 메시지를 요약하면 '괜찮은 기업'이 아니라 '완벽한 기업'을 원하면 여성을 더 많이 고용하고, 미래가 고민된다면 청년을 더 많이 고용하라는 것이다. 그리고 이 기사엔 악성 댓글이 거의 달리지 않았다.

기고 드루킹? 문제는 네이버!
(『경향신문』 2018년 4월 24일자)

드루킹은 미디어 플랫폼 공룡 네이버와 공생하는 인터넷 부족의 '추장'이다. "여론은 곧 네이버 댓글"이라는 신념을 가진 스마트폰 시대의 댓글 전문가다. 그가 한반도 평화 체제를 논의하는 세기의 두 정상회담과 맞먹는 뉴스의 영웅이 되는 것이 합당한가? 지난 일주일 동안 국회는 보이콧 상태이고 개헌은 사라졌으며 지방선거는 그들만의 리그가 됐다. 한마디로 드루킹 신드롬이다.

추장이 구속되자 여의도가 발칵 뒤집혔다. 드루킹과 김경수 의원과의 메신저 앱 통신 기록이 나온 것이 빌미가 됐다. 『조선일보』를 비롯한 보수 언론들은 앞다퉈 이 사건을 키웠다. 기사를 위한 기사를 양산하다 보니 오보와 왜곡도 잇따랐다. 특히 자유한국당은 천막 농성을 벌이며 총력전을 펼치고 있다. 바른미래당, 민주평화당마저 특검을 요구하고 나섰다. 안철수 서울시장 후보는 "7년간 영혼이 파괴되는 느낌"이었다며 문 대통령을 정조준했다. 대통령에 대한 상당히 격한 감정을 여과 없이 드러낸 것이다. 자유한국당도 대통령을 직접 겨냥하고 나섰다. 하지만 드루킹과 대통령 사이는 아직 너무 멀다. '최순실 게이트'를 염두에 둔 '드루킹 게이트'라는 사건 규정은 차라리 블랙코미디에 가깝다. 야당은 정말 드루킹으로 지방선거를 하려는 걸까?

하지만 야당의 '드루킹 대공세'는 지방선거에서 큰 영향을 미치지 못할 것 같다. 야당과 일부 언론의 과장에도 불구하고 '드루킹 사건'은 아직 '드루킹 사건'일 뿐이다. 일단 스모킹건이 존재하지 않는 데다 국민들의 피부에 와 닿지도 않는다. 지방선거는 국민이 체감할 수 있는 삶의 변화를 호소하는 선거다. 흔히 대통령은 국민이 뽑고, 국회의원은 시민이 뽑고, 지방 대표자는 주민이 뽑는다는 말이 있다. 지방선거는 다른 전국 선거에 비해 중앙 정치 이슈의 영향을 훨씬 덜 받는다. 주민들의 실질적인 삶의 문제가 더 중요하다는 뜻이다. 2010년 지방선거 때 천안함 사건에도 불구하고 무상급식 논쟁이 이슈를 지배한 것은 그 대표적인 예다. 나아가 국정원 등 국가기관을 동원한 여론 조작의 주범인 정당이 드루킹 사건을 밀고 나갈 자격이 있는가? 야당이 드루킹에 집착할수록 오히려 정권 심판론은 동력을 잃고, 여당 후보의 민생 공약이 더 잘 스며들 것이다.

물론 여론 조작은 민주주의 공론 질서를 파괴하는 중대 범죄다. 스마트폰 시대의 대중은 단지 뉴스를 수동적으로 소비하는 것이 아니라 생산하고 참여한다. 뉴스 댓글은 그 자체로 또 하나의 저널리즘이다. 댓글을 보려고 뉴스를 보는 사람들도 늘어난다. 공감 수는 하나의 여론처럼 보인다. '베댓 저널리즘'이라는 말이 생긴 이유다. 잉여 시간을 가진 새로운 대중의 탄생은 언론의 개념을 송두리째 바꾸고 있다. 그들은 이제 뉴스에 참여한다. 나아가 자신이 믿고 싶은 것만 믿는 '확증 편향'이 결합하면서 인터넷 부족화 현상이 강화된다.

심지어 네이버의 힘은 너무 막강하다. 로이터 저널리즘 연구소가 발표한 '디지털 뉴스 리포트 2017'에 따르면 한국인의 77%가 검색 서비스를 통해 뉴스를 접하는 것으로 조사됐다. 이는 조사 대상 36개국 가운데 압도적 1위이며, 2위 일본의 63%에 비해서도 14%포인트나 높다. 언론사 홈페이지를 통해 뉴스를 접한다는 비율은 4%에 불과했다. 1위 핀란드는 무려 64%였다. 네이버 점유율이 70%에 육박한다고 가정하면 우리나라 사람들의 적어도 절반 이상이 네이버를 통해 뉴스를 보고 있다. 스마트폰 네이버 메인 화면의 다섯 개 뉴스 리스트의 영향력은 상상만 해도 아찔하다.

드루킹이 네이버 댓글 공감 수를 조작한 상황을 우리는 냉정하게 바라볼 필요가 있다. 경찰 수사가 진행 중이기 때문이다. 만약 당 차원의 불법 여론 조작 지시나 자금 흐름이 구체적으로 포착된다면 문제는 심각해질 것이다. 하지만 아직 드루킹에게 특정된 범죄 사실은 현재 업무방해밖에 없다. 드루킹의 행적들을 보면 사이비 종교 냄새도 난다. 선거 브로커치고도 엉성하다는 평가다. 대중의 뉴스 참여가 일상화된 지금, 우리는 새로운 방식의 여론 조작 범죄에 대해 엄밀한 잣대를 가져야 한다.

그런 점에서 현재 자유한국당이 주장하는 내용은 지나치다. 2012년 대선의 국정원과 군사이버사령부의 여론 조작 사건과 드루킹 사건을 동일시하려는 시도는 완전히 빗나간 것이다. 국가권력이 국가의 예산과 인력을 선거 부정에 사용한 것은 명백히 헌법 파괴 행위이다. 이 사건은 국가정보원법과 공직선거법을 위반한 중대 범죄로 이미 법원의 판결도 받았다. 드루킹 사건을 이 사건에 비교하는 것은 한국당이 아직까지도 국가기관의 선거 개입에 대한 처절한 반성을 하지 않고 있다는 뜻이다. 2011년 10.26 서울시장 재보궐선거 당일 선관위와 박원순 홈페이지에 디도스 공격을 가한 것도 상당히 심각한 사건이다. 이 사건은 공직선거법과 정보통신보호법 위반으로 특검 수사도 받았다. 사건의 경중을 잘 따져야 한다.

드루킹 사건이 야당의 주장대로 특검을 받을 사안이라면, 적어도 민주당 차원의 중대한 법률 위반 행위가 특정되어야 한다. 김경수 의원이 특정 기사의 링크를 보내주었다고 해도 드루킹 조직이 그 기사에 자발적으로 댓글을 달거나 소셜 미디어로 퍼 나르는 것이 범죄는 아니다. 오히려 지지자들의 적극적인 선거 참여 행위로 봐야 한다. 2012년 미국의 오바마 재선 캠프는 '진실 팀truth team'이라는 트위터 조직을 만들어 대대적인 캠페인을 벌였다. 진실팀은 첫째 롬니의 공격으로부터 오바마를 보호하고, 둘째 오바마의 치적을 홍보하며, 셋째 롬니의 약점을 공격하는 세 가지 임무를 수행했다.

물론 나라마다 선거법이 다르다. 하지만 선거에서 지지자들의 적극적인 온라인 활동은 민주주의의 한 과정으로 이해해야 한다. 드루킹이 이 과정에서 선거법을 위반했다면 법에 따라 처벌하면 될 것이다. 그리고 만약 당 차원의 조직적 지시 아래 명백한 불법 행위가 저질러졌다면 특검을 도입해 철저히 수사해야 할 것이다. 김경수 의원도 특검을 포함한 모든 수사에 협조하겠다고 공언하지 않았나?

정작 문제는 드루킹이 아니다. 더 강력한 제2, 제3의 드루킹이 존재할지도 모른다는 우려다. 드루킹은 손가락이고 손가락이 가리키고 있는 '달'은 바로 네이버. 독점적인 뉴스 서비스 플랫폼은 항상 공격과 조작의 대상이 된다. 디지털 뉴스 소비가 한곳으로 집중된 지금 우리는 네이버의 영향력에 준하는 사회적 책임에 대해 논의해야 한다. 한국당의 대공세를 이해한다고 해도 만에 하나 유시민 작가의 말처럼 '깍두기'를 '한정식'으로 오해한 것이라면 좀 공허하지 않겠는가? 민주당과 청와대가 특검을 피할 수 없는 상황이 되면 '드루킹 특검'이 아니라 '네이버 여론 조작 특검'으로 프레임을 전환할 필요가 있다. 역대 네이버에서 일어난 여론 조작 여부를 전수조사하는 것이다.

이해진 네이버 창업자는 국정감사에서 "네이버는 뉴스를 생산하지 않기 때문에 기존 언론과는 다른 개념이라고 생각한다"고 발했다. 전적으로 동의한다. 우리나라 사람들이 온라인 뉴스를 대부분 네이버나 다음 같은 포털에서 소비한다면 포털은 이에 상응하는 책임을 져야 한다. 그것이 상식이다. 페이스북의 가짜뉴스나 네이버의 댓글 조작이 선거의 승패를 결정하게 내버려둬서는 안 된다. 여론의 양극화로 공론장이 파괴되는 것도 개선해야 한다.

자유한국당이 논의하고 있는 인터넷 실명제는 헌재가 위헌판결을 내린 바 있는 시대착오적인 것이다. 우리는 더 생산적이고 실행 가능한 방법을 모색해야 한다. 뉴스를 클릭하면 언론사 홈페이지로 넘어가는 '아웃링크outlink' 방식을 제안하는 전문가도 있고 입법화에 나선 의원도 있다. 또 한편으로 우리는 댓글을 저널리즘으로 인식해 더 높은 책임을 부여할 필요도 있다. 『뉴욕타임스』처럼 선택 실명제로 책임 의식을 높이고 댓글 이력을 보여줌으로써 신뢰도를 부여하는 방법도 있다.

네이버는 대한민국 민주주의의 공론장에서 가장 영향력이 큰 플랫폼이다. 네이버 의존도를 줄이든, 네이버의 공정성을 강화하든 무엇인가는 당장 시작해야 한다. 드루킹은 네이버 여론 조작의 일각일 뿐이다. 사실 '인터넷 부족'의 추장이 도입한 매크로도 이미 가내수공업의 유물일지 모른다. 댓글 추천 수를 올리는 정도가 아니라 실제 사람처럼 글을 쓰고 24시간 퍼뜨리는 인공지능 소셜봇이 회자된 지 오래다.

드루킹 사건으로 지방선거에 올인하는 것은 실익도 명분도 작다.

차제에 여야가 '네이버 대논쟁'에 나서라.

드루킹 사건을 미디어 플랫폼의 새로운 표준을 만드는 계기로 만들라.

 # 아찔한 '지지율 경마 보도'
(『경향신문』 '미디어 세상' 2017년 12월 19일자)

특검과 헌재와 대선의 시간이 동시에 흐른다. 불확실성. 혼돈. 누구도 장담할 수 없지만 누구나 장담하는 시간이다. 이재용이 구속됐다. 헌재는 최종 변론 시간을 잡았다. 광장엔 촛불과 태극기가 대립한다. 대한민국 역사상 가장 복잡하고 기이한 시간이다. 불안한 일상을 견디려면 어떻게 해야 할까. 단순해지기로 한다. 아무것도 존재하지 않지만 모든 것이 존재하는 것처럼. 거꾸로일지도 모른다.

상황이 너무나도 복잡하니 단순해야 살 수 있다. 인간은 원래 단순한 동물이니까. 뇌과학은 인간의 반복 욕구를 증명했다. 인간의 반복 욕구는 어떤 동물보다도 강렬하다. MIT 교수 토머스 포조는 "복잡하고 어려운 상황에 놓인 대상을 인식한다는 것은 일반화한다는 뜻"이라고 했다. 진화적 본능. 아무런 양상도 없는 곳에서 양상을 보는 능력이 인간의 문제라는 것이다.

없어도 본다. 보이지 않아도 본다. 일찍이 앨빈 토플러도 "세상은 점점 더 다양해지고 복잡해지는데 인간의 방어 체계는 사람들이 갖는 편견을 굳히는 방식으로 세상을 단순화할 것"이라고 내다봤다. 단순한 프레임이 현실을 왜곡한다. 내 편 아니면 네 편. 적 아니면 동지. 정보와 지식은 이해되기도 전에 다운로드된다.

대선 보도는 경마로 집중된다. 지지율. 정책은 복잡하고 숫자는 단순하니까. 트럼프 당선을 맞히지 못한 여론조사의 한계는 까맣게 잊는다. 잊는 게 편하다. 비록 틀릴지라도 일단 숫자를 들이대면 사람들은 중독된다. 순간, 숫자가 진실로 인식된다. 대선 후보를 숫자로 치환한다. '손석희 TV'(JTBC)도 대선 후보 연속 대담을 하면서 "정책은 시간이 많이 걸리니 다음에 하고 후보 경쟁력 등에 집중"한다고 했다. 경쟁력=지지율이다. 손석희마저 그랬다. 특검 보도는 심층적이지만 대선 후보 검증은 단순하게 질주한다. 인터뷰의 절반은 지지율로 채워진다. 대개의 언론이 그런 식이다.

반기문 전 유엔 사무총장은 한때 가장 유력한 후보였다. 그런데 너무 일찍 사라져버렸다. 반기문이 출마 선언한 적이 있었나 궁금해진다. 출마 선언도 안 했는데 불출마 선언을 한다. 그를 불러낸 건 오직 지지율이다. 반기문이 될 거라고 주장했던 사람들은 이제 아예 반기문을 몰랐던 사람처럼 말한다. 숫자가 떨어지니 존재도 사라진 거다. '착월선후'라고 했나. '선'은 '죽일 선' 자다. 착월선후는 달을 잡으려다 원숭이를 죽였다는 뜻이다. 진짜 달이 아니라 호수에 비친 달을 잡으려다 나뭇가지가 부러져 모든 원숭이가 물에 빠져 죽었다는 것이다. 반기문은 어떤 달이었을까?

미국의 선거 예측 전문가 네이트 실버. 그도 트럼프를 예측하지 못했다. 뭐 다른 사람들보다는 덜 틀렸다곤 하지만 틀린 건 틀린 거다. 경선도 본선도 다 틀렸다. 미국의 모든 여론조사가 그랬다. 언론도 거의 클린턴 당선을 예측했다. 하지만 우리나라는 전혀 개의치 않고 여론조사가 대선을 이끌고 있다. 1%만 움직여도 폭락, 폭등! 매일매일 진리처럼 실어 나른다. 천하의 네이트 실버가 말했다. "우리는 마치 시골 벌판을 뛰어다니며 여기저기 불을 지르는 전문-야만인pundit-barbarian 같았다"고.

반기문이 사라지니 황교안을 불러낸다. 황교안은 출마한 걸까? 언론도 본인도 노코멘트다. 황 총리는 탄핵 심판 중인 대통령의 권한대행이자 박근혜 정부 핵심이다. 그런데도 여론조사에 포함시킨다. 정의롭지 않은 숫자 놀음이다. 정치 스캔들로 국가가 위기에 빠졌는데, 권한대행까지 경주마를 만드는 건 좀 이해하기 어렵다. 도덕적이지도 정의롭지도 않은 일이다.

경마가 재밌다고 치자. 맞기는 할까? 지난 총선 때도 완전히 틀렸었다. 새누리당 과반이 무너진다고 예측한 조사를 본 적이 없다. 조사 방법도 검증이 안 됐다. 모바일 샘플링은 적당한가? 지금 우리 국민은 숫자로 된 거대한 공간에서 길을 잃었는지도 모른다.

미국 대선 직후 CNN은 여론조사가 현실을 반영하지 못했다고 반성했다. 공화당 전략가 마이크 머피는 트럼프가 당선된 날 데이터에 기반을 둔 여론 분석은 오늘 밤 사망했다고 했다. 문제는 여론조사가 부정확할수록 경마 보도는 페이크 뉴스에 가까워진다는 사실이다. 다른 보도를 기대하는 건 무리일까? 탄핵 중인 대통령의 고향인 TK 민심 르포라든가, 엄청난 투표율을 보일 것 같은

20대의 예측 불가한 의식의 흐름 같은 거 말이다. 탄핵이 인용되고 나면 대선 상황도 어떻게 급변할지 알 수 없다.

　지금 무응답층은 누구일까. 편향이 있다면 어디서 발생할까. 정치는 숫자놀음이 아니다. 물론 모든 여론조사가 정확해야 하는 것도 아니다. 하지만 경마 보도를 넘어 경마 보도주의가 횡행하면 결국 누가 불행해지는 걸까?대통령을 뽑기 위한 국민들의 선택권을 틀린 숫자들이 보장할 수는 없다.

2장
기술혁명에 대한 두 태도

미디어 환경의 급격한 변화를 대하는 사람들의 태도는 각각 다르다. 변화에 열광하는 사람도 있고 변화를 본능적으로 거부하는 사람도 있다. 변화를 즐기며 거기에서 새로운 도전을 시작하는 사람도 있고, 의식적으로는 계속 변화에 비판적이면서 자신도 모르는 사이에 중독되는 사람도 있다.

1) 인터넷의 미래에 대한 낙관과 비관

아주 드물게는 기술의 변화를 끝까지 거부하면서 기존의 생활 태도를 고수하는 사람도 있다. 이런저런 이유로 아직도 스마트폰을 사용하지 않거나 글을 원고지에 직접 쓰는 사람도 아주 소수이지만 존재한다. 소설가 김훈은 육필 원고를 고집하는 것으로 유명하다. 김훈은 한 TV 방송과의 인터뷰에서 자신은 기계 공포증이 있다고 말했다. 그는 자동차 운전도 안 하고, 카메라 만지는 것을 싫어해서 사진도 안 찍고, 기계는 오직 자전거만 다룬다고 했다. 그의 인터뷰를 보고 있으면 김훈이 컴퓨터로 원고를 쓰는 일은 앞으로도 일어나지 않을 것 같다.

이러한 관점은 사회변동을 바라보는 태도에도 영향을 미친다.

인터넷 기술혁명에 그 누구보다도 열광했던 『와이어드』의 편집장 크리스 앤더슨은 인터넷 기술혁명이 세상의 근본적인 변화를 이끌 것이라고 내다본 대표적 인물이다. 그는 '롱테일의 법칙'을 창시해 비즈니스계를 발칵 뒤집은 주인공이다. 그의 책 『프리』는 인터넷 시대에 새롭게 떠오른 정보의 가치와 유통 방식을 다룬 아주 중요한 저작이다. '모든 정보는 공짜를 지향한다'는 그의 예언은 이미 일상이 되었다. 그는 정보가 공짜가 됐을 때 벌어질 수 있는 다양한 사회현상을 전망하면서 인류가 인터넷 이전과 이후로 나뉠 것이라고 봤다. '프리코노믹스freeconomics'라고 불리는 그의 경제학적 관점은 롱테일의 법칙과 연결되면서 계속 진화하고 있다.

그는 『메이커스』라는 책을 통해 누구나 생산수단을 소유할 수 있는 시대의 새로운 경제 현상을 분석했다. 인터넷 기반의 기술혁명이 맑스의 경제 이론마저 비웃게 만들었다는 것이 그의 생각이다. 하지만 크리스 앤더슨 같은 사람은 너무 과속한 나머지 실수를 저지르기도 한다. 가령 모든 지식이 구글에 존재한다는 우리의 인식, 즉 '구글 노잉' 시대에 학문의 급격한 변화를 예언하면서 기존 학자들을 공격한 대목이 그렇다. 구글이 기존의 학문을 모두 파괴할 것이라는 주장은 한편으로는 맞고 한편으로는 틀리다. 그것은 학문의 변화를 촉구하기 위한 슬로건으로는 유용할지 모르지만,

학문 자체의 속성을 지나치게 단순화하는 오류를 범한다.

빅 데이터 시대의 학문은 이전의 학문과 다를 수 있다. 가설을 세우고 샘플링을 통해 검증한 뒤 일반화 이론을 만드는 기존의 규칙이 달라질 가능성이 존재하기 때문이다. 빅 데이터 시대는 이론적으로 샘플링이 아니라 전수조사가 가능한 시대를 뜻한다. 하지만 변화를 예측할 때 그 변화는 인류의 다양한 습성과 결합되면서 굉장히 복잡한 과정을 거치게 된다는 것을 간과해서는 안 된다. 적어도 구글에서 스티브 잡스에 대한 정보를 접하는 것과 그를 직접 만나는 것은 다르지 않을까? 구글의 지식이 그 지식을 생산한 인간을 대체할 수 있다는 증거는 그 어디에서도 발견되지 않았다. 우리는 지금 굉장히 복잡하고 예측하기 어려운 시대의 한복판을 지나고 있다.

나는 크리스 앤더슨의 『프리』를 읽던 시기에 말콤 글래드웰의 『그 개는 무엇을 보았나』라는 책도 읽었다. 나는 2008-2009년 즈음에 아이폰의 보급으로 활성화되기 시작한 트위터에 푹 빠져 트위터를 통해 독서 모임을 조직하고 다양한 일을 하는 친구들을 모아 몇 번의 독서 토론회도 진행했다. 이때 이 두 권의 책도 독서 토론회 도서 목록에 들어 있었다.

크리스 앤더슨과 달리 말콤 글래드웰은 기술혁명에 매우 삐딱한 시선을 갖고 있다. 캐나다에서 역사학을 전공한 그는 세계 최고의 문학 저널리즘이라 불리는 잡지 『뉴요커』의 스타 작가가 되었다. 『아웃라이어』, 『티핑 포인트』 등 그가 쓴 책들은 미국은 물론 전 세계에서 베스트셀러가 됐다. 『그 개는 무엇을 보았나』는 심리학자 시저 밀란의 이야기에서 제목을 따왔다. 시저 밀란은 개 조련사로, 주인을 물어뜯는 난폭한 개를 조련한다. 그런데 아무리 난폭한 개도 시저 밀란을 보는 순간 한없이 온순해진다. 그 개의 머릿속에선 무슨 일이 벌어지고 있는 걸까? 이 책은 타인 혹은 타자의 마음을 읽는 결정적인 방법을 성찰한다. 기술 변화와 상관없는 인간 본연의 근본적인 충동과 이에 근거한 다채로운 경영 해법을 제시한다.

2) 포퓰리즘이냐 새로운 대중의 탄생이냐

크리스 앤더슨의 방점이 기술혁명에 찍혔다면 말콤 글래드웰의 방점은 인간 본성에 찍힌다. 실제로 글래드웰은 소셜 미디어에 대해 매우 부정적인 견해를 갖고 있는 것으로도 유명하다. 소셜 미디어가 대중의 행동을 통한 사회 변화에 별로 기여하지 못할 뿐만 아니라 그것을 방해하기까지 한다는 것이 그의 생각이다. 먼 관계로 이루어진 소셜 미디어가 참여를 위한 행동을 촉발하기는커녕 좋아요, 공유 등 소극적 참여로 실질적인 행동을 대체한다는 것이 그의 생각이다. 그는 아랍 민주화 운동 당시에도 대중운동을 촉발하고 확산시킨 것이 트위터라는 가설에 비판적인 관점을 유지했다.

인터넷의 미래에 관한 한 가장 낙관적인 전망을 내놓은 사람은 뉴욕대학 언론학과 교수 클레이 셔키일 것이다. 그는 『많아지면 달라진다』라는 책을 통해 1조라는 잉여 시간을 가진 새로운 대중의 탄생을 선언한다. 최근 '드루킹'의 뉴스 댓글 조작 사건으로 댓글 이미지가 조금 훼손되기는 했지만 뉴스 댓글은 클레이 셔키의 가설을 증명한 새로운 언론 문화다. 잉여 시간을 가진 대중들이 무료로 달기 시작한 댓글이 또 하나의 뉴스로 재탄생된 것이다. 앞에서도 언급한 것처럼 베스트 댓글의 줄임말인 '베댓'은 뉴스보다 더 인기가 좋다. 실제로 댓글을 보기 위해 뉴스를 클릭하는 사람들도 굉장히 많다. 댓글을 통해 여론을 조작하려는 시도가 존재하는 이유다.

셔키에 따르면 사람들은 연대하고 나누고 만들어내고 싶어 하는 기본 욕구를 갖고 있다. 인터넷 시대의 핵심 특징인 연결, 공유, 생산은 인간의 본성이어서 굳이 돈을 받지 않아도 즐겁게 이 일을 한다는 것이다. 그에 따르면 전문 작가는 출판 인쇄 시대의 산물이다. 출판 인쇄에는 비용이 들기 때문에 리스크를 줄이기 위해 전문적인 작가가 필요했다는 것이다. 그런데 종이 값과 인쇄비가 들지 않는 공짜 출판 플랫폼이 생기면서 전문 작가의 영향력은 줄어들고 그 대신 모두가 작가가 되는 길이 열렸다. 인지 잉여를 가진 새로운 대중들이 세상을 조금씩 긍정적으로 발전시킬 에너지를 모으기 시작했다는 것이 그의 주장이다. 그가 한국의 촛불혁명을 목격했다면 얼마나 흥분했을까? 그의 낙관주의는 계속된다.

> 오늘날 우리는 소수의 전문가 집단이 운영하던 미디어 환경에 20억 명이 참여하여 서로 연결되는 바람에 방향감각을 상실한 시대에 살고 있다. 이러한 큰 변화 앞에서 우리가 훌륭한 개념을 발견할 가능성이 가장 높은 방법은 되도록 많은 집단이 충분히 많은 것을 시도하도록 하는 것이다. 미래는 사전에 정해진 궤도 위로 뻗어가지 않는다. 누군가가 지금 당장 가능한 어떤 것을 생각해내고, 그것을 실현시키려고 노력하기 때문에 현실이 변한다(클레이 셔키, 『많아지면 달라진다』).

캐나다 토론토에서는 연 2회 멍크 디베이트라는 세계적인 토론 행사가 열린다. 창설자인 피터 멍크의 이름을 딴 이 대규모 행사에서는 당대에 가장 뜨거운 글로벌 쟁점을 두고 세계적인 석학들이 2인 1조로 찬성 쪽과 반대 쪽에 서서 공개 토론을 벌인다. 2015년 11월에 열린 멍크 디베이트의 주제는 '인류의 앞날에 더 나은 미래가 기다리고 있는가?'였고 이 토론 내용은 『사피엔스의 미래』라는 책으로 한국에서도 출간됐다.

찬성 쪽에는 세계적인 심리학자 스티븐 핑커와 과학 저널리스트 매트 리들리가 출연했다. 반대 쪽에는 한국인이 가장 사랑하는 외국 작가 가운데 한 명인 알랭 드 보통과 말콤 글래드웰이 섰다. 스티븐 핑커는 데이터를 기반으로 인류가 수명, 건강, 물질적 번영, 평화, 안전, 자유, 지식, 인권, 성 평등, 지능 등 10가지 요소에서 진전을 이루고 있다고 포문을 열었다. 매트 리들리도 인구 폭발, 기근, 환경오염 등 인류에게 닥친 재앙적 위험이 기술 발전으로 그 해결의 실마리를 찾기 시작했다고 했다.

반면 말콤 글래드웰은 이 논쟁은 과거에 관한 것이 아니며, 지금까지 좋았다고 앞으로도 좋으리라고 장담할 수 없다고 지적한다. 그러면서 인류를 위협하는 여러 요소가 줄더라도, 기후변화로 인한 자연재해나 핵전쟁은 단 한 차례만 벌어지더라도 돌이킬 수 없는 피해를 줄 가능성이 있다고 지적했다. 알랭 드 보통은 이 논쟁을 과학적 논쟁이 아니라 철학적 논쟁으로 정의하며 기술 발전이 곧 인간의 행복을 증진시킨다는 뚜렷한 증거는 어디에도 없다고 주장했다.

기술혁명과 인류의 미래를 둘러싼 논쟁은 멍크 디베이트가 아니더라도 어디에서나 뜨겁다. 기술혁명이 본격화되지 않은 훨씬 이전부터 SF영화들은 유토피아와 디스토피아 논쟁을 벌였으며 빅 데이터 시대의 미래에 대해서도 의료 분야의 불치병 해소에 기여할 것이라는 기대와 조지 오웰의 빅 브라더 세계가 도래할 것이라는 우려가 공존한다.

멍크 디베이트에서 나타나는 가장 특징적인 현상 가운데 하나는 찬성 쪽은 주로 대답을 하고 반대 쪽은 주로 질문을 한다는 점이다. 찬성 쪽은 주로 데이터를 근거로 들었고, 반대 쪽은 주로 행복의 관점을 예시했다. 우리는 어떤 태도를 취할 것인가. 새로운 변화는 새로운 태도를 요구한다. 논쟁은 그 자체로 선악이 아니며 질문과 대답의 상호작용이며 서로의 '레드 팀'이 되어 더 깊은 생각을 할 수 있게 만든다.

크리스 앤더슨과 말콤 글래드웰을 동시에 읽은 경험은 내가 소셜 미디어를 이해하는 데 큰 도움을 주었다. 우리가 소셜 미디어를 할 때 이 두 요소를 동시에 고려하는 것은 생각의 지평을 넓히는 데 도움을 준다. 즉 우리가 일상생활에서도, 캠페인에서도, 혹은 나의 소셜 미디어 계정을 운영하는 데서도 메시지를 작성할 때 변하는 것과 변하지 않는 것을 모두 고려하는 균형 잡힌 태도가 중요하다. 소셜 미디어는 그 자체로 긍정적인 것만도, 부정적인 것만도 아닐 것이다. 그것을 어떻게 활용하느냐 하는 문제가 있을 뿐이다. 소셜 미디어는 그 자체로 인류를 멸망에 이르게 할 핵무기처럼 공격적 파괴력을 갖고 있지도 않다. 하지만 핵무기보다 더 큰 힘을 가질 수는 있을 것이다.

우리는 그것을 어떻게 유익한 방향으로 활용할 것인가? 질문은 항상 옳고 대답은 과거처럼 정해져 있지 않다. 질문을 위한 시간은 많을수록 좋다.

3장

소셜 미디어 시대의 메시지 전략

한국언론문화진흥재단의 '2017년 소셜 미디어 이용자 조사'에 따르면 소셜 미디어 이용자의 82.9%가 일주일 이내에 소셜 미디어를 통해 뉴스를 보았다고 응답했다. 소셜 미디어가 뉴스 이용의 주요 통로로 자리 잡은 셈이다. 네이버나 다음 같은 포털 사이트에서 언론사의 뉴스를 보다가도 사람들은 친구들이 공유한 뉴스를 보려고 소셜 미디어에 접속한다. 그리고 대부분은 친구들 덕분에 나의 관심사가 아니던 새로운 뉴스를 경험한다. 소셜 미디어는 이제 특별한 무엇이 아닌 일상이 되었다. 인기 채널이 바뀌고 페이스북에 젊은 층의 유입이 둔화되었다고 해도 소셜 미디어는 뭔가 보통명사가 되어가는 느낌이다.

  소셜 미디어란 무엇인가? 여기엔 무수한 대답이 존재하고 대부분의 대답은 맞을 것이다. 소셜 미디어가 개인 정보를 약탈하는 악마라고 해도 그것을 완전히 틀린 대답이라고 할 수는 없으니까. 소셜 미디어 시대가 의미하는 가장 중요한 특징은 개인이 누구나 미디어 생산수단을 가질 수 있게 되었다는 것이다. 우리는 엄청나게 비싼 인쇄기를 갖지 않아도, 거대한 방송 송출 장비를 갖추지 않아도 나만의 미디어를 가질 수 있게 되었다. 물론 이것은 기존 미디어와 완전히 동등한 의미에서 그렇다는 것은 아니다. 전혀 다른 것일 수도 있다. 공짜는 좋은 것이지만 대가가 따르기도 한다. 소셜 미디어 시대에 우리가 누리는 공짜의 대가는 무엇일까?

1) 공짜 미디어와 프라이버시

최근 들어 소셜 미디어가 진짜 공짜는 아니라는 주장이 설득력을 얻고 있다. 우리는 계정을 만들기 위해 일정하게 개인 정보를 제공해야 한다. 나아가 우리가 소셜 미디어 플랫폼에서 하는 모든 활동은 플랫폼 기업의 데이터가 되고 그 데이터는 고스란히 그 기업의 자산이 된다. 사용자들이 생산하는 모든 데이터가 그 기업의 호주머니로 빨려들어가는 깃이다. 심지어 사용자들은 데이터가 어떻게 이용될지조차 데이터 생성 시기엔 전혀 알 수가 없다. 플랫폼 기업이 데이터를 통해 새로운 이익을 내려고 할 때 이 문제는 더욱 심각해진다. 소셜 빅 데이터 시대엔 생성 당시엔 개인 정보가 아닌 것이 데이터가 쌓여 치명적인 개인 정보가 되기도 한다. 반대로 생성 당시엔 개인 정보인 것이 공공의 이익을 위해 활용되기도 한다.

가령 내가 페이스북에 '좋아요'를 누르거나 공유를 할 때 그 행위만 단독적으로 본다면 심각한 개인 정보라고 볼 수 없다. 하지만 그러한 행위가 반복적으로 지속된다면 이야기는 사뭇 달라진다.

특정 개인이 '좋아요'를 누르는 패턴을 분석하는 것만으로 그가 정치적으로 진보적인지, 보수적인지 알 수 있다. 그가 식당 포스팅을 자주 올린다면 그가 자주 가는 지역과 음식 취향을 알 수 있다. 데이터가 조금 더 쌓인다면 그의 성적 취향도 알 수 있다. 그가 이성애자인지 동성애인지 양성애자인지 알 수 있다. 그가 어떤 자동차를 좋아하는지, 어떤 영화나 책을 좋아하는지 아는 것은 아주 쉽다. 그리고 이런 데이터들이 더 많이 쌓여 수천만 명의 사용자들을 분류하면 판매할 수 있을 만큼 가치 있는 정보가 된다. 플랫폼 회사나 제3자가 이 데이터를 정치적, 상업적으로 악용할 가능성이 충분히 존재하는 것이다. 소셜 미디어 시대에는 누구나 미디어를 가질 수 있고 누구나 자신의 활동을 글이나 사진, 동영상으로 기록하기 때문에 그의 표면적인 활동뿐 아니라 그가 가진 내면의 정서까지도 데이터화할 수 있다. 사람들은 이제 음식을 먹을 때도 그냥 음식만 먹지 않고 맛에 대한 느낌을 트위터나 페이스북에 올린다. 국내의 한 라면 회사는 신제품을 출시한 뒤 트위터를 통해 사람들의 반응을 분석했다. 소셜 빅 데이터의 언급량은 판매량의 추이를 반영하고, 라면과 함께 언급된 연관어는 라면에 대한 긍·부정 여론을 반영한다. 가령 신제품 키워드와 함께 '시원하다', '담백하다', '얼큰하다', '맛있다' 등의 연관어가 분포하면 이 라면에 대한 반응이 좋은 것이라고 예측할 수 있다. 기업은 이 조사 결과를 근거로 마케팅을 강화한다. 반면 '맵다', '짜다', '맛없다' 등의 연관어가 더 많이 분포한다면 신제품에 대한 반응이 상당히 안 좋은 것이라고 판단할 수 있다. 그러면 기업은 라면 맛을 개선하든지 시장에서 철수하든지 결정을 해야 한다. 자연어 처리 기술을 기반으로 만든 소셜 빅 데이터 분석 솔루션을 활용한 연관어 분석은 상품뿐 아니라 정치인에 대한 이미지 분석에도 활용된다. 자연어 처리 기술은 우리가 사용하는 언어를 분류해 알고리즘화하는 프로그래밍 기술이고, 연관어는 특정 상품 혹은 사람과 함께 언급된 연관 언어들을 일컫는다. 가령 키워드 '문재인'과 함께 언급된 언어들을 분석해 긍·부정 여론의 추이를 파악하는 식이다. 소셜 빅 데이터 분석은 이제 거의 모든 소비재 제품에서 활용되고 있다.

컴퓨터 심리학자이자 빅 데이터 과학자인 마이클 코신스키는 2013년 연구에서 "페이스북의 '좋아요' 데이터를 통해 이용자의 개인적 성향을 정확히 예측할 수 있다"고 주장했다. 또 '좋아요'가 많을수록 이용자 정보를 더 정확하게 알 수 있다고 했다. 2015년 코신스키는 "10개의 '좋아요'는 동료보다, 70개의 '좋아요'는 친구나 룸메이트보다 더 많은 걸 알게 해준다"고 분석했다. 나아가 150개의 '좋아요'는 가족보다, 300개의 '좋아요'는 배우자보다 더 많은 걸 알게해준다는 것이다.

더욱 큰 문제는 우리가 굳이 '좋아요' '리트윗' 같은 명시적 활동을 하지 않더라도 아마존 같은 플랫폼 회사들은 우리의 상태를 알 수 있다는 점이다. 기록을 남기지 않기 위해 반응성 활동을 하지 않는 사람의 기록도 데이터로 남는다. 가령 그가 어떤 포스팅에 얼마나 오래 머물렀는지, 얼마나 여러 번 방문했는지 등에 따라 관심 사항을 파악하는 것이다. 인공지능은 우리의 상상이 미치지 못하는 방식으로 우리를 더 정확하게 파악할 것이다. 아마존의 제프 베조스가 "당신이 내일 주문할 물건을 오늘 배송합니다"라는 슬로건을 사무실 벽에 걸었을 때 사람들은 그것을 아주 놀라운 것으로 생각했다. 소비자가 주문을 먼저 한 뒤에 빠르게 배송하는 것이 아니라 소비자가 무엇을 주문할지 미리 알 수 있고, 그 제품을 미리 배송한다는 말이다. 하나의 상징적 슬로건이다. 하지만 이제 그것이 가능할 것이라고 생각하는 사람들이 많아졌다. 그것이 가능할 뿐만 아니라 그 이상도 가능할 것이라는 생각이 벌써 우리 머릿속을 채우기 시작했다.

최근 페이스북은 5,000만 명에 이르는 개인 정보 유출로 큰 곤욕을 치르고 있다. 페이스북 주가가 이틀 만에 10% 가까이 폭락했다. 창업자이자 CEO인 마크 저커버그가 신문에 사과 광고를 게재했지만 비난의 목소리는 좀처럼 사그라들지 않고 있다.

페이스북은 5,000만 명의 개인 정보를 어떻게 무단으로 이용했을까? 2014년 영국의 케임브리지대학 심리학과 교수인 알렉산드르 코건은 '이것이 당신의 디지털 삶이다this is your digital life'라는 성격 분석 앱을 개발했다. 그는 앱 개발을 위해 사전 조사를 진행했는데, 성격 테스트에 응한 사람들에게 1~2달러의 비용을 지불했다. 그러면서 그들은 27만 명 이상의 참여자 데이터를 수집했다. 문제는 참여자들의 데이터를 수집하면서 참여자들의 페이스북 친구들 데이터까지 수집했다는 데 있다. 그 페이스북 친구들은 테스트 참여자의 친구라는 이유로 자신의 정보를 자신도 모르게 제공하게 된 것이다.

코건은 페이스북 개발자용 '오픈 그래프 API'를 통해 이 같은 작업을 진행했다. 코건은 5,000만 명의 이름, 생년월일, 학력, 정치 성향, 종교 등 광범위한 정보를 무단으로 수집해 이용한 것이다. 심지어 코건은 여기서 얻은 정보를 케임브리지 애널리티카Cambridge

Analytica(CA)라는 데이터 회사에 80만 달러를 받고 판매했다. CA는 이 데이터를 유권자 성향별로 분류해 당시 도널드 트럼프 후보 캠프에 제공했다. 누군가 페이스북에 올린 내 정보가 심지어 내가 좋아하지도 않는 트럼프 선거 캠프에 고스란히 넘겨진 것이다. 실제로 자신의 정보가 유출되는 경험을 한 개인은 일정 기간 트라우마를 겪을 가능성이 많다. 그리고 이런 사례가 더 있을지도 모른다는 의심은 더 큰 두려움을 갖게 만든다.

실제로 이 같은 사례는 더 많은 것으로 추정된다. 영국의 『가디언』은 미국 공화당 후보였던 테드 크루즈에게도 방대한 페이스북 이용자 정보가 제공됐다고 폭로했다. 『뉴욕타임스』는 CA가 더 많은 페이스북 이용자 정보를 보유하고 있다고 보도했다. 마크 저커버그는 유출된 데이터가 5,000만 건보다 훨씬 더 많은 8,700만 건에 이른다고 고백했다. 이 같은 사실은 CA 직원인 크리스토퍼 와일리에 의해 구체적으로 폭로되었다. 『뉴욕타임스』의 보도 직후 페이스북은 CA의 플랫폼 이용을 차단했지만 얼마나 많은 회사가 이 같은 방식으로 정보를 수집하고 있는지에 대해서는 분명한 대답을 내놓지 않았다.

우리는 기업이 우리의 데이터를 어느 수준까지 수집하고 분석하는지 알 수 없다. 그것을 어디에 이용하는지도 정확하게 알 방법이 없다. 그러므로 기업의 데이터 수집과 보안, 이용에 관한 아주 세심한 법적 규제와 제도 정비가 필요하다는 목소리가 터져 나오고 있다. 마크 저커버그가 자신의 페이스북에 "또다시 실수를 저질렀고 다시는 이런 일이 일어나지 않도록 앞으로 해야 할 일이 많다"고 사과했지만, 일이 여기서 정리될 것 같지는 않다. 미국 의회는 저커버그의 청문회 출석을 요구했고 실제로 청문회에 출석해 의원들의 매서운 질문을 마주했다. 영국 의회도 비슷한 움직임을 보이고 있다. 미국연방통상위원회(FTC)는 페이스북 개인 정보 유출에 대한 조사에 착수했다.

누군가가 당신의 생각을 읽을 수 있다고 가정하면 어떤 생각이 드는가? 영국의 철학자이자 법학자인 제러미 벤담이 1791년에 고안한 판옵티콘panopticon은 감독자가 자신은 노출시키지 않은 채 모든 죄수를 감시할 수 있는 형태의 원형 감옥이다. 죄수가 일거수일투족을 감시당한다는 느낌을 내면화하게 함으로써 죄수를 통제하는 것이다. 1975년 프랑스 철학자 미셸 푸코는 『감시와 처벌』이라는 책에서 "현대의 컴퓨터 통신망과 데이터베이스가 마치 죄수들을 감시하는 '판옵티콘'처럼 개인의 일거수일투족을 감시하고 통제한다"고 주장했다. 독일에서 활동하고 있는 철학자 한병철은 페이스북이야말로 21세기 판옵티콘이라고 주장한다. 우리는 페이스북을 만든 마크 저커버그의 선의를 믿을 것인가, 아니면 데이터 생성과 수집, 활용에 관한 법적 규제 장치를 만들 것인가. 이번 개인 정보 유출 사건은 후자의 가능성에 더 큰 지지를 보내게 만든다.

에드워드 스노든 사건에서 보듯이 국가는 개인 정보의 수집과 이용에 대한 보다 직접적인 유혹을 느낀다. 프라이버시에 대한 국가의 무제한적인 개입은 인권 문제와 직결되는 매우 심각한 사안이다. 우리는 우리의 모든 활동이 데이터로 수집되고 분석되는 것을 개인의 힘으로 막을 수 없다. 이제는 우리가 움직이는 거의 모든 일상 공간에 저항할 겨를도 없이 CCTV가 설치된다. 고화질 화면이 실시간으로 저장되고 아주 빠른 속도로 분석된다. 저장 비용은 제로를 향해 달려가고 분석 기술은 하루가 다르게 발전하고 있다. 누군가가 우리를 보고 있다고 느끼는 순간 우리는 자신의 활동을 검열하게 된다. 프라이버시가 중요한 이유는 단지 눈에 보이는 이익의 침해 때문만이 아니다. 생각과 행동에 대한 착취와 조종이 일어나고 그것이 결과적으로 자유를 심각하게 침해하기 때문이다. 마이클 린치는 "설계자들이 최선의 의도를 갖고 있다고(많은 사람이 그렇다는 것은 의심의 여지가 없지만) 가정하더라도 NSA(국토안보국) 프로그램은 민주주의를 위협한다. 불행한 장소로 이르는 길은 아주 달콤한 의도로 포장돼 있는 경우가 많다"(마이클 린치, 『인간 인터넷』)고 주장한다.

소셜 미디어 시대는 새로운 차원의 프라이버시 문제를 야기한다. 특히 개인이 어디든 휴대하고 다니는 스마트폰 시대의 데이터 폭주는 절대 권력의 유혹을 가속화한다. 국가는 마음만 먹으면 그가 어디에 있는지, 누구와 있는지, 어떤 데이터를 생성하고 전송하는지 알 수 있다. 그렇기 때문에 우리는 새로운 환경에 대응해 꾸준히 질문을 하고 문제 제기를 해야 한다. 기업의 개인 정보 유출에 대한 처벌을 강화하고, 국가가 데이터를 악용하지 않도록 더욱 강력하게 대처해야 한다.

프라이버시에 대한 우려에도 불구하고 사람들은 스마트폰을 포기하지는 않을 것이다. 소셜 미디어도 그렇다. 사람은 원래 자신의 생각을 말하며 존재감을 느낀다. 소셜 미디어는 그런 인간의 기본적인 욕망에 충실하다. 이런 사람들의 활동은 더 많은 데이터를 생산한다. 측정이 불가능할 정도로 엄청난 데이터가 생산되면, 사람들은 그 데이터를 이용하고 싶은 욕망을 갖게 된다. 데이터 저장 비용이 하루가 다르게 낮아지고, 데이터 분석 기술은 무한대로 발전하는 시대에 데이터는 전혀 새로운 얼굴을 하고 우리 앞에 나타난다. 빅 데이터는 그 용어가 대중화된 지 얼마 지나지 않아 벌써 일상용어가 되었다. 기업과 정부뿐 아니라 병원, 스포츠계에 이르기까지 빅 데이터 활용은 필수가 되었다. 특히 공공의 문제를 해결하기 위한 빅 데이터 이용은 더욱 활발해질 것이다. 가령 생성될 때는 개인 정보였지만, 이것이 뭉치로 활용될 때는 공적인 가치를 갖는 경우도 수없이 많다.

서울시가 한 대학생의 제안으로 심야버스를 운영하기로 하고, 그 노선을 정할 때 빅 데이터를 활용했다는 사실은 많이 알려져 있다. 예전에는 심야버스 노선이 운수회사 사장의 직관이나 해당 지역 국회의원의 로비에 의해서 결정되는 경우가 많았다. 당연히 수요에 대한 예측은 부정확할 수밖에 없었다.

하지만 서울시는 밤 12시부터 새벽 6시까지의 통화 기록과 신용카드 사용 기록 등을 분석해 심야 시간대 이동 트래픽을 정확하게 분석했다. 가령 통화 발신지와 수신지의 상관성 분석과 카드 사용처와 명세서 수신처의 상관성을 분석해 심야버스 노선을 정한 것이다. 통화 기록도 개인 정보이고 카드 사용 기록도 개인 정보이지만 이 정보들을 암호화하고 뭉치로 사용함으로써 프라이버시 침해를 원천적으로 봉쇄한 것이다.

빅 데이터는 공공 분야에서 빈번하게 활용되고 있다. 때때로 이것은 시민의 편의를 위해 매우 유익한 정보가 될 것이다. 의료 분야에서도 빅 데이터와 인공지능을 활용하면 진단과 치료에서 획기적인 발전을 이룰 가능성이 많다. 실제로 그런 사례들은 끊임없이 보고된다. 하지만 그것이 유익하다고 생각되는 그 순간에도 우리는 경계를 늦추면 안 된다. 마음만 먹으면 언제든지 누군가가 그 데이터를 악용할 가능성이 존재하기 때문이다.

프라이버시 문제를 언급한 것은 소셜 미디어의 주요 특징이 미디어 생산수단을 이용하는 개인들의 연결과 참여, 개방과 공유이기 때문이다. 연결, 참여, 개방, 공유라는 특징은 그들의 활동이 곧 데이터로 저장된다는 것을 의미한다. 소셜 미디어의 모든 활동은 데이터 축적을 수반한다. 우리가 소셜 미디어, 스마트폰을 포기할 수 없다면 2차 피해 우려를 최소화하거나 법적 근거를 만들어야 한다. 즉 데이터 생산자 중심의 규제가 아니라 데이터 소유자 중심의 규제로 패러다임을 완전히 전환할 필요가 있다.

데이터를 수집한 회사가 생성된 데이터를 어떻게 악용할지 모르는 상황에서 단지 데이터 생산자를 규제하는 것은 시대착오적이다. 오히려 데이터 생산자들이 안심하고 활동할 수 있도록 데이터를 가진 회사, 혹은 정부 기관을 규제해야 한다. 어느 시대나 정보를 가진 자가 권력을 가졌다. 절대 지식은 부패한다. 그러므로 누구에게도 절대 지식을 허용하면 안 된다. 특히 권력이 데이터와 지식을 독점하고 개인의 자유를 침해하는 것을 허용해서는 안 된다. 마이클 린치의 말처럼 "권력은 투명한 경우가 아주 드물기 때문"이다.

2) 강력한 메시지가 된 일상의 기록들

기존 미디어 소비자가 미디어 생산자로 변화한 시대에 사람들의 소소한 일상만큼 많은 사랑을 받는 이야기도 없다. 사람들은 구체적이고 생생한 이야기에 매료된다. 나의 페이스북 친구들의 일상, 인스타그램 친구들의 순발력 있는 사진과 동영상, 내가 구독하는 유튜버의 동영상 등을 보는 데 스마트폰 배터리를 소비하는 것이다. 일상적인 정보의 공유, 이웃의 삶에 대한 공감, 어려운 일을 당한 사람에 대한 위로 등이 온라인 친구들의 정서적 유대를 강화한다.

소박하지만 진실한 삶의 이야기는 메시지가 된다. 그것은 자신의 삶이기도 하고 자신이 들여다본 타인의 삶이기도 하다. 나의 친구는 어떤 삶을 살고 있는지, 나의 친구는 어떤 사람의 삶을 어떤 시각으로 보고 있는지 등이 공감을 자아낸다. 그것은 하나의 이야기이고 정치 캠페인처럼 강력하지는 않지만 하나의 메시지가 된다. 소셜 미디어는 사람들의 이야기를 좋아한다. 먹고, 마시고, 읽고, 보고, 느낀 것에 대한 이야기를 좋아한다. 그 중심엔 '우리'가 아니라 '나'가 있고, '국가'가 아니라 '가정'이나 '친구'가 있다. 물론 사람들과 함께 살아가는 반려동물도 있다.

진실한 이야기는 생생한 이미지와 함께하면 더 잘 퍼진다. 토론회 사진이나 행사 사진 같은 건조하고 딱딱한 이미지는 잘 퍼지지도 않을뿐더러 그런 사진을 자주 올리는 사람은 뭔가 형식적이고 재미없으며 심지어 관료적인 느낌을 주기까지 한다. 공식적인 자리를 강조하기 위해 행사 스케치 사진을 자주 올리는 정치인의 소셜 미디어 계정이 활성화된 것을 본 적이 거의 없다. 소셜 미디어는 어떤 순간을 선택하고 집중하고 확장하는 것이다. 친구 10명이 술 마시고 있는 장면을 멀리서 찍은 사진으로 사람들의 마음을 움직일 가능성은 거의 없다. 인물 사진엔 표정이 살아 있어야 한다. 『내셔널 지오그래픽』에 나온 사진보다 스마트폰으로 찍은 스냅사진이 더 큰 호응을 얻는다.

문재인은 2012년 4월 총선을 위해 트위터 계정을 열었다. 나의 경험으로 볼 때 문재인은 나이에 비해 트위터 친화적인 정치인에 속한다. 자신의 이야기를 하고 싶은 욕망을 가진 정치인이라고 말할 수도 있겠다. 그렇지 않은 정치인들도 꽤 많다. 문재인은 새로운 기술에 대해 기본적으로 열린 태도를 갖고 있다. 디지털 캠페인에 대해 브리핑할 때 호기심으로 눈빛이 반짝인다. 물론 문재인이 트위터에 익숙해지는 데까지는 시간이 좀 걸렸다. 하지만 트위터 계정을 운용하면서 새로운 미디어의 소통 방식에 대한 이해를 하기 위한 열린 태도를 가졌다. 당시만 해도 트위터를 하는 정치인이 많지 않았다. 문재인은 정치를 늦게 시작했지만, 트위터는 상대적으로 빨리 시작했다. 트위터는 정치인의 소통 능력을 근본적으로 신장한다.

2012년 2월 13일 문재인은 남성 전용 미용실인 블루클럽에서 머리 깎는 모습을 담은 사진 두 컷을 트위터에 올렸다. "서울에 공천심사를 보러 가기 위해 머리를 깎습니다. 양산 덕계에 있는 단골 블루클럽에서"라는 메시지는 사진과 함께 폭발적인 리트윗을 기록했고 거의 모든 언론이 이 사진을 보도했다. 자신이 서민적이라고 백 번 주장한 것보다 블루클럽에서 7,000원을 주고 이발하는 사진을 한 장 찍어 올린 것이 훨씬 더 큰 효과를 발휘했다. 공개된 사진에는 문재인이 이발하는 모습과 스스로 머리를 감고 있는 모습도 담겨 있었다. 그는 "블루클럽의 장점은 싸다는 것! 그리고 자신의 손으로 신나게 머리를 감을 수도 있지요"라는 후속 메시지로 서민적 이미지에 약간의 유머를 더했다. 당시에 사진을 본 누리꾼들은 "문재인 님 완전 소박" "엄청 비싼 미용실 가실 줄 알았는데 반전이네" "급 호감" "남자는 역시 블루클럽" 등의 반응을 보였다. 소박하고 생생한 사진 한 장으로 문재인이 트위터 강자가 되는 순간이었다.

이뿐만이 아니다. 경남 양산의 자택에 있던 풍산개 마루도 트위터 스타가 되었다. 문재인은 2017년 대선 때 전국애견협회의 공식 지지를 이끌어냈으며 청와대 입성 때 마루도 함께 데려간 것으로 알려졌다. 문재인은 2017년 5월 27일 자신의 트윗에 "쩡쩡이에 이어 마루도 양산 집에서 데려왔습니다"라고 적었다.

2012년 6월 대통령 선거 출마 선언 당시 문재인은 '함께 쓰는 출마 선언문'이라는 트위터 이벤트를 진행했다. 트위터 이벤트 아이디어가 처음 나왔을 때에도 문재인은 캠프에서 가장 적극적으로 반응한 사람 가운데 한 명이었다. 출마 선언에 담길 가치와 정책을 트위터 댓글로 받은 이 이벤트에는 약 5,000개 이상의 댓글이 접수됐다. 캠프는 접수된 의견을 카테고리로 묶어 출마 선언문 작성 팀에게 제공했고 출마 선언문에 이용자들의 의견이 상당 부분 반영됐다. 그런데 당시 '함께 쓰는 출마 선언문' 이벤트를 총괄하고 있던 나는 5,000명의 의견이 너무 뭉뚱그려지는 것 같아 아쉬운 마음이 들었다. 나는 문재인에게 공식 출마 선언과 별도로 '함께 쓰는 출마 선언문' 내용을 충실히 반영한 TED형 온라인 출마 선언을 하자고 제안했고 문재인은 이를 흔쾌히 수용했다. 한국 대통령 선거 사상 최초의 TED형 온라인 출마 선언이 이뤄진 순간이었다. 당시 문재인은 사람들의 의견 하나하나를 매우 소중하게 직접 읽었다. 의견을 낸 트위터 아이디를 문재인이 호명하는 순간 그들의 반응이 그려졌다. 출마 선언 뒤 호명된 누리꾼들은 다시 트위터에 그 사실을 올리고 리트윗하며 출마 선언 동영상을 공유했다.

소셜 미디어에서 자신의 이야기를 솔직하고 생생하게 전하는 것만큼 가치 있는 메시지는 없다. 각자가 살아가는 이야기가 연결된 친구들을 보다 풍성하게 만든다. 학교 선생님은 선생님의 이야기를 하고, 작가는 작가의 이야기를 하며, 사진가는 사진가의 이야기를 한다. 정치인이 매일 일상에 대한 투정을 부리고 있으면 별로 환영받기 어렵다. 정치인은 세상의 변화와 관련된 주요 이슈를 실천적으로 다룰 때 인기가 높다. 이재명 경기도지사가 대표적인 케이스다. 이재명은 다른 정치인들과 비교할 때 상대적으로 더 용감하고 더 직설적으로 정의로운 의제를 다루는 정치인이다. 초등학교 선생님이 매일 정치 얘기만 하는 것도 호감을 사기 어렵다. 물론 모든 국민은 자유롭게 정치적 의견을 말할 수 있지만, 그것이 자신의 삶과 결합된 지점이 존재할 때 더 큰 관심을 끌 수 있다. 출판사를 운영하는 사람은 어느 순간엔 책 이야기를 하는 것이 좋다. 책에 관해 주제를 정해 리뷰를 하거나 추천을 해준다면 더욱 인기 있는 계정을 만들 수 있을 것이다. 전라도에서 농사를 짓는 나의 페친은 사계절 농촌 풍경을 전해준다. 그의 페북 포스팅은 나에게 어릴 적 향수를 자극할 뿐 아니라 시간의 변화를 자각하게 해준다. 벼를 비롯해 배추, 무, 토마토 등 싱싱한 작물들의 사진은 보기만 해도 풍성한 느낌을 준다. 낚시광인 대학교 선배는 주말마다 바다 위에서 월척 사진을 담벼락에 올린다. 생선을 들고 만족해하는 그의 표정을 보면 문득 삶이 건강해지는 느낌이 든다.

　1984년생 브랜던 스탠턴이 있다. 그는 미국 조지아 주의 소도시 매리에타에서 태어났다. 성공한 젊은이들이 으레 그렇듯이 그도 열정이 많은 청년이다. 그는 현재 미국에서 가장 영향력 있는 페이스북 페이지와 블로그를 운영하고 있다. 그가 만든 페이지 이름은 '휴먼스 오브 뉴욕Humans Of Newyork(일명 HONY)'이다. '뉴욕 사람들'이란 뜻이다. 2018년 4월 1일 현재 '휴먼스 오브 뉴욕' 페이지의 '좋아요' 숫자는 1,826만 4,474명이다. 그가 올린 사진 포스팅은 평균 10만 명 이상의 '좋아요'를 받는다. 그의 새로운 프로젝트인 동영상 시리즈의 대표 동영상 조회 수는 600만 회에 이른다.

　조지아대학에서 역사를 전공하던 그는 4학년 때 학자금 대출로 받은 3,000달러를 버락 오바마 당선에 베팅했다. 이 일이 계기가 되어 스탠턴은 시카고거래소에서 채권 중계일을 하게 된다. 하지만 그는 도시와 도시 사람들에게 매료돼 있었다. 무엇보다 스탠턴은 뉴욕이라는 도시를 사랑했다. 2010년에 ESO 7D 카메라를 장만해 주말마다 사람들의 사진을 찍던 그는 아예 직장을 그만두고 뉴욕으로 간다(정리 해고를 당했다는 이야기도 있다). 그는 거리에 나가 매일 사람들 사진을 찍어 페이스북 페이지에 올리기 시작한다. 1년 만에 50만 개의 '좋아요'를 기록한 이 페이지는 삽시간에 유명해진다. 한 사업가의 전폭적인 지원 아래 그의 페이지는 점점 확대되고 블로그도 함께 성장해간다. 당연히 인스타그램도 오픈했고 여기서도 폭발적인 인기를 누린다.

　스탠턴은 거리에 나가 사람들을 인터뷰하고 사진을 찍어 인터뷰한 내용을 요약해 함께 게재한다. 뉴욕 사람들의 인생 스토리가 스탠턴의 렌즈를 통해 재조명되는 것이다. 스탠턴은 자신의 관점에서 그들의 이야기를 재단하지 않고 그들을 있는 그대로 최대한 존중하면서 그들의 관점에서 그들의 이야기를 들려준다. 거리에서 만난 사람들과 몇 시간씩 인터뷰를 하기도 한다. 사람들의 이야기를 자신이 픽업하는 것이 아니라 그들의 말과 이미지를 대신 전하는 것이다.

스탠턴은 소셜 미디어의 본질이 무엇인지 본능적으로 알고 있는 드문 경우다. 『허핑턴포스트』는 그의 책 『휴먼스 오브 뉴욕』을 리뷰하면서 "공중전화 박스에 숨어 파파라치처럼 사진을 찍는 몇몇 거리의 사진작가들과 달리, 스탠턴은 대상과의 상호작용을 통해 낯선 사람들 사이의 장벽을 허물어버린다"고 평했다. 그렇다. 소셜 미디어의 본질 가운데 하나는 사람들의 이야기로 장벽을 허무는 것일지도 모른다. 가령 노숙자를 찍은 사진 위에 그는 이렇게 썼다. "그는 비록 노숙자였지만 내가 사진작가로서 재능이 있을지 진심으로 걱정해주었다." 또 할머니의 얼굴을 클로즈업한 사진엔 이렇게 썼다. "남편이 죽을 때 내가 그랬어요. '당신 없이 이제 내가 어떻게 살아?' 남편이 내게 말했어요. '나에 대한 당신의 사랑을 이제 세상에 나누어 주구려.'"

브랜던 스탠턴은 "8월 초 뉴욕에 도착했다. 내가 타고 있던 버스가 링컨 터널을 나왔을 때 처음으로 뉴욕을 본 순간이 지금도 또렷이 기억난다. 보도는 사람들로 가득 차 있었다. 건물들도 멋졌지만 내 눈길을 끈 것은 사람들이었다. 사람들이 아주 많았다. 그리고 모두 바쁜 듯했다. 그날 밤 나는 뉴욕의 사진들을 올려놓을 앨범을 만들었다. 이름은 '휴먼스 오브 뉴욕'이었다"(브랜던 스탠턴, 『휴먼스 오브 뉴욕』)고 회고했다.

그의 책은 발매되자마자 커다란 반향을 일으켰다. 2013년 45주 동안 베스트셀러 상위권에 머물렀다. 스탠턴은 2013년 『타임』이 선정한 '세계를 바꾼 30인'에 선정되기도 했다. 그의 사람 이야기엔 정말 많은 사람이 감동했다. 오바마도 '휴먼스 오브 뉴욕'을 방문해 댓글을 남기곤 했다. 2015년 9월 3일, 10살배기 소년과 아버지의 사진이 담긴 게시물에 오바마는 버락 오바마를 뜻하는 'bo'라는 이니셜로 댓글을 남겼다. 이 게시물의 내용은 다음과 같다. 소년이 다섯 살일 때 아버지의 심부름으로 살구를 사서 집에 가다가 굶주린 노숙자들에게 살구를 다 나눠 주고 빈손으로 집에 갔다. 아버지는 아들을 혼내는 대신에 아들의 행동에 감명을 받고 자랑스러워했다는 이야기다. 오바마는 이 게시물에 "이 이야기는 내게 특별한 울림을 준다. 나는 앞으로도 이 소년처럼 잠재력을 가진 아이들에게 부끄럽지 않은 세계를 위해 내가 할 수 있는 일을 해나갈 것이다. 어린 소년이 타인을 도우려 하는 열정을 잃지 않기를 바란다"고 썼다.

힐러리 클린턴 역시 어린 소년이 울먹이는 표정으로 동성애자로서 살아갈 일을 걱정하는 '휴먼스 오브 뉴욕'의 사진 밑에 용기를 주는 댓글을 남겼다. 이뿐만이 아니다. 미국의 유력 정치인들과 방송인들이 이 페이지와 인터뷰하는 것을 굉장히 좋아한다. 힐러리는 다정하고 따뜻한 사람들의 이야기로 가득한 이 페이지와의 인터뷰에서 자신에게 덧입혀진 '차갑고 무감정한 이미지'를 해명했다. 힐러리는 이 인터뷰에서 "내가 냉담하거나 차갑고 무감정하다고 여겨질 수 있다는 점을 안다"며 "이런 인식이 일부 생겼다면 그렇게 생각하는 사람들을 탓할 순 없다"고 말했다. 힐러리는 여혐이 일상화된 남성들 사이에서 자신의 자존감을 지키며 살아가기가 그리 쉬운 일은 아니었다고 이해를 구했다. 힐러리 클린턴은 "젊은 여성으로서 나는 감정을 통제하는 법을 배워야만 했다. 힘든 일이었다. 스스로를 보호하며 꾸준함을 보이는 한편 담을 쌓은 것처럼 보이길 원하지는 않았기 때문"이라고 설명했다.

인간다운 페이스북 페이지에 인간답지 못하다는 평가를 받는 인물이 자신을 해명하는 인터뷰를 한 것이 다소 이채롭다. 현재 '휴먼스 오브 뉴욕'은 미국은 물론 세계의 도시로 확산되고 있다. 한국에도 '휴먼스 오브 서울'을 비롯해 각 지역 사람들의 이야기를 담은 페이스북 페이지와 책이 계속 만들어지고 있다.

소셜 미디어를 잘하려면 구체적 삶을 담아야 한다. 무엇보다 진짜 이야기를 꾸준히 포스팅을 하는 것이 중요하다. 정기성을 가지라는 뜻이다. 소셜 미디어는 소셜하기만 해서는 부족하다. 동시에 미디어라는 사실을 잊어서는 안 된다. 소셜 미디어를 말하는 사람 가운데 정말 믿지 말아야 할 사람은 "단번에 대박을 칠 수 있다"고 말하는 사람이다. 당신 혹은 당신 주변 사람들의 이야기를 하라. 당신의 삶에 비추어 있을 법한 주장을 하라. 그 방법이 새롭고 참신하다면 금상첨화다. 가장 중요한 것은 꾸준히 하는 것이다.

3) 해시태그, 전진하는 메시지

해시태그는 하나의 맥락을 만드는 행위다.

소셜 미디어 시대엔 하루에도 수억 혹은 수십억 건의 문서가 생산된다. 정확한 숫자는 아무도 모를 것이다. 트위터, 인스타그램, 페이스북, 유튜브, 웨이보, 카카오톡, 스냅챗 등 수많은 미디어 플랫폼에 쉴 새 없이 글과 사진과 영상이 업로드된다. 누군가가 세계 곳곳에서 하루 동안 업로드되는 글과 사진과 동영상 숫자를 정확하게 집계할 수 있다면, 나아가 그런 실시간 집계 사이트를 만든다면 나는 그 사이트에 돈을 지불할 용의가 있다. 하지만 그것은 아마도 불가능할 것이다. 매순간 새로운 플랫폼이 만들어지고 있기 때문이다. 그리고 그 은밀한 데이터를 공개하기 싫어하는 회사들도 많다. 혁명적 수준의 기술 변화 시대엔 항상 '아직 잘 모르겠어'라는 태도를 갖는 것이 좋다. 특히 숫자로 된 데이터를 나열하는 것은 위험하다. 나는 페이스북 회사가 사용자 숫자를 공개해도 그것을 곧이곧대로 믿지 않는다. 하물며 해당 회사가 공개하는 하루 포스팅 숫자를 어떻게 신뢰한단 말인가.

소셜 빅 데이터는 매일 생산되는 문서의 숫자가 우리가 상상할 수 없을 만큼 '너무나' 많기 때문에 의미를 갖는다. 하지만 개별 문서도 '충분히' 의미를 가질까? 문서가 너무 많기 때문에 내가 만든 문서는 어딘가에 도달하기도 전에 사라져버린다. 우리가 소셜 미디어에 무언가를 올리는 것은 적은 수든 많은 수든 타인의 공감을 이끌어내려는 욕망을 반영한다. 대부분의 사람이 항상 더 많은 관심을 원하지만 너무 많은 문서가 떠돌아다닌다면 목표를 이루기가 쉽지 않다. 나의 메시지가 소음의 감옥을 나와 신호의 거리에서 누군가에게 전달되게 하려면 뭔가 새로운 시도가 필요할 것이다. 특히 그것이 연대를 위한 것이라면 더욱 그렇다. 연대를 통해 세상을 바꾸려는 목표를 갖고 있다면 나의 메시지는 더 많은 사람의 메시지와 함께할 필요가 있다.

　140자 단문 블로그인 트위터는 인류의 문자 생활에 혁명을 일으켰다. 사적으로 주고받던 문자를 공유하려는 목적으로 만든 트위터는 창업자의 의도를 완전히 뛰어넘어 새로운 미디어 시대를 여는 개척자로 자리 잡았다. 2006년 7월에 트위터가 나왔으니 트위터는 이제 초등학교 졸업반인 셈이다. 짧은 문서들을 기반으로 한 트위터는 더 많은 사람의 참여를 촉발했고 스마트폰의 출현은 트위터의 새가 하늘을 훨훨 날 수 있게 날개를 달아주었다.

　트위터에는 정말 많은 정보가 올라온다. 사람들이 재난이나 큰 사건이 벌어지면 기존 뉴스의 생산 속도에 만족하지 못하고 트위터 창을 여는 이유다. 국민의 관심이 큰 사건의 경우 한국어 트윗만 초당 몇 건씩 생산된다. 새로운 정보도 있고 새로운 해석도 있고 리트윗도 있다. 세계 어디에서나 최신 정보를 구독할 수 있는 길이 열렸다. 또 트위터에서 팔로워 리스트를 잘 관리하는 것만으로 어떤 전문 분야에서 두각을 나타낼 수도 있다.

　하지만 너무 많은 정보가 그저 흐르기 때문에 꼭 필요한 정보를 놓치는 것도 그만큼 쉽다. 트위터에 올라오는 정보들이 '흩뿌려진다'는 사실을 안타까워하는 사람들도 있다. 아무리 좋은 팔로우 리스트를 갖고 있다 한들 하루 이틀만 들여다보지 않아도 문서들은 흩뿌려진다. 1,000명 이상의 팔로워를 갖고 있고, 그들이 왕성하게 트윗을 올리는 상황이라면 트위터를 하루만 걸러도 그 스크롤 압박을 감당하기 어려울 것이다.

　오픈소스 운동가인 크리스 메시나는 이 문제를 해결하고 싶어 했다. 2007년 8월 23일 오후 12시 25분에 크리스 메시나는 자신의 트위터 계정(@chrismessina)에 '의문의 트윗'을 올린다. 올린 시각으로 봐서 아마 점심을 먹다가 문득 떠올린 아이디어가 아닐까 싶은데, 그렇게 떠올린 아이디어인 해시태그가 스마트폰 시대의 소셜 미디어를 이끌고 있다는 사실은 우리에게 많은 생각을 하게 한다. 굳이 '위대함은 비루함에 깃든다'는 말을 인용하지 않더라도 우리가 우리의 불편을 해결하려는 사소한 아이디어가 세상을 바꾸기도 하는 법이다.

그의 트윗 내용을 보자.

#(해시)를 사용해서 그룹을 묶는 것에 대해 어떻게 생각해요? #바캠프[메시지]처럼How do you feel about using # (pound) for groups. As in #barcamp [msg]?

특정 주제를 그루핑하면 그 정보에 보다 효과적으로 접근할 수 있게 된다. 반려동물에 대한 정보를 찾기 위해 정치 이슈의 숲을 헤맬 필요가 없다. 상수동에서 맛있는 밥집을 찾고 있는데 아이돌 팬들의 무성한 트위터 숲을 헤맬 이유도 없다. 메시나는 정보를 그루핑하는 것이 트위터의 약점을 보완할 것이라고 생각하고 아이디어를 제안한 것이다.

메시나가 트윗을 올린 지 사흘쯤 지나서 소셜 미디어 전문가 스토 보이드는 자신의 블로그에 '해시태그=트위터 그루핑'이라고 썼다. 해시에 태그를 붙여 '해시태그' 개념을 확실히 정의한 것이다. 그로부터 2년 뒤인 2009년 7월에 트위터는 모든 해시태그에 링크를 제공하는 서비스를 시작했다. 새로운 검색 서비스가 시작된 것이다. 하지만 트위터 창업자조차도 해시태그가 그렇게 큰 반향이 있을 거라고 예상하지는 못했을 것이다. 트위터가 서비스를 시작하자마자 해시태그는 트위터의 핵심 기능으로 자리 잡았다. 해시태그가 모래알처럼 먼 관계인 트위터 친구들 사이의 연대와 행동을 촉진하기 시작한 것이다.

2010년은 트위터(소셜 미디어)가 사회 변화의 무기가 될 수 있는지에 대한 논쟁이 뜨겁게 점화된 해다. 사회 변화를 위한 행동을 촉발한 것이 해시태그다. '해시태그 액티비즘(행동주의)'이라는 용어도 생겨났다. 소셜미디어마케팅연구소 창립자 진저 윌콕스는 2010년을 '해시태그의 해'라고 선언했다.

2009년 6월 12일에 치러진 이란의 대통령 선거는 부정선거 의혹에 휩싸였다. 당시 보수당 후보 마무드 아마디네자드가 개혁파 후보 미르 후세인 무사비를 압도적인 표차로 누르고 당선됐다. 하지만 대학생과 지식인 등 개혁을 바랐던 이란 국민들은 부정선거가 있었다며 강력히 항의했다. 항의 시위 과정에서 여성이 총에 맞아 숨지는 장면이 담긴 동영상이 트위터를 통해 전 세계에 퍼졌고 분노한 국민들의 시위는 더욱 격화되었다. 트위터에는 이란의 시위를 지지하는 포스팅이 폭발적으로 올라오기 시작했다. 이란뿐 아니라 지구촌 곳곳의 시민들이 해시태그 캠페인에 참여했다. 해시태그 #Iran_Election 캠페인은 2010년까지 이어졌다. 이 시위에서 공식 발표로만 36명이 사망했고 4,000명 이상이 체포됐다. 하지만 당선된 대통령이 자리에서 내려오는 일은 일어나지 않았다. 녹색혁명이라고 일컬어지는 이란의 이 대선 불복 시위는 비록 실패했지만 8개월간 지속된 이 혁명은 아랍과 아프리카 국민들의 민주주의 의식을 깨우는 기폭제가 됐다. 2010년 말에 시작된 튀니지의 재스민 혁명과 2011년 이집트의 민주화 운동은 트위터 등 소셜 미디어를 타고 번졌다. 사람들은 해시태그를 통해 시위 장소와 시간, 슬로건 등을 공유했다. 해시태그 액티비즘이 사회변혁에 직접 기여할 수 있다는 생각을 갖게 만들었다. 타임라인의 해시태그는 광장의 깃발이 되어 펄럭였다.

2011년에 전개된 월가 점령 시위는 해시태그 행동주의를 전제로 기획된 대규모 반反월가 시위였다. 이 시위를 처음 기획한 캐나다의 온라인 잡지 『애드 버스터』의 성명서 제목이 해시태그가 포함된 '#OccupyWallStreet'였다. 첫 해시태그 성명서였던 셈이다. 월가 점령 시위는 비록 73일 만에 실패로 끝났지만 이 운동은 해시태그 행동주의의 이정표로 평가된다. 그들은 독점과 통제를 뚫고 위로 튀어 올랐다. 월가 점령 시위는 '점령'이라는 시위 방식 때문에 더 많은 시민의 참여를 제약한 측면이 있었다. 그 뜻에는 동의하지만 점령이란 단어를 과격하게 느끼는 시민들이 많았던 것이다. 비록 소셜 미디어를 통한 확산이라는 방법과 오프라인에서의 행동 방식이 조화를 이루지 못해 실패하고 말았지만 월가 점령 시위는 불평등이라는 시대정신을 전면화하는 데 크게 기여했다. 뉴욕시립대학 언론학과 교수 제프 자비스는 월가 점령 시위 과정에서 광범위하게 쓰인 해시태그 행동을 두고 "해시태그는 주인도 계급도 없고 신념이나 규율도 없다. 이것은 누군가가 좌절, 불평, 요구, 소원 등으로 채워나가야 하는 빈 공간이다"라고 말했다. 해시태그를 빈 공간이라고 정의한 대목은 뭔가 철학적이고 문학적이다.

트위터가 아이디어와 표현의 축약이라면 해시태그는 그것의 확장이다. 트위터가 분산된 메시지들의 유통 플랫폼이라면 해시태그는 감정과 행동을 공유하는 통합 선언이기도 하다. 트위터가 짧은 연설문이라면 해시태그는 슬로건과 같다. 확실히 트위터는 해시태그를 장착한 이후 공동 행동의 지휘 본부 같은 역할을 하게 되었다. 지진이나 테러가 일어났을 때 전 세계인이 해시태그로 감정을 공유하고 후원한다. 아랍과 아프리카의 민주화 시위 과정에서 보듯이 해시태그는 공동의 목표를 설정하고 사람들의 행동을 촉구하는 공통언어가 됐다.

한국에서 사용된 해시태그 가운데 가장 오랫동안, 가장 많이 사용된 해시태그는 아마 세월호 참사를 추모하는 '#잊지않을게'일 것이다. 지독한 슬픔과 절망, 이것을 넘어서려는 사람들은 분노의 감정을 누르고 항상 다섯 글자를 자신의 미디어 공간에 기록했다. #잊지않을게! 이는 2018년 4월 16일 세월호 참사 4주기에도 타임라인을 가득 수놓았다.

한국의 촛불시위는 해시태그 백화점이었다. 권력을 사유화하고 부정부패를 저지른 박근혜 대통령을 탄핵하고 구속하는 동안 광장을 가득 메운 천만 명이 넘는 시민들이 벌인 기적 같은 평화 시위는 소셜 미디어의 해시태그가 없었다면 불가능했을지도 모른다. #박근혜_탄핵, #박근혜_구속, #재벌도_공범이다 등의 해시태그는 그 자체로 메시지였고 광장에서의 행동 통일을 이끄는 공동의 슬로건이었다. 김형민 SBS CNPC PD의 제안으로 시작된 것으로 알려진 #그런데_최순실은?은 2018년 #그런데_이명박은?으로 이어졌다. 세월호 사건을 다룬 다큐멘터리 〈다이빙벨〉 상영을 둘러싸고 벌어진 부산국제영화제 탄압에 대해서도 해시태그 캠페인이 벌어졌다. '나는 부산영화제를 지지한다'는 뜻의 #I_Support_Biff 캠페인은 한국의 울타리를 넘어 독일, 프랑스, 태국 등 세계 각지에서 부산국제영화제의 독립성 보장을 촉구하는 연대 캠페인으로 이어졌다.

해시태그는 이제 폭로와 공감을 넘어 행동을 촉구하는 방향으로 이어지고 있다. 여성에 대한 남성들의 성폭력과 성추행, 성희롱을 고발하는 미투 운동은 이를 지지하는 행동을 촉구하는 위드유 운동으로 확산된다. 미투 운동은 소셜 미디어가 왜 주류 미디어가 되었고, 피해자들의 구체적인 고발이 어떤 확산력을 가지며, 그것이 성 평등 사회를 지향하는 핵심 가치와 어떻게 연결되는지를 종합적으로 보여주는 전혀 새로운 모델이다. 남성 중심의 지배 권력으로 상징되는 구체제(앙시앙 레짐) 해체를 향한 출발점이기도 하다. 미투 운동이 어떤 결과로 귀결될지에 대해서는 아무도 장담할 수 없지만, 적어도 이제 그것이 완전히 꺼지는 일은 없을 것이다.

2018년 2월 14일 미국 플로리다 주 마이애미에 있는 한 고등학교에서 발생한 총기 난사 사건으로 17명이 사망했다. 마이애미뿐 아니라 미국 전역의 고등학생들이 분노했고 이들은 소셜 미디어 해시태그로 연결되면서 행동을 시작했다. 그들의 첫 해시태그는 총기 규제#guncontrol였다. 하지만 그것은 총기 사건이 벌어질 때마다 반복된 일이었다. 캠페인을 조직한 사람들은 그것만으로는 부족하고 공허하다고 생각했다. 고등학생들은 더 구체적인 행동을 촉구하고 나섰다. 다름 아닌 미국총기협회(NRA)에 대한 보이콧 캠페인(#boycottNRA)을 시작한 것이다. 그들은 NRA에 투자하거나 할인을 제공하는 기업에 대한 보이콧을 요구하고 나섰다. NRA 광고를 홍보하는 기업도 불매 리스트에 올렸다. 아마존도 유탄을 맞았다. 아마존에서는 24시간 내내 NRA 홍보 동영상 광고가 송출된다. 이 영상을 내리라는 청원을 아마존이 무시하자 이번엔 아마존 보이콧 운동을 시작했다. 아마존은 트럼프로부터도, 고등학생으로부터도 압력을 받고 있다. 아마존 보이콧 캠페인에는 캠페인을 시작한 지 얼마 되지 않아 30여만 명이 참여했다. 이들은 아마존 회원을 탈퇴하고 인증하는 사진을 올리며 운동 참여를 촉구한다.

해시태그는 트위터를 넘어 전체 소셜 미디어 나아가 스마트폰 접근성이 있는 모든 앱으로 확산되고 있다. 2009년에 중국의 웨이보가 해시태그 기능을 도입한 데 이어 인스타그램은 2011년에 해시태그 기능을 도입했고, 페이스북은 2013년 6월 12일에 해시태그 검색 기능을 탑재했다. 현재는 구글, 텀블러, 유튜브뿐 아니라 이메일, 채팅앱, 메신저 앱에도 해시태그가 도입됐다.

해시태그는 정치운동, 사회운동 등 사회변혁뿐 아니라 일상생활에도 깊이 침투했다. 인스타그램에는 셀카를 올리는 #셀스타그램, 얼굴 사진을 올리는 #얼스타그램과 옷차림을 올리는 #옷스타그램 등이 있다. #OOTD(Outfit_Of_The_Day)는 그날의 패션 스타일을 알려주는 해시태그로 인기가 아주 높다. 반려동물, 자전거, 영화, 독서, 육아, 여행 등 일상생활을 공유하려는 해시태그도 활발하다. 해시태그 최고의 스타는 아마 '#고양이'일 것이다.

애초에 검색과 그루핑을 위한 도구로 출발해 이제는 소셜 미디어의 필수 요소가 된 해시태그는 때론 농담이고 때론 행동이며 때론 정색한 포스팅에 대한 넛지이자 이미지이기도 하다. 해시태그는 나아가 강남역 여혐 살인 사건과 구의역에서 발생한 비정규직 청년의 스크린도어 사고를 계기로 오프라인 공간의 포스트잇과 결합되면서 새로운 양상을 띠기도 한다. 포스트잇은 오프라인의 해시태그처럼 인식된다. 해시태그는 소셜 미디어 시대가 낳은 강력한 메시지이며 나아가 기존의 미디어 울타리를 뛰어넘는 또 하나의 미디어로 자리 잡았다.

 ## 혁명적인 포스트잇 미디어
(『경향신문』'미디어 세상' 2016년 6월 12일자)

"작업에 몰두하던 소년은 / 스크린도어 위의 시를 읽을 시간도 / 달려오는 열차를 피할 시간도 없었네."

심보선 시인이 구의역에 붙인 '갈색 가방이 있던 역'이라는 시자보는 이렇게 시작된다. 열아홉 살 청년의 죽음을 안타까워하는 시인의 간질한 마음이 고스란히 느껴진다. '작업에 몰두하던 소년'이라는 세 음절을 읽는 순간 왈칵 눈물이 흐른다. 눈물은 실시간으로 전송된다. 트위터와 페이스북에서는 시자보가 공유된다. 신문, 방송 등 기존 미디어에 보도되고 이 뉴스는 다시 링크를 타고 확산된다. 너무나 슬퍼서 슬픔조차 느낄 수 없었던 시간을 그린 그의 대표작 「슬픔이 없는 십오 초」가 순식간에 전이된다. 공간의 경계도 시간의 경계도 무너진다. 동시에 미디어의 경계도 무너진다.

두 개의 질문이 떠오른다. 인기 있는 중견 시인인 그는 왜 비스와바 쉼보르스카의 「작은 풍선이 있는 정물」이라는 시를 오마주하는 형식을 취했을까. 또 시인은 왜 기존 미디어를 선택하지 않고 손수 쓴 시자보를 들고 구의역에 갔을까. 단정하기는 어렵지만 시인은 작가적 권위를 내려놓고, 프레임에 갇힌 특정 미디어의 장벽을 넘어 사람들의 진짜 마음이 모이는 그곳에 가고 싶었을 것이다. 시인이라기보다는 슬픔에 잠 못 이룬 한 명의 시민으로서 청년의 비극적 삶을 위로하고 싶었을 것이다. 빵과 밥과 국화꽃이 놓여 있고 '굶지 말고 밥 꼭 먹고 다녀라'라는 간절한 메시지가 있는 그곳에 함께 있고 싶었을 것이다.

서울 강남역에서 전남 신안까지, 서울 구의역에서 경기도 남양주까지 장소는 그 자체로 가장 강력한 메시지였다. 여성 혐오에 의한 살인과 성폭력에 대해 이처럼 공론화한 미디어가 존재했었나. 위험의 외주화와 살인의 제도화에 대해 이처럼 강력하게 분노할 계기를 만들었던 미디어가 있었나. 공간에 놓인 포스트잇은 가장 힘센 미디어가 되었고 포스트잇 미디어에 담긴 메시지들은 기존 미디어 편집국의 결정에 참여했다. 보수적인 미디어도 언제까지나 남성 권력의 입장만 옹호할 수는 없었다. 자본의 탐욕이 빚어낸 스크린도어 사고는 비정규직 문제를 전면에 제기하기 시작했다. '안녕들 하십니까' 대자보는 포스트잇 미디어에 의해 계승 발전되고 있었다. 사람들은 물었다. 여성은 안녕하십니까. 비정규직 청년은 안녕하십니까. 질문은 확대된다. 자본주의는 안녕하십니까. 민주주의는 안녕하십니까. 그리하여 대한민국은 안녕하십니까.

지난 한 달간 트위터, 블로그 등 소셜 빅 데이터 하루 언급량에서 압도적 1위를 차지한 '미디어'는 '포스트잇'이었다. 강남역 여혐 살인이 일어난 이튿날인 5월 18일 하루 포스트잇을 언급한 문서는 9만 6,773건이 검색됐다. 이는 아이돌 그룹 출연으로 언급량을 늘린 5월 13일 KBS 언급량 5만 9,226건보다 많고 5월 23일 『조선일보』 1만 9,761건보다 많다. 심지어 5월 18일 네이버 언급량 7만 6,457건보다도 많다.

『경향신문』 사회부 사건 팀 기자들은 최근 『강남역 10번 출구, 1004개의 포스트잇』이라는 책을 펴냈다. '어떤 애도와 싸움의 기록'이라는 부제가 붙었다. 지난 5월23일, 우천이 예보되면서 이곳의 포스트잇은 보존을 위해 서울시청과 서울시 여성가족재단으로 옮겨졌다. 경향신문 사회부 기자들은 이 포스트잇이 옮겨지기 직전, 강남역 10번 출구의 외벽에 붙은 포스트잇 1004건을 일일이 촬영한 후 문자화하는 전수조사를 진행했다. 사진으로 찍고 타이핑을 하고 언어 분석을 통해 그 의미를 기록한 것이다. 포스트잇은 소셜 미디어를 넘어 신문, 방송을 타고 이제 그 자체로 출판 미디어의 공동 저자가 되기에 이르렀다. 인세 전액은 전국의 공공도서관에 다시 책으로 기부되고 전자책은 무료로 배포된다고 한다.

평화학 연구자 정희진은 "이들에게 여성주의를 '가르칠' 사람은 없다"고 단언한다. "20-30대가 대부분인 이들은 이미 여성의 현실과 여성주의적 사유를 체현하고 있었다"는 것이다. 그도 그런 것이 "네가 나야"라는 진술이나 "살女주세요. 넌 살아男잖아" 같은 표현, "'오빠가' '남자가' 지켜주는 사회는 필요 없습니다. 여자 혼자여도 안전한 사회가 필요합니다" 같은 주장은 이론적 사유를 넘어 상호작용에 기반한 실천적 호소로 들린다.

미래학자 피터 힌센은 책 『뉴 노멀』에서 "콘텐츠의 시대에서 콘택트의 시대로의 이행"을 선언했다. 콘텐츠 그 자체보다 상호작용이 더욱 중요한 표준이 되었다는 것이다. 그에 따르면 마셜 매클루언의 "미디어는 메시지다"는 "반응이 메시지다"로 이행한다. 오롯이 반응성 그 자체인 포스트잇 미디어가 '혁명적인' 이유다. 나아가 기존 미디어가 오래된 뉴스룸의 특권 속에 계속 머무를 수 없는 이유이기도 하다.

심보선 시인의 시자보는 이렇게 끝난다. "누군가 제발 큰 소리로 "저런!" 하고 외쳐주세요! / 우리가 지옥문을 깨부수고 소년을 와락 끌어안을 수 있도록!"

4) 촛불혁명, 스마트폰 행동주의

낙엽이 '폴란드 망명정부의 지폐처럼' 바닥에 떨어질 때, 2016년 가을에 시민들은 촛불을 들었다. 부패한 권력이 거리에 나뒹굴고 촛불은 소리 없이 하나둘씩 모이기 시작해 장엄한 해일을 만들어냈다. 국정 농단과 국기 문란 세력이 권력을 사유화한 전대미문의 게이트는 최순실의 태블릿 PC로부터 시작됐다.

시민들은 땅에 떨어진 공화국의 권력을 다시 세우기 위해 무엇을 해야 하는지 아는 듯했다. 한나 아렌트는 "혁명가는 길가에 권력이 떨어진 것이 언제인지를 알고, 그걸 집어들 때가 언제인지를 아는 사람"이라고 했는데 우리 시민들은 모두가, '집단 지성'의 힘으로 이것을 알고 있는 듯했다. 폭력은 부패 권력에게 새로운 명분을 준다는 사실도 아는 듯했다. 조용히, 평화적으로 광장에 모여든 시민들이 너무나 자연스럽게 조직한 프로그램은 시민 발언대였다. 시민들은 연단에 올라 왜 박근혜가 퇴진해야 하는지, 왜 정의를 다시 세워야 하는지, 왜 자유와 민주주의를 지키기 위해 시민들이 나서야 하는지 생생하게 발언했다.

'손석희 TV'라는 별명이 붙은 〈JTBC 뉴스룸〉은 최순실의 국정 농단 사실을 당당하게 보도했다. 박근혜를 폭로했고, 김기춘을 폭로했다. 권력자들의 이름이 줄줄이 호명됐다. 부패한 정치권력과 재벌의 유착 관계가 드러났다. 평창동계올림픽마저 사익을 위해 이용했다는 사실도 드러났다. 블랙리스트도 나왔다. 시민들의 분노는 점점 커져갔다. 분노는 스마트폰을 통해 방방곡곡, 국민들의 가슴속으로 전달됐다. 마음의 연대는 위대했다. 사람들은 페이스북에서, 트위터에서, 카카오톡에서 연대를 확인했다. 정보를 교환하고 분노를 공유했다. 광장에 나오지 않고는 견딜 수 없을 정도였다. "#이게_나라냐!" 해시태그는 공감의 깃발이었고, 민주공화국을 향한 단 하나의 질문이었다. 그리고 이 모든 것의 저변엔 세월호 참사로 수백 명의 아이들을 잃은 그 헤아릴 수 없는 '깊은 슬픔'이 자리하고 있었다.

소셜 미디어를 통해 분노를 나누던 시민들이 10월 29일 토요일, 1차 촛불집회를 열었다. 청계광장에 2만여 명의 시민이 모인 이날 집회 때만 해도 이것이 '혁명'이 될 것이라고 예감한 사람은 많지 않았다. 하지만 독재자 박근혜는 거듭 민심을 배반했다. 최순실에게 순수한 마음으로 도움을 받은 것일 뿐이라고 했고, "이러려고 대통령 됐나 자괴감이 든다"고도 했다. 불길에 기름을 부은 것이다. 11월 5일 박근혜 하야를 주장하는 30만 명의 시민이 거리로 쏟아져 나왔다. 11월 9일엔 1,500여 개 시민 단체로 구성된 '박근혜 정권 퇴진 비상국민행동'이 발족했다. 11월 12일엔 110만 명이 모였다. 평화와 축제의 촛불이 걷잡을 수 없을 정도로 커졌다. '박근혜 퇴진', '재벌도 공범이다' 등의 구호가 광장을 뒤덮었다. 11월 19일 전국 100만으로 잠시 주춤했던 촛불집회는 박근혜 탄핵의 키를 쥐고 있던 국회가 동요하자 다시 결집했다. 11월 26일 첫눈이 내리는 가운데 서울 150만, 전국 190만 개의 촛불이 타올랐다. 법원은 청와대 앞 200미터까지 행진을 허용했다. 시민도 경찰도 평화를 유지했다.

12월 3일, 닷새 뒤의 국회 탄핵 의결을 앞두고 열린 촛불집회는 사상 최대 인원을 경신했다. 참가하는 연령층도 다양해졌다. 막 수능 시험을 마친 고등학생들도 몰려나왔다. 초등학생부터 할머니,

할아버지까지 모두가 한마음이었다. 연인들은 광화문에서 데이트를 했고, 연말 송년회 모임도 광화문에서 잡았다. 서울 170만, 전국 232만 명이 운집했다. 말 그대로 구름처럼 모여들었다. 대한민국 역사상 최대 규모의 동시 집회였다. 세계사에 이 정도 규모의 평화적 집회가 있었을까? 세계 언론들과 시민들도 격찬을 아끼지 않았다. 4월 29일 23차 마지막 촛불집회가 열릴 때까지 주최 측 추산 누적 인원 1,685만 2,000명이 촛불집회에 참여했다. 단 한 건의 폭력 사건도 없었으며 단 한 명의 구속자도 없었다. 국내뿐 아니라 해외 교포들이 사는 74개 도시에서도 촛불집회가 열렸다.

12월 9일, 국회는 결국 탄핵을 의결했다. 20대 국회가 열린 이래로 처음 민심과 합치되는 결정을 내린 것이다. 민심에 밀려 한 결과라고 하는 것이 더 정확할 수도 있겠다. 박근혜 탄핵을 지지하는 여론이 80%에 이르는 상황에서 300명의 국회의원의 78%인 234명이 박근혜 탄핵소추안 의결에 찬성표를 던졌다. 반대 56명, 기권 2명, 무효 7명이었다.

3월 10일 드디어 헌재는 대통령을 파면했다. 헌법재판관 8명 전원이 "대통령 박근혜를 파면한다"는 주문을 만장일치로 인용했다. 헌재는 "피청구인의 위헌, 위법행위는 국민의 신임을 배반한 것으로 헌법 수호의 관점에서 용납될 수 없는 중대한 법 위배 행위라고 보아야 합니다. 피청구인의 법 위배 행위가 헌법 질서에 미치는 부정적 영향과 파급효과가 중대하므로, 피청구인을 파면함으로써 얻는 헌법 수호의 이익이 압도적으로 크다고 할 것입니다. 이에 재판관 전원의 일치된 의견으로 주문을 선고합니다. 주문, 피청구인 대통령 박근혜를 파면한다." 이정미 헌법재판소장 대행은 주문을 위엄 있는 목소리로 또박또박 읽어나갔다. 기나긴 촛불집회의 기적 같은 승리를 확인한 순간이었다. 온 국민의 환호가 전국을 뒤덮었다. 스마트폰은 불이 났고 "이게 나라냐?"라는 물음표는 "이게 나라다!"라는 느낌표로 바뀌었다.

촛불이 스마트폰을 만나 혁명의 1차 과제였던 박근혜 탄핵에 성공한 것이다. 이 위대한 기적을 어떻게 설명할 수 있을까? 부패한 국가권력이 땅에 떨어뜨린 국격을 다시 일으켜 세운 세기의 평화혁명은 수십 년간 역사적 평가를 받게 될 것이다. 촛불혁명을 위로하듯 나눔문화의 김예슬 사무처장이 지은 『촛불혁명, 2016 겨울 2017 봄, 빛으로 쓴 역사』라는 책이 나왔다. 촛불 시민에 대한 존경과 존중이 가득 담긴 책이다. 기록적인 면에서도 탁월하다. 사실 촛불집회가 진행되는 동안 나눔문화가 제작한 홍보물은 시민들의 마음을 묶는 단단한 끈이었고 가슴에서 펄럭이는 깃발이었다. 나도 광장에 갈 때마다 나눔문화가 제작한 홍보물을 들고 다녔다. 나눔문화 회원들이 발로 뛴 그 긴박했던 순간들의 자취를 가득 모아 촛불혁명에 대한 '거룩한 헌사' 같은 책을 만든 것이다.

이 책에 실린 박노해 시인의 서두 시인 「우리가 손에 든 건 촛불이었지만 우리 가슴에 든 건 혁명이었다」는 현재로서는 촛불혁명에 관한 가장 종합적이고 가장 통찰력 있는 의미를 담은 글이다. 이 시가 규정한 것처럼 촛불혁명은 "겨울혁명, 평화혁명, 그리고 승리한 혁명"이다. 박노해는 이 글에서 "촛불혁명의 주체는 역사상 처음으로 등장한 / 지구인류시대의 '나-개인들'이었다"는 탁월한 통찰을 보여준다. 지구인류시대라는 시대 규정과 '나-개인들'이라는 주체에 대한 이해는 스마트폰 시대의 인류를 가장 정확하게 반영하고 있다. 이어서 그는 다음과 같이 진술한다.

> 스마트폰을 쥔 '지민知民'들은 빛의 속도로
> 뉴스와 정보를 재구성하고, 사태의 진실을 전파하고,
> 급변하는 정세와 정치공작까지를 읽어내며,
> 공유지성의 기발한 상상력과 순발력으로 저항했다.
> 주말마다 광화문광장에 모여 100만 촛불과 한몸이 되고
> 집회가 끝나면 다시 '일상의 참호'에서 검색과 댓글과
> 문자행동으로 저항하고 SNS를 점령하며 촛불을 이어갔다(박노해, 「우리가 손에 든 건 촛불이었지만 우리 가슴에 든 건 혁명이었다」; 김예슬, 『촛불혁명』).

촛불혁명이 스마트폰 행동주의의 결과였다는 사실을 정확하게 묘사한 대목이다. 스마트폰이 없었다면 촛불혁명은 실패했을지도 모른다. 실제로 국내 3대 통신사들은 촛불광장에서 가장 분주하게 움직였다. 2016년 11월 5일 2차 촛불집회가 열리기 전날인 11월 4일에 1인 미디어의 선두주자인 '미디어몽구'가 의미 있는 트윗을 올린다.

> 내일 수만 명이 광화문광장에서 휴대폰으로 현장 소식을 인터넷 세상에 전파할 텐데 이 때문에 지난주처럼 통신이 마비되면 안 되겠죠? 소통 잘하는 통신사 계정들입니다. 통신 마비나 끊기질 않게 지원해줄 거라 믿습니다. @LGUplus @olleh @SKtelecom

실제로 SK텔레콤과 KT는 광화문광장에 통신 지원 차량을 출동시켰고, LG유플러스는 기지국 2개를 증설해 통신 대란을 방지했다. 미디어몽구는 이날 사진과 함께 통신사에 대한 감사 트윗을 올렸다. 네티즌들도 통신사들을 칭찬하며 통신사를 옮기려고 했는데 광화문에 지원 나온 것을 보고 감동해서 그냥 쓰기로 했다는 등의 반응을 올렸다. 문제는 11월 12일 3차 촛불집회였다. 서울에 100만 명이 모인 이날은 통신사들도 이렇게 많은 인파가 몰릴 것이라고 예상을 못했다. 부랴부랴 이동식 기지국과 소형 중계기를 설치했지만 역부족이었다. 트래픽 폭주와 통신 지연 등 통신 장애가 일어나면서 시민들의 불만이 폭주했다. 광장의 시민들은 이제 고립되어 있는 것이 아니라 스마트폰으로 누군가와 연결되어 있으며 집회의 수동적 참가자가 아니라 집회에 참여해 발언도 하고 집회 장면을 사진으로, 동영상으로 소셜 미디어에 전송하는 새로운 인류, 즉 스스로 미디어가 된 새로운 인류였던 셈이다. '1조라는 시간을 가진 새로운 대중의 탄생'이라는 클레이 셔키의 발언을 실감케 만든 새로운 인류였다. 잉여 시간을 가진 대중들의 스마트폰을 통한 적극적인 사회참여는 새로운 민주주의에 대한 상상력을 불러일으켰다.

통신사들은 바짝 긴장했다. 광화문의 통신 지연 사태가 자칫 전국 통신 장애로 확산될 수도 있었기 때문이다. 이 때문에 통신사들은 26일 4차 촛불집회 땐 기지국을 대거 증설하기로 결정을 내렸다. SK텔레콤은 광화문 일대의 트래픽 수용량을 평소의 4.5배 수준으로 늘리고, 인근에 차량형 이동 기지국을 5대 추가 배치했다. KT도 12일 집회 대비 트래픽 수용량을 4배 이상 늘리고, 광화문에

LTE 장비 199대, 시청 앞에 97대를 설치하는 한편 와이파이 장비도 추가 배치했다. LG유플러스도 차량형 기지국을 전주 대비 2대 많은 10대를 배치하고 기지국 75대와 와이파이 AP 13대를 추가 배치했다. 통신 3사는 26일 집회 때 만일의 사태에 대비해 300명 이상의 비상대기조를 투입한 것으로 알려졌다. 한 손엔 촛불, 한 손엔 스마트폰을 든 새로운 인류가 평화혁명을 이뤄낸 셈이다.

당연히 소셜 빅 데이터도 뜨거웠다. 트위터, 블로그, 인스타그램 등에 촛불집회를 상징하는 네 개의 키워드, 즉 촛불, 광화문, 박근혜, 최순실 키워드의 합이 3,450만 9,758건이나 됐다(2016년 10월 24일-2017년 3월 12일). 이 기간 동안 박근혜 언급량이 1,738만 8,766건으로 가장 많았고, 최순실 언급량이 904만 7,068건, 촛불이 487만 2,415건, 광화문광장이 320만 1,309건이었다. 수천만 건의 텍스트가, 수백만 장의 사진이, 수십만 건의 동영상이 SNS를 통해 전송됐다. 진주의 이야기는 더 이상 고립된 진주의 이야기가 아니었으며, 제주의 이야기도, 광주의 이야기도, 춘천의 이야기도, 대전의 이야기도, 어느 중소도시의 이야기도 이야기가 만들어지는 순간 전국으로 퍼졌다.

슬로건은 해시태그로 묶여 통일성을 만들었다. 광장에서 한목소리로 박근혜 하야, 박근혜 퇴진, 박근혜 탄핵 슬로건이 흘러나올 수 있었던 이유다. 같은 기간 언급량을 비교해보면 '박근혜 탄핵'이 1,102만 7,554건으로 압도적으로 많았고, '박근혜 퇴진'이 183만 4,255건, '박근혜 하야'가 163만 135건으로 그 뒤를 이었다. 촛불은 주로 '집회'(170만 8,693건)로 명명되었으며, '시위'(38만 9,846건) '혁명'(14만 3,105건) 순으로 불렸다. 국민 행동의 공식 명칭이 촛불집회였기 때문에 '집회' 키워드가 압도적으로 많았던 것으로 추정된다. 이 기간 문재인은 671만 334건으로 인물 언급량 3위를 기록했고, 이후 대통령 선거 과정에서 압도적 1위를 기록한다. 이 기간 인물 언급량 4위부터 10위까지는 트럼프, 반기문, 이재명, 이명박, 노무현, 우병우, 안철수가 차지했다.

촛불집회 과정에서는 박근혜 탄핵 외에도 다양한 이슈가 언급됐다. 삼성이 326만 건, 재벌이 106만 건, 이재용이 123만 건으로 재벌도 공범이라는 인식이 강하게 드러났고, 기자 또는 언론을 언급한 문서가 무려 880만 건이나 발견돼 언론에 대한 시민들의 불편한 심경이 표출됐다. 검찰, 특검, 경찰은 각각 300만-400만 건의 언급량을 기록했다. 세월호 언급량도 419만 건을 기록해 촛불혁명의 기저에 세월호의 슬픔이 도도히 흐르고 있었다는 사실을 뒷받침했다.

특히 눈여겨볼 대목 가운데 하나는 부패한 권력을 끌어내리는 과정에서도 사회적 약자에 대한 관심이 평소보다 커졌다는 사실이다. 광장에는 박근혜가 여자라는 이유로 대통령이 아닌 여성을 비하하는 목소리가 나오기도 했다. 여성 비하적 호칭이 자주 등장한 것이다. 하지만 여성들은 이런 여성 비하 언어에 대해 단호하게 반대했다. 한 가수는 여성 비하 표현이 들어간 노랫말 때문에 결국 광장의 무대에 서지 못했다. 여성 혐오 논란은 촛불집회 내내 가장 뜨거운 이슈 가운데 하나였다. '여성 또는 여자'를 언급한 문서는 무려 2,870만 건이 검색됐고, '페미니즘 또는 여성주의'를 직접 언급한 문서도 162만 건이나 됐다. '성소수자 또는 게이 또는 레즈비언'을 언급한 글이 이 기간에 257만 건, '장애인' 언급량도 86만 건 검색되었다. 함께 살아가는 민주공화국을 향한 시민적 각성이 광장에서뿐 아니라 소셜 미디어에서 꽤 비중 있게 다뤄졌다고 해석할 수 있는 대목이다. 민주공화국, 즉 민주주의를 향한 투쟁과 공화주의를 향한 전진이 광장에서 고루 표현되었다는 사실을 말해주는 데이터라고 볼 수 있다.

시민들의 연설도 다양하게 나타났다. 시민들의 연설은 그들이 집회의 객체가 아니라 당당한 주체임을 선언한 행위였다. 광화문을 지나는 지하철 기관사의 응원 메시지는 큰 화제를 불러왔다. 특검 사무실의 청소 노동자가 2017년 1월 25일 명절을 앞두고 "너무 억울하다"고 소리치는 최순실에게 "염병하네"라고 일갈한 것도 많이 회자되었다. "경찰이 시민들을 향해서 평화 집회를 하라고 외치고 있는데, 노동자가 사는 게 평화입니다. 농민이 죽지 않는 게 평화입니다. 박근혜가 구속되는 게 평화입니다"(김예슬, 『촛불혁명』에서 재인용)라고 호소한 20대 남성도 있었다. 초등학생부터 70대 할머니까지, 직장인, 대학생, 주부, 농민, 선생님 등 대한민국의 전 계층과 세대가 거리낌 없이 시민 발언내에 나와 그들 스스로의 메시지를 당당히 전파했다.

그 가운데 진주에 사는 열아홉 살 여성이 한 스피치는 오래도록 내 가슴에서 떠나지 않았다. 이 진주 청년의 메시지는 2016년 11월 26일 유튜브를 타고 잔잔하게 퍼져나갔다. 스피치 전문을 인용한다.

저는 박근혜와 그 측근 최순실로 인해 민주주의가 주목되어 기쁩니다.

하지만 또 한편으로는 박근혜 대통령의 하야만이 민주주의의 실현이라 이야기하는 것이 슬픕니다.

박근혜 정부는 세월호 사건, 위안부 문제, 국정교과서, 사드 배치, 청년 실업, 노동자 탄압 등으로 국민들을 돈과 기업의 노예로 만들고 불행에 빠뜨렸습니다.

그리고 박근혜 대통령은 자신의 배후 세력인 최순실과 기득권의 이익을 위해 국민을 이용하고 국민의 삶을 황폐하게 만들었습니다.

박근혜 대통령은 국민과의 소통은 단절한 채 자신과 기득권을 위한 정치를 해왔습니다.

그에 분노한 국민들이 박근혜 하야를 외치는 지금 저는 궁금한 점이 있습니다.

첫째, 저에게는 가부장적이고 폭력적인 아버지가 있습니다. 그리고 절대명령적인 어머니가 있습니다.

저희 가족은 함께 시간을 보낼 마음의 여유가 없습니다.

둘째, 제가 다닌 초·중·고등학교에는 반 학생 전체의 의견을 묻지 않고 친한 친구의 의견만 듣는 반장들이 있었습니다.

반장의 뒤에서 자신들의 입맛대로 학급의 일을 결정하는 반장의 친구들이 있었습니다.

개인의 자유를 보장하는 국가에서 두발로, 교복으로, 시간표로 학생을 통제하는 선생님들이 있었습니다.

셋째, 제가 아르바이트했던 직장에서는 노동자와 노동법보다 돈과 상품을 더 우선시하는 사장이 있었습니다.

여러분, 박근혜 대통령이 하야하면 제가 직면한 가정과 학교와 노동의 문제가 해결됩니까?

저는 행복한 가정에서 살 수 있고, 치열한 경쟁이 아닌 배움의 즐거움을 느끼며 공부하고, 기계가 아닌 사람답게 노동을 할 수 있습니까?

저는 박근혜 대통령이 모든 문제의 책임이라고 이야기하는 것이 싫습니다.

박근혜 대통령이 하야 하면 모든 문제가 해결될 것이라 이야기하는 것이 싫습니다.

박근혜 대통령 하야 뒤가 더 중요하다 이야기하는 것이 싫습니다.

제 삶의 문제가 박근혜 대통령 한 명의 책임입니까?

최순실 한 명의 잘못입니까?

저에게 직접적으로 영향력을 미친 것은 박근혜, 최순실과 같은 모습을 하고 있는 부모님, 반장, 친구들, 선생님, 회사 사장 그리고 매일 마주하는 사람들이었습니다.

그들은 박근혜, 최순실이 시키시도 않았는데, 사람답게 행동할 수 있었는데도 그러지 않았습니다.

내 안의 박근혜를 발견하고 내 옆의 최순실에 분노했으면 좋겠습니다.

사람을 돈이나 자신의 소유물로 보지 않고 사람을 돈과 이익으로 환산하지 않고 독립적인 존재로 보는 세상이 되면 좋겠습니다.

어쩔 수 없는 경쟁 속에서 남을 밟고 올라서야만 내가 살아남을 수 있는 것이 아니라고, 우리는 함께 살아가는 존재라고,

사람답게 살 세상을 함께 만들어가자고 이야기하는 사람들이 많아졌으면 좋겠습니다(2016년 11월 26일, 5차 진주 촛불집회에서 한 19살 청년의 발언 전문).

청년은 자신의 일상을 자세히 열거하면서 일상에서 일어나는 부조리를 고발한다. 결국 "내 안의 박근혜를 발견하고 내 옆의 최순실에 분노했으면 좋겠다"는 청년의 진술은 촛불이 광장을 넘어 집과 학교, 일터로 이어져야 한다는 사실을 고스란히 표현한다. 분노의 대상을 정하고 자신의 잘못을 은폐하며 대상의 뒤에 숨어 일상의 폭력을 지속하는 사회에 대한 준엄한 경고다. 미투 운동은 남성 지배 권력에 의한 성폭력이 얼마나 광범위하게 일어나고 있는지를 보여준다. 가부장적 가족제도의 폭력, 전근대적 교육 시스템의 권위주의적인 제도, 노동 3권이 보장되지 않는 비정규직 일터의 참담함이 그대로 드러난다. 박근혜-최순실 게이트도 결국은 승자 독식의 경쟁 사회가 낳은 필연적 산물이다. 혁명은 더 구체적인 곳에서 지속적으로 일어나야 한다. 이 청년의 스피치는 촛불집회가 끝난 지금 더욱 밝게 빛난다. 지금은 많은 사람이 촛불 이후 정권은 바뀌었지만 구체적 삶의 변화는 이뤄지지 않았다고 말한다. 체감할 수 있는 변화는 어디에 있는가.

박노해가 앞선 글에서 "어떤 나라를 만들 것인가 / 어떤 삶을 살아갈 것인가 / 나, 어떤 사람이 되어갈 것인가 / 묻고 참여하며 나의 길을 찾아가는 것이다"라고 했던 것도 같은 맥락이다.

촛불은 스마트폰 시대를 살아가고 있는 현 인류에게 사회변혁의 한 모델을 보여준다. 적어도 우리는 그 가능성을 목격했다. 경희대학교 교수 안병진이 『미국의 주인이 바뀐다』라는 책에서 인용한 한나 아렌트의 말이 촛불의 의미를 어슴프레 속삭여주는 것 같기도 하다.

> 정치적이란 모든 것이 힘과 폭력이 아니라 언어와 설득으로 결정되는 것이다. 우리는 언어와 행동으로 우리 자신을 인간 세계에 편입시킨다. 정치에서 새로운 것은 항상 기적의 가면을 쓰고 나타난다.

촛불혁명은 다양한 각도에서 끊임없이 재해석되겠지만, 그것이 하나의 기적이라는 사실만큼은 변하지 않을 것이다.

메시지가 **미디어다**

가장 용감한 단어는 여전히 비겁하고

가장 천박한 단어는 너무나 거룩하다

가장 잔인한 단어는 지극히 자비롭고

가장 적대적인 단어는 퍽이나 온건하다

— 비스와바 쉼보르스카, 「단어를 찾아서」, 『끝과 시작』

1장

메시지와 결합된 다양한 채널

스마트폰은 정보의 무한 생산 시대를 열었다. 사물인터넷과 인공지능은 정보 생산의 양을 계산하는 것을 무의미하게 만들고 있다. 너무 많은 정보는 없는 것과 같다. 미국의 예측 과학자 네이트 실버는 이를 '신호와 소음'이라는 말로 표현했다. 그의 질문은 단순했다. '왜 빅 데이터 시대에도 우리의 예측은 빗나가는가?' 네이트 실버는 미국 사회를 절망에 빠뜨린 금융 위기를 왜 아무도 예측하지 못했는지 묻는다. 또 세계 최고의 정보 역량을 자랑하는 미국의 정보기관들은 왜 9.11테러를 예측하지 못했는지 질문한다. 금융 위기와 관련해서는 블랙 스완The black swan*의 창시자 나심 탈레브가 정확하게 예언했다고 주장하지만, 그 역시 미국의 금융 전문가와 정책 당국자를 설득하지는 못했다.

  소음은 항상 신호를 은폐한다. 너무 많이 흘러 다니는 정보 속에서 정확한 신호를 찾아내기란 결코 쉬운 일이 아니다. 여기에 관습과 편견이 작용하면 판단의 오류는 일상이 된다. 그래서 하루에 한 번은 맞는 고장 난 시계처럼 가만히 있는 편이 나을지도 모른다. 네이트 실버는 야구 예측 시스템 '페코타PECOTA'로 유명해졌다. 그는 미국 메이저리그 야구 선수들의 데이터를 분석해 새로운 선수를 스카우트하는 시스템을 만들었다. 경험 많은 스카우터들의 직감에 의존하던 관행을 혁신한 것이다. 그렇다고 스카우터들의 밥줄이 다 날아간 것은 아니다. 네이트 실버는 그들의 경험을 존중하면서 페코타 시스템을 보조적으로 활용하는 지혜로운 선택을 했다.

정치판으로 발을 옮긴 네이트 실버는 선거 예측 시스템을 만들어 미국에서 가장 영향력 있는 인물 가운데 한 명이 되었다. 그는 '패스트컴퍼니'가 선정한 가장 창조적인 인물 1위에 올랐고, 『타임』 선정 세계에서 가장 영향력 있는 100인에도 이름을 올렸다. 그가 『뉴욕타임스』에 개설한 정치 예측 전문 블로그 '538(fivethirtyeight.com)'은 미국의 모든 여론 조사 기관을 합친 것보다 더 큰 인기를 누렸다. 538은 미국 대통령을 뽑는 주별 대의원 숫자의 합계를 뜻한다. 미국 대통령 선거에선 대의원 270명 이상을 확보해야 당선될 수 있다. 네이트 실버는 오바마가 당선된 2008년 대통령 선거에서 50개 주 가운데 49개 주 선거 결과를 정확하게 예측했

* 블랙 스완

도저히 일어날 것 같지 않은 일이 일어나는 것을 상징하는 용어로, 나심 니콜라스 탈레브가 『블랙 스완』에서 언급하면서 경제 용어로 자리 잡았다. 나심 탈레브는 미국의 금융위기인 서브프라임 모기지 사태를 예언했다. 나심 탈레브는 이후 '블랙 스완' 개념을 사회현상 전체로 확장시킨 '안티프래질antifragile' 개념을 확립해 불확실성의 시대를 통찰했다.

다. 그해 치러진 상원 의원 선거에선 35개 지역구 당선자를 모두 정확하게 예측하는 기염을 토했다.

그는 개별 여론조사의 한계를 뚜렷이 인식했다. 특히 오차 범위 내의 여론조사 결과는 선거에서 사실상 의미가 없다는 것도 알았다. 그는 개별 여론조사가 가진 한계를 극복하기 위해 여론조사들을 동시적, 통시적으로 종합해 가중치를 부여해 분석하는 새로운 기법을 개발했다. 다양한 지역별 변수들을 추가해 '확률 예측 시스템'이라는 새로운 방법을 고안했다. 가령 어떤 주에서 오바마가 이길 확률이 78%라고 하면 매일매일 들어오는 새로운 정보를 추가해 확률을 변경시켜나가는 방식으로 예측 정확도를 끌어올린 것이다.

그는 이사야 벌린이 톨스토이 작품에 나타난 캐릭터 유형을 고슴도치 유형과 여우 유형으로 분석한 것을 예로 들면서 정보가 무한대로 많아진 시대에는 여우처럼 분석해야 더 정확한 예측에 도달할 수 있다고 주장한다. 완고한 신념주의자는 변화를 인정하지 않는 반면, 새로운 팩트를 받아들이는 실용주의자는 사실을 있는 그대로 판단하는 데 유리하다는 것이다. 고슴도치 유형은 텔레비전 토론 프로그램에선 환영받지만, 텔레비전에 자주 출현하는 사람들의 예측이 틀릴 가능성은 그렇지 않은 사람들보다 훨씬 높다는 조사 결과도 있다. 시청률을 최고의 가치로 생각하는 텔레비전 프로그램은 현실과 상관없이 상대편을 공격하는 고슴도치 유형을 선호한다. 무모하고 뻔뻔한 주장이 인기가 더 높기 때문이다. 여우는 많은 변수를 고려하고, 호기심이 많으며, 상황 변화에 민감하게 반응한다. 네이트 실버는 존재하는 모든 변수를 빅 데이터로 수집해 분석하는 알고리즘을 만들어 선거 예측 정확도를 높였다. 하지만 그런 그도 트럼프 당선을 예측하지는 못했다. 트럼프는 그 변수조차 포착하기 힘든 새로운 차원의 변수였던 셈이다.

스마트폰 시대는 모든 정보 소비자가 동시에 생산자가 되는 시대다. 거대한 소음의 산맥에서 신호라는 금을 캐내기란 쉬운 일이 아니다. 정확한 신호를 발신하려면 실체에 보다 정확하게 접근해야 한다. 어느 수학자의 말처럼 '고양이에 대한 최고의 모델은 고양이'다. 고양이를 알아야 하는데 개나 늑대의 모델에 현혹되면 고양이를 제대로 알 수 없다. 과거의 방식은 현실을 왜곡한다. 샘플링으로 진리를 추구하던 시대의 한계도 존재한다. 과거를 혁신하지 않으면 금과는 전혀 상관없는 산맥의 공제선을 평생 배회하게 될 가능성이 높다.

공제선을 따라 이동하면 적에게 노출된다. 산꼭대기와 하늘이 만나는 공제선에서의 움직임은 쉽게 관측되기 때문이다. 주간이든 야간이든 병력을 이동할 때 공제선을 피하는 이유다. 신호는 발신하기 어렵고, 위험은 더 자주 일어난다. 과거의 위기관리 매뉴얼은 휴지가 되었다. 돈이나 권력으로 미디어의 보도를 막는 것도 불가능해졌다. 조현아의 땅콩 회항 사건이나 포스코 상무의 비행기 라면 사건, 프랜차이즈 회사의 대리점에 대한 갑질 횡포 사건은 이제 '막을 수 없는 일'이 되었다. 조현민(전 대한항공 전무)의 막말 쇼는 스마트폰에 녹음되어 대중에게 공개됐다(나아가 조현민의 물세례 갑질은 그의 어머니의 갑질 폭로로 이어지며 사회적 파장이 더 커지고 있다). 방어를 하기도 어렵다. 방어 메시지를 내놓는 순간 다른 증거들이 수도 없이 쏟아져 나오기 때문이다. 이와 같은 막말 녹음 파일은 앞으로도 계속 나올 것이고 다른 제보들도 이어질 것이다. 위기관리 전문가 에릭 데젠홀은 이 같은 상황을 '유리 턱'이라 불렀다. 소셜 미디어 시대에 모든 기업은 유리 턱 같은 존재가 되었다는 것이다. 상대 선수의 한 방에 쓰러지는 권투 선수를 유리 턱이라고 부른다. 위기는 불현듯 찾아오며, 통제하기 어렵고, 치명적이다.

나아가 분노를 유발하는 뉴스는 다른 것들보다 더 빨리, 더 넓게 퍼진다. 와튼 경영대학원에서 『뉴욕타임스』 기사를 분석한 결과 걱정과 분노를 유발하는 기사들이 그렇지 않은 기사들보다 이메일로 더 많이 확산되었다. MIT가 중국의 웹사이트들을 조사한 결과도 마찬가지였다. 페이스북 분석 업체인 빅풋9이 조사한 결과에 따르면 우리나라 뉴스 가운데 페이스북에서 가장 빠르고 넓게 퍼진 기사의 60%가 분노와 관련돼 있었다.

메시지는 소음을 뚫고 발신된 신호다. 말과 글 혹은 다른 수단을 통해 사람들의 마음을 움직이는 어떤 것이다. 아리스토텔레스가 '인간은 정치적 동물'이라고 했을 때 인간의 모든 정치 행위는 말과 글로 이루어지며, 그것은 인간이 인간인 이유를 규정한다. 현실 정치가 아니더라도 일상생활에서 상대방을 더 잘 설득하고 공감을 이끌어내고 싶어 하는 것은 인간이 공통적으로 갖고 있는 욕망일지도 모른다. 한나 아렌트는 인간성을 완성하기 위한 사람들의 공적 영역으로의 모험은 정치적 행위를 통해 이뤄지며 정치적 행위의 주된 무기는 말이라고 주장한다. 아렌트는 폭력적인 방식의 사회 변화 모델을 반대했으며 언어를 통한 평화적 연대와 행동이 세상을 변화시킬 수 있는 유일한 길이라고 생각했다. 아렌트가 월가 점령 시위를 봤다면 실패를 예감했을 것이고, 한국의 촛불시위를 봤다면 21세기 사회 변화의 중요한 모델로 연구했을 것이다.

  모두가 정보를 생산하는 스마트폰 시대에는 더 좋은 메시지를 발신하고 싶은 욕망도 커진다. 네이버 검색창에 '글쓰기'를 검색하면 글쓰기를 제목으로 선택한 책만 2만 513권이 검색된다. '말하기'가 제목에 포함된 책은 이보다 더 많아서 2만 3,451건이나 된다. '글쓰기' 상위엔 강원국의 『대통령의 글쓰기』, 스티븐 킹의 『유혹하는 글쓰기』, 유시민의 『유시민의 글쓰기 특강』, 록산 게이의 『밥벌이로써의 글쓰기』, 임정섭의 『임정섭의 글쓰기 훈련소』 등이 있다. 여러분도 집에 있는 책들을 뒤져보면 '글쓰기'라는 제목이 들어간 책을 한 권쯤 발견할 수 있을 것이다. 만약 없다면? 한 번쯤 고민해볼 일이다. '말하기' 상위엔 박재연의 『엄마의 말하기 연습』, 윤태영의 『대통령의 말하기』, 조관일의 『한 템포 늦게 말하기』, 이시원의 『시원스쿨 말하기 영문법 START』, 김태윤의 『직장인을 위한 1분 영어 말하기』 등이 올라 있다.

  말하기와 글쓰기가 누구에게나 중요해진 시대가 다시, 도래한 것이다. 여기서 '다시'라는 부사는 수사학의 전성기였던 고대 아테네 시대를 환기하기 위한 것이다. 소크라테스는 '말하기'로 사유의 지평을 연 독보적인 철학자였고, 플라톤과 아리스토텔레스는 소크라테스의 말을 다양하고 체계적인 '글쓰기'로 변주시켜 고대 철학을 발전시켰다. 한나 아렌트는 '말하기'를 '글쓰기'보다 우위에 두었는데 '말하기'를 행위와 실천으로, '글쓰기'를 사유화된 작업으로 분류했다. 즉 소크라테스가 위대한 것은 단 한 건의 개인적 작업도 하지 않고 항상 공적 영역에서 지혜와 진리를 실천했기 때문이라는 것이 아렌트의 생각이다. 물론 이 같은 주장이 플라톤과 아리스토텔레스의 위대함에 손상을 입히는 것은 아니다.

알려진 것처럼 플라톤은 수사학을 말장난이라고 생각해 별로 중요하게 생각하지 않았다. 수사학의 대전환을 이룩한 사람은 아리스토텔레스였다. 영국의 작가이자 저널리스트인 샘 리스는 아리스토텔레스를 '수사학의 뉴턴'이라 불렀다. 아리스토텔레스는 그의 저서 『수사학』에서 수사의 종류를 정치적 수사, 사법적 수사, 과시적 수사로 분류했고, 설득의 방법으로 에토스, 로고스, 파토스를 제시했다. 에토스는 자격과 태도를, 로고스는 논리적 뒷받침과 논쟁을, 파토스는 감성과 감동을 담당한다. 플라톤은 수사학을 시민을 현혹하는 민주주의의 적이라고 생각한 반면, 아리스토텔레스는 '마음엔 들지 않지만' 삶에서 꼭 필요한 어떤 것이라고 여겼다.

샘 리스는 수사학의 역사와 실제를 생생하게 해석한 책 『레토릭』에서 셰익스피어 시대에 수사학이 교육의 기본이었다고 강조한다.

> 당시 초등학교 교과과정은 문법, 논리학, 수사학으로 구성되었고, 이 3가지 과목을 묶어 '3학과trivium'로 부르며 학습의 토대로 여겼다. 말하자면 3학과는 학생들이 이어서 배울 4학과(산수, 기하학, 음악, 천문학)를 보강해주는 기초 과목이었다. 3학과와 4학과를 합한 7과목이 이른바 '교양과목'이었다.

그러면서 샘 리스는 3학과를 교육의 중심으로 전도하기 위해 노력했던 마리암 조셉 수녀의 말을 통해 수사학의 중요성을 강조한다. 조셉 수녀는 "논리학은 이미 알려진 사실이나 증거를 전제로 새로운 사실이나 결론을 알아내는 사고 과정과 연관성이 있고, 문법은 상징화된 것과 연관되며, 수사학은 의사소통과 연관된다"고 정리했다. 3과목 가운데 수사학이 으뜸이라는 것이다.

하지만 중세 이후 수사학은 세분화된 과목들, 즉 정치학, 심리학, 역사학, 물리학 등에 스며들어 독자적인 지위를 잃기 시작했다. 과학기술의 발달과 지식의 증대는 고립된 전문 인력의 중요성을 부각시켰고 수사학을 경시하게 만들었다. 하지만 현대에 이르러 학문에서 융합이 강조되고 미래에 대한 불확실성이 커지면서 수사학의 중요성이 다시 떠오르기 시작했다. 네이버 검색창에 나오는 책 목록을 보면 글쓰기와 말하기에 대한 인간의 욕망이 점점 커지고 있다는 것을 알 수 있다. 네이버 검색창이 아니어도 소통과 공감의 시대를 살아가는데 말하기와 글쓰기가 매우 중요하다는 데는 누구나 공감할 것이다. 글쓰기 학원이나 말하기 학원이 더 번성하는 것만 봐도 알 수 있다. 그런데 이것은 우리나라의 공교육이 이런 시대적 요청에 부응하지 못하고 있다는 반증이기도 하다. 우리는 평가의 편의를 위해 너무 오랫동안 오지선다형 시험을 치르고 있다. 지식의 시대가 지혜의 시대로 이행하고 있음에도 불구하고 독해력 테스트로 창의력을 죽이고 있다. 토론식 수업은 아직도 거의 이뤄지지 않는다. 생각하고 이해하고 비판하는 사고력은 아직도 우리 교육의 중심 테마에 오르지 못했다.

사람들은 단순히 뛰어난 의료 기술자보다 환자들을 설득하고 안심시킬 메시지를 가진 훌륭한 의사를 더 좋아한다. 알리바바의 마윈은 뛰어난 경영자이면서 동시에 훌륭한 메시지를 발신한다. 아무리 새로운 기술도 제대로 설명하지 못하면 시장을 선점하기 어렵다. 20억 명을 연결시킨 페이스북의 마크 저커버그도 미국 상원 청문회에선 겸손하게 의원들을 설득해야만 한다. 그는 실제로 청문회에 출석해서 자신의 잘못을 시인하고 깊이 사과했다. 캐나다 데이터 분석 회사의 접근을 차단했으며 재발 방지를 위해 인공지능을 도입하겠다는 약속도 했다. 8,700만 명의 개인 정보 유출 사건은 페이스북의 존폐와 관련된 중대 사안이다. 지금의 위기 상황에서 마크 저커버그의 메시지 하나는 회사를 살릴 수도 있고 죽일 수도 있는 그런 것이다.

네이버 검색창에 '말하기'나 '글쓰기'를 검색하면 상위에 『대통령의 말하기』와 『대통령의 글쓰기』가 동시에 들어가 있지만, 스마트폰 시대의 메시지는 정치인의 전유물이 아니다. 물론 정치인에게 메시지는 다른 사람의 그것보다 더 중요할 수 있다. 하지만 이제 우리 모두는 자신의 채널을 갖고 무언가를 말할 수 있는 시대를 살고 있다.

나꼼수로 상징되는 정치 팟캐스트는 보수 정권에 치명적 타격을 안긴 핵폭탄이었다. 수위를 넘나드는 입담으로 10대, 20대의 정치적 관심을 이끌어냈으며 상당한 규모의 팬덤을 형성하며 기존 공중파 방송국 이상의 영향력을 행사했다. 그들의 풍자와 패러디는 기존 정치 프로그램에서는 볼 수 없었던 색다른 카타르시스를 안겨주었다.

또한 지금은 누구나 마음만 먹으면 방송국을 만들 수 있는 시대다. 요즘 꿈이 '유튜버'인 학생이 점점 늘어나고 있다. 유튜브 스타들은 실제로 기존 방송국의 스타들보다 더 유명한 경우가 많다. 기존 텔레비전의 스타와 팬이 일방향의 관계라면 유튜브 스타들은 팬들과 항상 연결된 쌍방향의 관계를 형성한다.

게임, 뷰티, 트렌드 등 다양한 분야에서 활약하는 유튜버들은 수십만 명에서 수백만 명에 이르는 구독자를 거느리고 유튜브가 책정한 광고 정책에 따라 억대 이상의 수입을 올리고 있다. 초등학생들의 꿈이 유튜버인 것은 전혀 이상한 일이 아니다.

먹방 유튜브 채널을 운영하는 밴쯔는 2018년 4월 11일 현재 220만 명의 팔로워를 자랑한다. 게임 유튜버인 대도서관 170만 명, 악어 130만 명, 양띵 180만 명 등 100만 명이 넘는 팔로워를 가진 스타들이 수두룩하다. 뷰티 유튜버도 강세다. 씬님은 140만 명, 다또아는 120만 명, 회사원A는 105만 명의 팔로워를 자랑한다. 게임 회사를 다니다 어느 날 그만두고 유튜브에 화장법 동영상을 올리면서 폭발적인 인기를 누리고 있는 회사원A는 회사원B라는 서브 계정도 함께 운영하고 있다. 이들 대부분은 MCN(Multi Channel Network) 회사에 소속되어 있다. 10대 청소년을 위한 동영상 채널인 걸스 빌리지와 보이스 빌리지도 65만 명과 50만 명의 구독자를 보유하고 있다. 이 밖에도 철구형, 김이브 등 유튜브 스타는 계속 나오고 있고 채널 내용도 다양화되는 추세다.

초통령(초등학생들의 대통령)이라 불리는 도티는 219만 1,204명의 구독자를 거느린 슈퍼 유튜버다. 본명은 나희선. 연세대학 법학과를 졸업한 만 31살 청년이다. 도티는 샌드박스네트워크라는 MCN 회사의 공동 창업자이기도 하다. 샌드박스의 슬로건은 "우리는 함께하는 힘을 믿습니다"이다. 도티는 초등학생들에게 인기 있는 게임을 해설하는 방송을 진행한다. 원래 방송국 PD가 되고 싶었던 그는 미디어 관련 경험을 쌓기 위해 2013년에 유튜브 채널을 만들어 마인크래프트라는 게임을 소재로 방송을 시작했다. 마인크래프트는 블록으로 이뤄진 세계 속에서 플레이어가 마음먹은 대로 세계를 설계하고 구축하는 게임이다. 집도 짓고 자원도 캐고 농사도 짓는 것이다. 도티는 단순히 게임을 보여주는 것이 아니라 하나의 상황극을 만들어 고유의 스토리텔링을 진행했다. 〈무한도전〉의 유튜브 버전을 기획한 것이다.

도티는 한 인터뷰에서 '부끄럽지 않은 삼촌'이 되고 싶다고 했다. 참 감각 있는 슬로건이다. 그것은 누구나 참여해서 즐길 수 있는 개방 플랫폼을 만들겠다는 하나의 메시지였다. 그는 자극에 이끌리지 않고 더 많은 학생이 참여할 수 있는 콘셉트로 방송을 디자인했다. '부끄럽지 않은 삼촌'은 이렇게 말한다. "무엇보다 수만 명의 사람들과 소통하려면 다양한 사람을 이해하려는 태도를 갖는 것이 중요하다." 그는 자신의 공감 능력이 풍부한 독서에서 비롯되었다고 말한다. 그는 탁월한 메시지를 구사한다. 유튜브 채널을 진행하면서 "혼자 행복한 것보다 함께 행복한 것이 더 좋다는 마음을 갖게 됐다"거나 자신이 "내 하루의 20분을 행복하게 만들어준 사람"으로 기억됐으면 한다고 말한다. 그가 왜 스타 유튜버가 됐는지 보여주는 대목으로 깊은 인상을 남긴다.

페이스북 기반의 동영상 미디어 닷페이스는 세상의 모든 혐오에 맞서는 '보라색 미디어'다. 이들은 성소수자 혐오, 장애인 혐오, 여성 혐오에 맞서는 동영상을 제작해 유통한다. 20대 여성 CEO라는 수식어가 붙어 다니는 조소담은 닷페이스 대표로서, 미디어 기획자로서 활발하게 활동한다. 조소담은 포브스가 선정한 '아시아에서 유리천장을 깬 여성 20명'에 선정됐다. 대통령 직속 '저출

산 고령사회 위원회' 최연소 민간 위원이기도 하다. 조소담의 꿈은 2050년에 태어난 꼬마가 "내가 세상이 바뀌는 순간에 이런 역할로 존재했다"고 기억해주는 것이라고 말한다. "자기 주변의 3미터 이내부터 변화시키는 것"을 꿈꾸는 조소담은 스토리텔링에 대해 깊은 관심과 이해를 갖고 있다. 닷페이스가 제작한 '우리에겐 페미니즘 선생님이 필요합니다' 같은 동영상은 페이스북에서만 100만 조회 수 이상을 기록했다. 닷페이스가 이미 파워풀한 동영상 미디어로 성장한 것이다.

빨리 보도하는 것보다 어떤 방식으로 보도할 것인지, 해결 방안이 무엇인지가 닷페이스의 관심사라는 조소담은 "이제 닷페이스는 모바일에서 젊은 세대를 위한 스토리텔링을 제일 잘할 수 있는 곳이라고 자부한다"고 말했다. 속보보다 이야기에 주목하며 세상의 변화를 꿈꾸는 그의 미디어 철학은 정치와 닮아 있다. 미디어 행위와 정치 행위, 기업 행위가 통합되는 시대가 열리고 있다.

1인 미디어의 등장과 번영은 누구나 자신의 경험과 가치를 반영한 메시지를 갖고 있으면 영향력 있는 미디어를 만들 수 있는 시대가 도래했음을 증명한다. 그 메시지가 충분히 읽거나 듣거나 볼 만한 것이라면, 이제 누구나 시간이나 장소에 구애받지 않고 그 미디어에 접속해 구독할 수 있다. 즉 메시지가 가치 있다면, 그것은 곧 미디어가 된다. 메시지가 미디어인 풍경은 스마트폰 시대의 일상이 되었다.

2장

스마트폰 정치학

스마트폰 정치학의 세계는 누구나 쉽게 접근할 수 있다는 점에서 흥미롭다. 『승리를 위한 인터넷 사용법』의 저자 콜린 딜라니의 표현을 빌려, 스마트폰 정치학의 세계에 발을 들여놓은 여러분을 환영한다. 현재의 정치 캠페인이나 선거 캠페인, 시민운동의 정책 캠페인에 디지털 도구들을 다양하게 활용하는 것은 이제 새삼스런 일이 아니다.

우리는 이제 종이 값과 인쇄비와 배송비를 들여 제작한 선거 공보물을 가가호호 배달하기 전에도 수없이 많은 메시지를 발신할 수 있다. 공식 선거전에 돌입하기 전까지 후보자들은 전적으로 디지털 도구에 의존하는 경향을 갖는다. 특히 기존 언론에서 잘 다뤄주지 않는 정치인의 경우엔 자신의 이름과 매력을 알릴 만한 수단이 딱히 없다. 후보의 일정과 메시지는 디지털 도구를 통해서만 유권자들에게 전달된다. 2018년에 인터넷과 모바일이 없는 선거 캠페인은 상상하기 어렵다. 선거법과 선거제도가 기술 발전의 속도를 따라오지 못하고 있을 뿐이다.

이제 유권자들은 커피숍이나 술집에만 모여 있는 것이 아니다. 유권자들은 다양한 디지털 둥지에 연결되어 있다. 스마트폰 시대라고 해서 전통적인 캠페인을 안 하는 것이 아니다. 거의 모든 후보가 약속이나 한 것처럼 재래시장을 방문한다. 그곳에서 상인들을 만나면 서민적 이미지를 만들 수 있다고 보기 때문이다. 달라진 것이 있다면 단지 재래시장을 방문하는 데 그치는 것이 아니라 사진과 동영상을 찍어 페이스북에 올린다는 것이다. 인스타그램에도 올리고 유튜브에도 올린다. 그러려면 사진, 동영상과 더불어 간결한 메시지가 중요해진다. 더 많은 유권자가 온라인에 존재하기 때문이다.

유권자들은 이제 시장에만 있는 것이 아니라 페이스북에도 있고 트위터에도 있고 인스타그램에도 있고 카카오톡에도 있다. 커뮤니티 사이트나 게시판에도 있고 다양한 종류의 블로그에도 있다. 많은 사람이 잊어버리고 있지만 이메일에도 있다. 한국의 경우 네이버나 다음에 개설되는 선거 페이지에 어떤 정보를 어떤 형식으로 담을지, 인물 정보에 들어갈 사진과 주요 경력을 무엇으로 할지를 결정하는 것도 매우 중요한 일이다. 또 어떤 미디어 플랫폼이 선거 정보를 다루고 있는지 샅샅이 살펴 후보자 정보를 원하는 유권자들이 들어왔을 때 직관적인 호감을 불러일으킬 수 있도록 만들어야 한다.

캠페인은 기본적으로 유권자들이 모여 있는 곳을 향한다. 선거는 제로섬 게임이다. 이기고 지는 게임이다. 한 명을 선출하는 선거에서 2위와 3위는 큰 의미를 갖지 못한다. 아주 드문 경우 다음 선거를 위해 2등을 목표로 출마하는 사람들도 있긴 하다. 조용히 패배하거나 자신이 무엇을 주장하는지 아무도 모르기를 바라지 않는다면, 사용 가능한 디지털 도구의 목록을 펼쳐놓고 자신에게 맞는 비밀 병기를 선택해 공략해야 할 것이다.

1) 승리를 위한 채널 지도 만들기

캠페인의 목표가 정해지면 현재 존재하고 사용 가능한 채널 목록을 작성하자. 선거 캠페인의 목표는 당선이다. 그러면 당선을 위한 미디어 지도를 만들 필요가 있다. 전통 미디어는 '공보'라는 이름으로 별도의 전략을 짠다. 전통 미디어를 제외한 온라인 미디어 채널 지도를 만들어 무엇이 캠페인 목표를 이루는 데 적절한 도구인지 비교해보자.

흔히들 모든 채널을 다 하는 것이 좋다고 생각할 수 있지만 그것은 자원의 선택과 집중 원칙에 어긋난다. 채널을 잘 선택하려면 선거에 나선 후보의 장단점을 잘 파악해야 한다. 인지도와 호감도는 어떤지, 지지율 분포는 어떤지, 집중 공략할 유권자가 남성인지 여성인지, 연령대는 어떠한지 파악해 거기에 최적화된 채널을 선택하고 집중해서 운영해야 한다.

박원순 시장은 트위터를 잘 활용해 소통 이미지를 극대화한 대표적인 정치인이다. 시민운동가 출신으로서 밤낮없는 소통을 실천함으로써 언제나 말 걸 수 있는 정치인 이미지를 쌓았다. 폭설이 내렸을 때 트위터로 제보를 받고 문제를 해결한 사례는 매우 유명하다.

인지도도 있고 팬덤도 갖고 있는 정치인이 비호감도가 높다면 무엇을 계속 강하게 주장하기보다는 일상 속에서의 친근한 모습을 더 많이 보여주는 것이 좋다. 소셜 미디어 시대가 되면서 반려동물이 인기가 높아진 이유이기도 하다. 먹방이나 사람들과의 적극적인 스킨십을 사진으로 보여주는 것도 좋은 방법이다. 그러려면 인스타그램이나 페이스북을 하는 것이 좋다.

인지도나 지지율이 떨어지는 후보들은 보다 강력한 임팩트가 필요하다. 즉 약간의 모험이 필요하다. 모험하기에 좋은 콘텐츠는 동영상 메시지다. 텍스트나 사진에 비해 동영상은 바이럴이 잘되는 속성을 갖는다. 그러나 대중이 좋아하는 2분 안쪽 분량으로 동영상을 잘 만드는 것은 결코 쉬운 일이 아니다. 어려운 일을 해내는 것이 도전자의 숙명이다. 도전자가 1등처럼 생각하면 원래 1등인 사람은 식은 죽 먹기로 당선될 수 있다. 국회의원들은 통쾌한 청문회 동영상을 잘 편집하는 것만으로 '정의롭다'는 이미지를 심을 수 있다. 일반적으로 권력자에 대한 날카로운 비판은 소구력이 가장 높은 동영상 콘텐츠. 송곳 질문과 감동적인 메시지가 결합된 동영상이 널리 퍼진다면 단숨에 인지도를 끌어올릴 기회도 생긴다.

특히 후보 프로필 동영상은 심혈을 기울여 만들 필요가 있다. 후보의 삶과 경력, 가치와 비전을 가장 '후보다운 방식'으로 보여주는 것이 핵심이다. 여기서도 가장 중요한 것은 기술적인 요인이 아니라 후보가 핵심 유권자층에 전하려는 단 하나의 메시지다. 유권자들은 매우 바쁘며 일상적인 관심사를 더 중요하게 생각한다. 프로필 동영상에서 당신이 전하고 싶은 단 하나의 메시지가 무엇인가? 일자리인가? 불평등인가? 성 평등인가? 환경인가? 교통인가? 혹은 당신의 용기인가? 정직한 삶인가? 따뜻한 공동체를 위한 헌신인가? 모든 것을 담으려는 동영상은 굳이 제작할 필요도 없다. 반드시 선택하고 집중해야 한다. 즉 메시지가 없는 콘텐츠는 아무리 만들어봐야 후보의 것이 되어 돌아오지 않는다. 여기저기 흩어질 뿐이다.

계속 강조하지만 모든 것을 말하는 것은 아무것도 이야기하지 않는 것과 같다. 그런데 아직 대부분의 정치인이 동영상을 '폼 나게' 만드는 데만 더 큰 관심을 두는 것 같다. 생각을 해보자. 후보자 프로필 동영상을 아무리 폼 나게 만든다고 해도 글로벌 기업의 광고 영상이나 톱스타가 나오는 공익 캠페인보다 더 잘 만들기는 쉽지 않을 것이다. 현대카드의 모션그래픽이나 나이키의 캠페인 광고보다 더 잘 만들기도 어려울 것이다. 항상 명심해야 할 것이 있다. 유권자들이 후보자에게 바라는 것은 세상을 바꿀 메시지다. 동영상 품질은 메시지 다음이다. 메시지를 잘 전하기 위해서 여기에 맞는 스타일과 퀄리티가 필요한 것이다. 유권자의 삶을 조금이라도 더 낫게 만들어줄 후보자의 메시지, 프로필 동영상을 30초, 72초, 5분, 10분 길이로 편집한 뒤 다양하게 사용할 수 있다. 출판기념회, 출마 선언 같은 이벤트에서 활용할 수도 있고 유세차에서 밤낮으로 틀 수도 있다. 물론 소셜 미디어에 지속적으로 노출시키는 것은 기본이다. 공익 캠페인을 시작할 때도 그렇다. 캠페인을 단숨에 설명할 수 있는 짧은 동영상을 널리 유포시키는 것이 가장 효과적이고 굳건한 기반이 될 수 있다.

당신의 메시지와 콘텐츠가 준비되었다면 어디엔가 내놓아야 한다. 이제 우리는 우리가 통제할 수 있는 새로운 시대를 살고 있다.

우리 주변의 채널들을 살펴보자.

2) 홈페이지와 블로그

선거에 나서는 사람들과 공익 캠페인을 진행하려는 사람들은 가장 먼저 홈페이지를 떠올린다. 물론 홈페이지를 잘 만들면 쓰임새가 아주 많을 것이다. 특히 미국처럼 후원금을 걷는 것이 가장 중요한 선거 캠페인이라면 더욱 그렇다. 홈페이지를 통해 이메일 정보를 수집하고 이를 펀드레이징fund-raising에 적극 활용할 수 있기 때문이다.

하지만 홈페이지를 관리하고 운영하는 것은 그리 간단한 일이 아니다. 특히 우리나라처럼 선거 준비 기간이 짧을 경우엔 더욱 그렇다. 버그도 많고 보안에도 취약할 수밖에 없다. 보안에 취약할 경우 정보 수집에 근본적인 한계가 있다. 홈페이지가 부실하면 기둥만 세워놓은 집에 손님을 초대하는 것처럼 유권자들에게 안 좋은 이미지를 심어줄 가능성도 있다. 개발 인력, 관리 인력, 콘텐츠 생산 인력 및 운영 인력 등 인적 자원과 예산이 충분하지 않다면 홈페이지 없이 선거를 치르는 것을 적극 고려해야 한다.

대통령 선거처럼 큰 선거가 아니라면 홈페이지 대신 블로그를 활용하는 것이 좋은 대안이다. 소셜 미디어는 피드를 따라 움직이기 때문에 후보자에 대한 정보나 콘텐츠를 종합적, 체계적으로 살펴볼 수 없다는 단점이 있다. 따라서 후보자의 모든 것을 분류해서 저장해놓을 수 있는 콘텐츠 저수지가 필요하다. 또 소셜 미디어나 메신저 앱을 사용하지 않는 유권자가 후보자 정보에 접근할 수 있는 권리를 보장해야 한다. 블로그의 태그 혹은 해시태그 기능을 잘 활용하면 포털 사이트 노출도 늘릴 수 있다. 홈페이지를 직접 구축해서 운영하는 것보다 블로그를 잘 활용하면 더 적은 인원과 예산으로 더 큰 효과를 낼 수도 있다. 꼭 독립적인 웹사이트가 필요한 경우엔 특수 목적 캠페인을 위한 '마이크로사이트microsite'를 만들면 된다. 설문 조사나 다양한 리서치는 구글독스 같은 툴을 활용하는 것이 좋다.

3) 강력한 캠페인 미디어, 트위터

트위터는 캠페인에서 여전히 강력한 무기다. 선거에 나오거나 공익 캠페인을 하는 사람들은 트위터를 필수로 생각하는 것이 좋다. 피드의 파괴력과 확산력이 그 어느 매체보다 크고 사용하기 편리하다. 트위터는 다양한 콘텐츠의 보고가 아니라 메시지의 최전선이다.

온라인 선거 캠페인 강의를 다닐 때 가장 많이 듣는 질문이 "하루에 몇 개를 포스팅하는 게 좋으냐"는 것이다. 질문을 받으면 잠시 침묵이 흐른다. 사실 정답이 없기 때문이다. 선거 캠페인에 나온 사람이면 적어도 하루에 한 개 이상은 올리는 게 좋을 것 같다고 우선 대답한다. 그리고 말한다. 트위터는 시의적절해야 한다. 타임라인이라는 말이 트위터만큼 잘 어울리는 채널도 없다. 선거 캠페인에 나온 사람은 자주, 꾸준히 올리는 것이 좋다. 특히 인지도 때문에 고민하는 후보라면 적어도 하루에 네댓 개의 글을 올리는 것이 좋다.

앞에서도 말했지만 트위터는 가장 유용한 메시지 훈련장이다. 내가 올린 트윗 가운데 어떤 트윗이 리트윗이 많았는지, 어떤 트윗에 댓글이 많았는지 유심히 살펴볼 필요가 있다. 내가 어떤 이야기를 했을 때 사람들이 가장 적극적으로 반응하는지를 체크하는 것이다.

나아가 트위터는 일방적인 성명서를 발표하는 자리가 아니다. 가장 중요한 것은 상호작용이다. 다른 사람, 특히 영향력이 큰 네임드의 트윗에 반응하면 자신의 영향력도 커진다. 사실 트위터를 하면서 캠페인 스태프가 가장 주력해야 할 것이 누가 나의 응원군이 될 것인가를 목록화하는 것이다. 누가 내 트윗을 상시적으로 리트윗하고 있는지, 나를 지지해줄 만한 온라인 영향력자는 누구인지를 리스트로 만들어 이들과 상호작용을 늘려가는 것이 중요하다. 공식 선거운동에 돌입하면 트위터는 후보의 일정을 공유하는 유력한 창구가 된다. 트위터는 일정 공유에도 가장 효과적이다.

4) 네트워크 최강자, 페이스북

페이스북은 네트워크를 만늘 수 있는 가장 강력한 채널이다. 페이스북엔 다소 긴 글을 올릴 수 있고 사진, 인포그래픽이나 동영상을 직접 업로드할 수도 있다. 트위터에 비해 비교적 긴 동영상을 직접 올릴 수 있고 또 굉장히 자유롭다. 최근 정치인들은 주요 이슈에 대해 페이스북에 자신의 입장을 정리해 올리곤 한다. 대부분의 정치부 기자들도 유력 정치인의 페이스북을 들여다본다. 민감한 이슈에 얽혀 있는 정치인이 페이스북에 글을 올리면 거의 동시에 온라인 기사로 나온다.

2016년 총선에서 국민의당 안철수 대표가 처음 페이스북 라이브를 진행한 이래 페이스북 라이브는 거의 일상이 됐다. 당시 안철수는 43일 동안 하루도 빠지지 않고 매일 페이스북 라이브를 내보냈다. 라이브를 할 때마다 '댓글 읽어주는 남자' 코너를 두고 담벼락에 댓글을 단 지지자들의 글을 읽어줬다. 정치는 국민의 목소리를 대신 전하는 일이기도 하다. 후보가 자신의 입으로 유권자의 이름을 호명하고 그들의 이야기를 생방송에서 직접 들려주면 소통하는 이미지를 강화할 수 있고 호감도도 높일 수 있다. 마케팅 용어로 환원하면 충성 고객을 확보할 수 있는 것이다.

후보의 공식 행사나 동선을 생방송으로 중계하는 것은 투입 대비 산출 효과가 크다. 일반적으로 편집 동영상을 만드는 일은 굉장히 품이 많이 든다. 라이브는 이에 비해 생생함과 생산력을 보장한다. 페이스북 라이브를 방송국 장비를 동원해 기존 TV 프로그램처럼 퀄리티 있게 찍으려는 사람들도 있는데 이는 쓸데없는 자원 낭비다. 페이스북 라이브는 친근함, 자연스러움이 생명이다. '잘 찍었네'가 아니라 '재밌게 찍었네' 소리를 들어야 한다.

지난 대선에서 안철수는 세 번의 TV 토론을 거치며 무너졌다. 국민의당 경선을 자강론으로 돌파해 압도적으로 후보가 된 4월 5일부터 약 10여 일 동안 안철수의 지지율은 문재인을 상회했다. 소셜 빅 데이터 언급량도 딱 그 기간 동안 더 많았다. 명암을 가른 것은 TV 토론이었다. TV 토론이 다 끝났을 때 안철수의 지지율은 10% 중반대까지 추락했다. 대통령다움을 상실했기 때문이다. 선거 막바지에 대통령다움을 잃고 승리하기란 불가능하다.

그래서 안철수가 시작한 캠페인이 유세차에서 내려와 도보로 전국을 걷는 일명 '뚜벅이 유세'였다. 안철수다움을 복원해야 2등이라도 할 수 있다는 계산이었다. 3당 후보가 2등을 하면 다음 정치 행보의 자산이 될 수 있다. 대선 막바지 5일간 뚜벅이 유세를 페이스북과 유튜브로 동시에 생중계했다. 사상 처음 현장과 스튜디오 이원 생방송을 진행했다. 일상적인 라이브에 비해 더 많은 장비와 인력이 투입됐다. 약 70여 시간의 연속 생중계가 이어졌고 1,300만이라는 경이적인 조회 수를 기록했다. 기존 미디어도 주목했다. 지지율도 매일 조금씩 상승했다. 하지만 홍준표를 제치고 2등을 하기에는 시간이 너무 짧았고, 선거는 2-3위 지지율이 교차되기 전에 끝났다.

페이스북 라이브는 파괴력이 있는 캠페인이다. 문재인도 거리 유세를 페이스북으로 생중계했다. 박원순도 매주 페이스북 라이브를 진행했다. 이제는 많은 정치인이 자신의 주요 행사를 페이스북으로 생중계한다. 라이브는 라이브다워야 한다. 페이스북 이용자들이 왜 라이브를 하는지 이해하지 못하면 라이브는 실패한다. 편집 동영상은 짧을수록 좋지만 페이스북 라이브는 조금 긴 호흡으로 할 필요가 있다. 자연스러운 것이 더 좋고 일상이 반영되면 더 좋다. 페이스북 라이브 시청자들은 후보가 말하는 정치적 메시지보다 뒤에 보이는 냉장고 속에 뭐가 들었는지 궁금해한다. 마치 리얼리티 프로그램 〈무한도전〉처럼 후보가 몸을 써서 새롭게 무언가에 도전하면 더 큰 호응을 얻는다. 편집 동영상은 변수를 '제거'하지만 페이스북 라이브는 오히려 변수를 '동원'한다. 인간적인 면모와 상호작용이 페이스북 라이브의 성패를 가른다.

페이스북은 AB 테스팅을 하기에 적절한 채널이기도 하다. AB 테스팅은 상호작용 미디어 시대에 가장 손쉽게 유권자 참여를 이끌어낼 수 있는 방법이다. 오바마는 2012년 재선 캠페인에서 거의 모든 온라인 캠페인에서 AB 테스팅 기법을 활용했다. 가령 홈페이지에 후원을 요청하는 버튼을 두 개 디자인해서 올리고 어떤 것을 더 많이 클릭하는지 실험한다. 지지자들이 직접 참여해서 최종 시안을 결정하는 방식이다.

  2018년 지방선거를 앞둔 후보들이 페이스북에 이를 적극 활용했다. 출판을 앞둔 후보가 책 표지 시안을 올려놓고 어떤 게 좋은지 투표를 하게 한다. 이는 정치인뿐 아니라 각 분야에서 책을 내려는 작가들도 보편적으로 활용하는 방법이다. 예전에는 캠프에서 목소리 큰 사람이 뭔가를 결정했다. 특히 선거 슬로건이나 명함 디자인, 포스터 디자인 등 누구나 '자칭 전문가'인 홍보물에 대해선 사람마다 의견이 다르다. 지금은 이 최종 시안을 페이스북에 올리면 한결 판단하기가 쉬워진다. 홍보물은 후보를 설득하기 위한 것이 아니라 유권자를 설득하기 위한 것임을 잊어서는 안 된다. 박원순의 최초 디지털보좌관을 지낸 김현성(전 더불어민주당 금천구청장 예비 후보)은 페이스북에서 적극적으로 AB 테스팅을 진행한 정치인 가운데 한 명이다. "페친 여러분, 예비 홍보물 표지를 선택해주셔요? 1번입니까? 2번입니까?"라는 질문을 하고 두 개의 시안을 올린다. 꼭 투표자가 많은 것을 선택하지는 않겠지만, 유권자의 참여를 유도하고 상호작용을 이끌어낸다는 점에서 AB 테스팅은 아주 좋은 캠페인 방법이다.

  10-20대에게 호감을 높이려면 인스타그램을 하는 것이 좋다. 물론 유니크한 사진이 많은 경우에 그렇다. 반려동물과 함께 있다든가, 자신이 좋아하는 것이 뚜렷해 사람들이 좋아할 만한 사진을 많

이 찍어 올리는 사람이라면 아주 좋은 채널이다. 사진을 중심으로 한 캠페인 기획을 따로 할 필요도 있다. 일상에 관련된 해시태그가 가장 잘 소비되는 채널이 인스타그램이다. 인스타그램과 같은 채널을 이용할 때는 메시지를 직접적으로 전달하기보다 넛지 하는 것이 좋다. 인스타그램에 일방적으로 계속 정치적인 메시지를 올린다면? 아마도 역효과를 경험하게 될 것이다. 인스타그램은 후보자의 남편이나 부인 등 가족이 운영하면 더 큰 효과를 볼 수도 있다. 2012년 미국 대선 때 버락 오바마 부인인 미셸 오바마와 미트 롬니 부인인 앤 롬니가 벌인 사진 기반 미디어 핀터레스트 경쟁은 미국 언론과 국민들의 뜨거운 관심을 받았다.

5) 새롭게 떠오른 무기, 유튜브

앞으로의 선거는 유튜브의 영향력과 중요성을 아는 후보와 그렇지 않은 후보의 대결이 될 가능성이 크다. 캠페인에서 동영상 콘텐츠의 영향력은 점점 커지고 있으며 활용도도 높기 때문이다. 유튜브 채널은 누구나 어디서나 접근이 가능한 열린 플랫폼이고 트위터나 페이스북의 확산 경로와 다른 특징을 갖는다.

동영상은 하나가 '터지면' 파괴력이 크다. 그리고 무엇이 '터지기' 위해선 많이 올리는 것이 중요하다. 이것이 터질 것이라고 사전에 완벽하게 기획된 동영상은 거의 존재하지 않는다. 하지만 버니 샌더스의 동영상이 유튜브에 존재하지 않았다면, 샌더스 열풍은 일어나지 않았을 것이다.

미국의 밀레니얼 세대는 구글보다 유튜브에서 더 많이 검색한다. 우리나라의 동영상 뉴스 소비도 계속 증가하고 있다. 사람들은 그저 텍스트로 메시지를 읽는 것보다 동영상으로 볼 때 더 깊은 인상을 받는다. 후보자의 태도를 함께 볼 수 있기 때문이다. 우리는 표정과 태도에서 진정성을 읽는다. 만약 비호감도가 높은 후보라면, 그가 아무리 텍스트로 옳은 이야기를 해도 사람들이 믿지 않으려고 할 것이다. 후보가 장애인을 위한 정책을 펴겠다고 말할 때, 장애인과 함께 있는 동영상이 다른 어떤 수단을 이용한 홍보보다 더 신뢰를 강화할 것이다.

6) 누구나 다 하는 카톡과 문자 메시지

카카오플러스는 페이스북과 같은 방식으로 운영할 수 있다. 콘텐츠 멀티유즈를 할 수 있는 셈이다. 다만 카카오플러스는 페이스북에 비해 비정치적이기 때문에 까다로운 측면이 있다. 일상 공간으로 인식되는 채널에 매일 선거 이야길 풀어놓는 사람을 좋아할 이용자는 별로 없을 것이기 때문이다. 거의 전 국민이 사용하는 카카오톡은 후보가 가진 정보와 특성에 따라 효율적으로 활용할 필요가 있다. 다만 카톡을 그룹화할 때 너무 많은 인원을 끌어들이면 대부분 방을 탈출한다. 네이버 밴드 같은 동창 그룹에 접근하는 방법은 후보마다 다를 것이다. 에릭 데젠홀이 말했듯이 빌 클린턴의 르윈스키 스캔들 위기관리는 빌 클린턴만이 할 수 있는 것이기 때문에 이를 무리하게 일반화하는 것은 어렵다. 같은 의미로 카톡 같은 채널의 용도를 일반화해서 말하는 것은 거의 불가능하다.

문자 메시지는 특히 당내 경선 과정에서 매우 중요하다. 권리당원이 투표에 참여하는 한국 경선에서 유권자에게 보내는 문자 메시지는 후보의 주요 메시지를 직접 전달할 수 있다는 측면에서 강력한 무기다. 그런데 여기서 유의할 점은 문자 메시지를 단지 몇 번 보내느냐가 중요한 것이 아니라는 점이다. 어떤 메시지로 유권자의 마음을 움직일 것인가가 중요하다. 모든 후보가 균등한 기회를 갖는 문자 메시지를 통해 호감도를 끌어올릴 방법은 무엇일까?

선거 공약을 짧은 문자 메시지에 나열하는 것은 큰 호응을 얻기 어려울 것이다. 일반적으로 정책보다 가치를 말할 때 유권자의 마음을 움직이기 더 쉽다. 사람들은 대체로 로고스보다는 에토스에, 에토스보다는 파토스에 더 강하게 반응한다. 그러므로 후보의 삶과 경험에서 우러나오는 가치가 어떻게 정치 발전과 유권자의 이익에 부합되는지 호소하는 것이 좋다. 나는 누구이고 왜 정치를 하며 이런 정치를 하면 유권자에게 이런 이익이 돌아간다는 메시지를 간결하면서도 호소력 있게 전달하면 좋을 것이다.

첫 번째 메시지에서 '나는 누구이고 나는 왜 정치를 하는가'를 어필했다면 두 번째 문자 메시지에서는 상대 후보의 주장에 대해 반응하는 내용을 담는 것이 좋다. 상대 후보의 정책을 비판하거나 네거티브에 대한 대응 메시지를 담는 것이다. 모든 선거엔 네거티브가 존재한다. 적극적으로 대응할 만한 것도 있고 무시할 만한 것도 있을 것이다. 당내 경선에서 유권자가 가장 중요하게 생각하는 것은 본선 경쟁력이다. 본선에서 상대 당의 후보를 이길 수 있느냐가 당원 유권자의 첫 번째 질문이다. 두 번째는 후보가 당의 정체성에 부합하느냐의 문제다. 민주당다운 후보인지, 한국당다운 후보인지를 유권자들은 중요하게 생각한다. 마지막이 해당 지역에 대한 정책 공약이다. 당내 경선에서는 조작된 여론조사를 갖고 대세론을 굳히려는 네거티브 전략이 흔히 쓰인다. 본선 경쟁력이 가장 중요하기 때문이다. 상대방이 사실과 다른 내용으로 자신을 홍보하거나 잘못된 방식의 여론조사를 공표할 때는 적극적으로 대응할 필요가 있다. 여론조사를 할 때 후보의 대표 경력을 무엇으로 하는지에 따라 결과가 많게는 15% 포인트까지 차이가 난다는 통계가 있다. 가령 민주당의 경우 조사원이 대표 경력을 참여 정부 비서관 출신이라고 말하는지, 노무현 정부 비서관 출신이라고 말하는지에 따라 지지율이 현격하게 차이가 난다. 노무현에 대한 호감 여부가 극적으로 개입하기 때문이다.

 문자 메시지를 세 번 보낸다고 가정할 때, 후보의 가치와 철학, 네거티브 대응, 지역 핵심공약 순으로 보내는 것이 좋다. 문자 메시지 내용도 중요하지만 랜딩 페이지를 어디로 할 것인지도 매우 중요하다. 더 많은 정보를 제공하기 위해 링크를 첨부하는데, 링크를 타고 들어갔을 때 무엇이 나오느냐에 따라 유권자의 선택이 달라질 수 있기 때문이다. 이는 인터넷 광고를 할 때도 마찬가지다. 광고를 클릭했을 때 무엇이 나올 것인가? 후보자의 가치와 철학, 대표 공약을 집약한 인포그래픽이나 인상적인 동영상이 나온다면 유권자를 반 이상 설득할 수 있을 것이다. 링크를 타고 들어왔다는 것은 일단 지지자이거나, 아직 지지하지는 않더라도 관심이 있다는 뜻일 가능성이 높기 때문이다.

7) 헤이, 이메일

이메일은 여전히 강력한 무기이지만 한국의 선거 캠페인에서는 홀대받는 경향이 있다. 이는 미국처럼 이메일 정보 수집이나 데이터 구입이 자유롭지 않기 때문일 것이다. 정치 캠페인의 경우 한국에선 이메일 정보를 수집하기가 매우 까다롭다. 기업이나 시민단체, 대학의 구성원 이메일은 굉장히 중요한 캠페인 무기이다. 장기적으로 한국의 정당들에게도 활성화된 이메일 정보를 수집하고 뉴스레터 발송의 동의를 받아내는 일은 매우 중요할 것이다.

2012년 대선에서 오바마 캠프는 이메일을 적극 활용했다. 오바마가 모은 6억 5,000만 달러의 후원금 가운데 65%를 이메일로 모금했다는 보고도 있다. 최근엔 이메일 마케팅 회사들이 활성화되고 있다. 이메일을 대신 보내주고 개봉률과 행동 참여율을 분석해 메시지 전략에 활용하는 것이다.

오바마의 이메일 펀드레이징은 과학 그 자체였다. 가령 오바마 이름으로 이메일을 보낼 때 첫 문장을 무엇으로 써야 개봉률이 높아지는지 무려 1만 번의 시뮬레이션을 했다고 한다. 연령대별, 관심사별 마이크로 타기팅micro targeting을 했기 때문에 더 많은 이메일 작가가 필요하기도 했다. 오바마의 이메일 투자는 결과적으로 완전히 성공했다. 참고로 오바마 이름으로 이메일을 보냈을 때 가장 개봉률이 높았던 문장은 다음과 같다.

"Hey. It's me, Barack."

대통령이 친구처럼 상대를 호명했을 때 가장 개봉률이 높았다는 것이다.

스마트폰 정치학은 여전히 진행형이다. 우리나라의 촛불혁명이 그랬던 것처럼 정치 캠페인에서도 스마트폰은 혁명적 변화를 이끌고 있다. '시리siri'로 상징되는 음성 인식 앱들은 또 어떤 변화를 만들까? 목소리를 자유롭게 인식하는 인공지능 로봇은 우리 삶에 어떤 변화를 가져올까? 소프트웨어와의 사랑을 그린 영화 〈허Her〉는 이미 우리 곁에 와 있다. 일반화된 1인 가구는 스마트폰 시대와 맞물려 새로운 문화를 받아들일 것이다. 로봇 반려동물 시대도 곧 도래할 것이다. 선거법도 로봇의 활용을 대비할 필요가 있다. 사회도 국가도 마찬가지다. 이미 변화는 코앞에 다가왔다. 다만 아직 많은 정치인이 이 거대한 변화의 흐름을 따라잡지 못하고 있을 뿐이다.

3장
여론을 주도하는 트위터의 힘

1) 오바마 "트위터를 하라!"

"트위터를 하라!"

2012년 재선 캠페인 당시 오바마는 대학생들을 만난 자리에서 의회가 법 제정을 서두르지 않을 경우 연방 학자금 대출 이자가 두 배로 치솟을 것이니 "트위터를 하라. 부모들에게 트위터 사용법을 알려주라"고 촉구했다. 오바마는 소셜 미디어를 주요 메시지로 인식한 첫 번째 정치인이다. 미국 언론들은 연일 대선에서 트위터가 갖는 영향력을 분석했다. 트위터 사용자가 많지 않아도 그들이 여론 형성에 미치는 영향력이 막강하다는 사실이 도처에서 목격됐기 때문이다.

퓨 리서치 센터는 투표권을 가진 미국 성인 가운데 트위터 사용자는 13%에 불과하다고 밝혔다. 하지만 이들의 여론 주도 기능은 막강하다. 선거 캠페인에서 트위터의 영향력을 과소평가할 수 없는 이유다. 미네소타대학 커뮤니케이션학과 교수 헤더 라마르는 "트위터 인구는 상대적으로 적지만 이들은 온라인과 오프라인에서 모두 영향력을 행사하고 있다"고 강조한다. 실제로 트위터 사용자가 미사용자에 비해 정치 후원금을 내는 비중이 두 배 이상 높다는 조사 결과도 있다. 트위터 사용자들은 미사용자에 비해 온라인뿐 아니라 오프라인에서도 강력한 스피커 역할을 하고 있다는 것이다.

오바마뿐 아니라 롬니 진영도 트위터의 영향력에 대해 깊이 인식하고 있었다. 롬니가 트위터로 자신의 일정을 공유하고 나아가 일정에서 쓸 메시지 제안까지 받은 것만 봐도 그 사실을 알 수 있다. 2013년에 나온 공화당의 대선 평가 보고서는 롬니 패배의 주요 원인으로 상대적으로 미흡했던 소셜 미디어 대응을 들기도 했다. 특히 오바마의 압도적인 트위터 선거에 비해 공화당의 준비는 매우 부족했다고 반성한다.

오바마 캠프의 메시지 팀에는 미시 청취 팀micro listening team이 따로 존재했다. 미시 청취 팀은 오바마의 트위터 반응을 조사해 메시지 전략에 활용했다. 즉 리트윗이 많이 일어난 트윗에 사용된 단어와 문장 구조 등을 분석해 메시지 팀이 메시지를 작성할 때 이를 반영하게 하는 방식이다. 이 팀에는 언어학자와 심리학자, 프로그래머 등이 포함돼 협업을 진행했다.

오바마 캠프의 '진실 팀'은 트위터 활동가 200만 명이 활약한 메시지 대응 팀이다. 이들은 캠페인을 널리 퍼뜨리는 것은 물론 각각에 맞는 메시지를 생산하고 인포그래픽을 만들고 동영상을 유포했다. 또한 캠프의 청년 조직과 긴밀하게 연계해 메시지 대응의 일관성과 확장성을 도모하기도 했다. 이는 여론을 주도하기 위한 치밀한 전략이었다. 특정 주제에 대해 형성된 진실 팀의 메시지는 마치 하나의 미디어처럼 조직적으로 유포되었다. 이들은 국정원 댓글부대와 같은 불법 조직이 아니라 오바마 지지자들이 만든 자발적 돌격대였다.

"트위터를 하라"는 오바마의 충고를 가장 창의적으로 이행한 인물은 아이러니컬하게도 도널드 트럼프다. 트럼프는 트위터광이다. 그는 기존 언론을 불신하고 대중과 직접 소통하는 것을 즐긴다. 트럼프가 트위터에 메시지를 올리면 전 세계가 반응한다. 특히 그가 미국 대통령이 된 뒤에는 트럼프의 메시지 하나가 모든 미디어의 가장 중요한 관심사가 될 뿐만 아니라 톱뉴스를 장식하는 경우도 많다. 그는 주요 정책도 트위터를 통해 알린다. 참모들이 트위터를 보고 트럼프의 생각을 알았다고 할 때도 많다. 어리둥절할 만한 일이다. 안보 이슈가 채 결정되기도 전에 그 내용이 트럼프 트윗에 올라가면 백악관 전체가 긴장한다. 정제되지 않은, 날것으로서의 메시지를 즐기는 트럼프의 트위터 사랑은 앞으로도 계속될 것이다.

2) 트럼프 "트위터를 한다!"

트럼프 트윗은 전 세계 정치, 외교 담당 기자들의 잠을 깨운다. 얼마 전 프랑스에서는 '정치 램프political lamp'가 등장해 화제를 일으키기도 했다. 프랑스의 예술 활동가(닉네임 파스parse 혹은 에러error로 활동)가 만든 이 램프는 구름이 잔뜩 낀 형태로 존재하다가 트럼프가 새 트윗을 올리면 천둥, 번개를 치며 반응한다. 일종의 경보 램

프인 셈이다. 그는 "소셜 미디어에서 한 사람의 말이 수백만 명의 운명을 위험에 빠뜨릴 수 있는 상황을 경고하기 위해 이 램프를 만들었다"고 했다. 실제로 트럼프는 지난 3월에 트위터를 통해 '트랜스젠더 군 복무 금지' 명령을 내렸다. 트위터를 통해 틸러슨 국무장관을 해고하기도 했다. 그가 언젠가 트위터를 통해 선전포고를 할 수도 있다는 우려까지 나오는 까닭이다.

트럼프의 '트위터 정치'는 미국에서도 단연 화제다. 트럼프는 확실히 기득권 엘리트 체제에 대한 미국인들의 반감에 기대어 대통령이 되었다. 그는 뉴욕타임스나 CNN 같은 언론에 출연해 고상하게 말하는 것을 별로 좋아하지 않는다. 140자 트윗을 통해 자신의 생각을 가감 없이 표현하고 거기에 대중이 반응하는 것을 즐긴다.

2017년 1월 6일자 『월스트리트 저널』엔 트럼프의 '트위터 정치'를 분석한 글이 실렸다. 제럴드 F. 사이브는 이 칼럼에서 트럼프가 하는 트위터 정치의 3대 목적을 정리했다. 그는 루스벨트 대통령이 언급한 '고위 공직자의 연단bully pulpit'을 언급하면서 트럼프가 자신의 메시지를 전달하는 데 대통령의 직위를 맘껏 활용하고 있다고 봤다. 뉴트 깅그리치 하원의장은 이 점에서 트럼프가 루스벨트와 닮았다고 주장했다. 깅그리치는 트럼프의 트위터 정치가 "자신의 제의에 배경을 깔기 위해 마치 고의로 혼란을 만들어내는 것처럼 보인다"고 말했다. 트럼프가 자신의 저서 『거래의 기술』에서 언급한 비즈니스 기법을 트위터에 적용하고 있다는 것이다.

사이브는 이 칼럼에서 트위터 정치를 하는 트럼프의 목적을 첫째 거래를 준비하기 위한 작업, 둘째 기선을 제압하려는 의도, 셋째 시선을 돌리기 위한 전술로 요약했다.

그의 트윗이 거래를 준비하는 작업이라면 그의 트윗을 액면 그대로 받아들여선 안 된다. 트럼프가 김정은과 막말을 주고받으며 선제타격 가능성을 언급했을 때 트럼프의 진짜 목적은 아시아 순방 때 더 많은 이익을 얻어내기 위한 것이었는지도 모른다. 또 일단 강하게 던져놓고 유리한 협상을 하려는 의도와, 더 나아가 온갖 스캔들에 휘말리고 있는 국내 여론을 밖으로 돌리려는 의도도 갖고 있다.

트럼프는 이 같은 목적을 이루기 위해 자신을 미디어 프레임에 가두려는 기존 언론보다 자신이 마음껏 활용할 수 있는 트위터를 선호한다. 트위터는 트럼프가 자신의 영향력을 행사하는 가장 기초적인 매체이며, 트위터에 올린 그의 메시지는 그 자체로 하나의 강력한 미디어가 되어 세계적인 영향력을 행사한다.

이재명은 트위터를 통해 전국 정치인이 되었고, 민주당 대선 후보 경선에 당당하게 이름을 올렸다. 그는 여세를 몰아 이번 지방선거에서 경기도지사로 당선되었다. 바른미래당 김영환 후보의 '김부선 스캔들' 공세도 그의 압도적 당선을 막지는 못했다. 이재명은 이를 네거티브 공세로 규정하고 페이스북과 트위터를 통해 강력하게 대응했다.

이재명은 그 스스로 '변방의 장수'를 자임하듯 꼬리를 흔들어 몸통을 흔든다는 철학을 갖고 있다. 이재명이 기초단체장인 성남시장의 직위로 유력한 전국 정치인으로 성장하는 데 트위터는 결정적인 역할을 했다. 오죽하면 이재명 지지자 그룹의 이름이 '손가락 혁명군'이겠는가. '손가혁'은 트윗뿐만 아니라 리트윗이나 댓글로도 세상의 변화를 이룰 수 있다는 이재명의 풀뿌리 철학이 응집된 지지자 그룹이다.

이재명 역시 트럼프처럼 트위터를 '즐긴다'. '열심히 하는 사람이 즐기는 사람을 이길 수 없다'는 말이 있다. 이재명은 심지어 침대에 누워 트윗을 하다가 스마트폰이 얼굴 위로 떨어진 적이 많다고 고백할 정도다. 트위터는 그의 정치적 삶을 규정하는 가장 강력한 미디어이며, 스마트폰은 그를 정치 지도자의 반열에 올려놓은 정치적 동지다.

이재명과 트럼프는 정치적 아웃사이더라는 공통점 외에도 닮은 점이 또 있다. 솔직하고 거칠다는 것이다. 솔직하고 거친 언어는 트위터에 잘 맞는 언어 스타일이다. 그들은 엑셀 파일에 자신이 올린 트윗 문서와 리트윗의 상관성을 기록하지 않아도 어떤 글에 사람들이 반응하는지 본능적으로 안다.

이 둘에게 다른 점이 있다면, 트럼프가 보수 진영의 후보로 대통령이 된 반면 이재명은 보수 권력과의 강력한 투쟁을 통해 성장했다는 점이다. 이재명은 이명박 정권은 물론이고 서슬 퍼런 박근혜 정권과도 성역을 두지 않고 싸웠다. 그는 몸을 사리지 않는 용기와 사이다처럼 시원한 발언으로 많은 사람의 지지를 확보했고, 팬덤까지 얻게 되었다.

나아가 이재명은 청년 배당, 무상 교복, 무상 산후조리원 같은 성남시의 진보적 정책을 트위터를 통해 전국으로 확산시켰다. 지역의 정책 의제를 전국적 가치와 연결시키며 정치적 영향력을 확장해온 그의 영리한 미디어 활용법은 정치에 새롭게 도전하려는 사람들에게 많은 시사점을 준다.

위의 사례들은 정치인의 메시지가 단지 멀리 퍼지는 것을 넘어 미디어의 감옥에서 해방됐다는 것을 뜻한다. 미디어 프레임에 들어가지 않고도 충분히 자신의 메시지를 전달할 수 있는 시대가 온 것이다. 물론 이는 정치 영역에만 국한되지 않는다. 메시지만 훌륭하다면, 메시지가 메신저의 삶과 인류의 보편적 가치와 연결되기만 한다면 미디어 형식과 관계없이 메시지는 퍼져나간다.

3) 메시지 훈련과 실천의 도구

트위터나 페이스북은 그 자체로 가장 훌륭한 메시지 선생님이기도 하다. 나는 이 점을 강조하고 싶은데, 트럼프가 트위터를 통해 끊임없이 훈련하지 않았다면 트럼프다운 메시지 영향력을 만들어낼 수 있었을까? 이재명이 트위터를 통해 상황에 대한 자신의 규정과 관점을 제시하고 자신에게 맞는 메시지를 만드는 훈련을 하지 않았다면 지금의 정치인으로 성장할 수 있었을까?

현대인들에게는 너무 많은 정보가 '당도'한다. 특히 스마트폰 시대에 우리는 정보를 찾아 나서지 않아도 부시불식간에 우리에게 당도하는 정보를 접하게 된다. 객관적인 환경으로 보면 정치인이 메시지를 전달하기가 쉽지 않다. 신제품을 홍보해야 하는 기업도 마찬가지다. 그렇기 때문에 어떤 상황에 대해 장황하게 이야기하는 것은 이야기를 안 하는 것과 같다. 짧고 분명하게 메시지를 만들 수 있는 능력을 기르지 않으면 많은 정치인이 본론은 꺼내보지도 못한 채 집으로 돌아가야 할지도 모른다.

140자 트위터는 메시지를 단순하고 분명하게 만드는 하나의 훈련장이다. 오프라인에서 사람을 만날 때도 트위터 선생님의 지도는 매우 유효하다. 보다 나은 정치인으로 성장하려면 트위터를 하라. 트위터 팔로워가 많아서 보다 나은 정치인으로 성장하는 것이 아니다. 트위터를 통한 끊임없는 메시지 훈련과 대중과의 교감을 통해 더 영향력 있는 정치인으로 성장하는 것이라는 사실을 기억할 필요가 있다.

여기서 잠깐 조금 여유를 갖고 질문을 던져보자.

소셜 미디어는 무엇인가?

스무 살도 채 안 된 신종 미디어가 어떻게 이토록 빠른 시간에 미디어 지도를 완전히 바꿀 수 있었을까?

소셜 미디어의 미래는 어떻게 될 것인가?

소셜 미디어의 정의에 대한 가장 쉬운 대답은 '소셜social'과 '미디어media'의 합성어라고 말하는 것이다.

소셜 미디어는 '소셜한' 미디어를 뜻한다. 우리나라에서는 소셜 미디어를 SNS와 동의어로 사용하는 경우가 많은데 이는 '소셜한 것'의 본질을 은폐하는 작용을 하기도 한다. '소셜하지' 않은 SNS도 존재하기 때문이다. 여기서 '소셜하다'는 것은 참여, 공유, 개방, 연결이라는 가치를 통칭한다. 소셜한 기업가, 소셜한 개발자, 소셜한 작가 등 우리가 '소셜한'이라는 수식어를 붙여 구분하는 것은 전통적인 의미의 기업가, 개발자, 작가와의 차이를 강조하기 위해서이다.

소셜 미디어라고 하면 여러분의 머릿속에 가장 먼저 떠오르는 단어는 무엇인지 생각해보라. 누구도 소셜 미디어를 한마디로 쉽게 정의할 수 없을 것이다. 소셜 미디어라는 말을 최초에 사용했다는 누군가를 떠올릴 필요도 없다. 왜냐하면 소셜 미디어는 누군가의 선험적 정의에 의해 완성된 것이 아니라 수많은 사용자에 의해 계속 진화하고 있는 개념이기 때문이다. '소셜'에 대한 정의는 내가 지금 이 말을 하는 순간에도 계속 진화하고 있다. 스마트폰 사용 이전에 나온 이 말은 참여, 공유, 개방, 연결이 순식간에 일어나는 스마트폰이 보편화하면서 본격적인 의미를 부여받기 시작했으며, 인공지능 시대에 또 어떻게 진화할지 모른다. 그러므로 '소셜하다'는 말에 대해 누군가가 정의한 대답을 달달 외우는 것은 전혀 '소셜하지' 않다고 말할 수 있다.

나의 경우 '소셜'이라는 말과 함께 가장 먼저 떠오르는 단어는 '연결'과 '참여'이다. 소셜 미디어라고 하면 무언가 연결돼 있는 미디어라는 뜻으로 받아들여진다. 나는 트위터로 소셜 미디어에 입문했다. 당시 내가 트위터 계정에 가장 많이 올린 콘텐츠는 음악이었다. 지금은 저작권법 때문에 폐쇄된 트위터 서드파티third party인 '스위프트 에프엠swift.fm'에 나는 나의 컴퓨터에 리핑해둔 음원을 올렸다. 록 음악 중심이었는데 사무실에서 일하면서, 혹은 공부하면서 내가 올린 플레이 리스트를 듣는 사람들이 많아졌다. 5,000여 명의 팔로워가 생겼고 올린 노래만 1만여 곡이 됐다. 나름 유명한 '트위터 DJ'가 된 것이다. 라디오 DJ가 그렇듯이 나 역시 전국에서 팬들의 편지와 선물도 받았다. 그러던 어느 날, 아무런 사전 경고도 없이 사이트가 폐쇄되었다. 음원 저작권 문제 때문에 소송이 걸린 것이다. 내가 올린 모든 콘텐츠가 사라졌다. 그 뒤로 한동안 트위터를 멀리한 적도 있었다.

나는 트위터를 통해 전혀 새로운 사람들을 만날 수 있었다. 그것이 꼭 좋은 기억만 남긴 것은 아니지만 트위터에서의 연결이 오프라인에서의 전혀 새로운 만남을 이끈 사실만은 부정할 수 없다. 음악 모임도 열렸고, 독서 모임도 열렸다. 좋아하는 음악이 같다는 이유로 얼마나 금세 친밀감을 느낄 수 있는지도 확인했다. 오아시스나 그린데이 같은 슈퍼 록그룹이 내한할 때 트위터로 알게 된 사람들과 함께 공연을 관람하기도 했다.

연결은 '참여'를 촉진한다. 취향이 같거나 가치가 같을 때 참여는 더욱 활발히 일어난다. 나는 트위터에 심취해 있던 어느 날 심리기획자이자 마인드프리즘을 경영하던 이명수 대표와 정신과 전문의 정혜신 박사 부부를 만나 아직 트위터를 시작하지 않은 두 분과 트위터 이야기를 나눴다. 이후 두 분은 본격적인 트위터 캠페인을 통해 쌍용자동차 해고 노동자들을 돕기 시작했다. 쌍용자동차 해고 노동자들에게 어머니 같은 쉼터이자 케렌시아 같은 치유 역할을 해준 '와락'은 정혜신, 이명수 부부의 놀라운 트위터 활동을 통해 탄생했다. '와락'은 소셜 미디어가 강력한 '참여'의 도구라는 것을 깨닫게 해주었다.

우리가 트위터에 관해 이야기를 나눈 지 몇 년이 지나서 정혜신, 이명수 부부는 저녁을 먹는 자리에서 내게 페이스북에 대해 꼼꼼히 물어보기 시작했다. 그들에게 페이스북이 필요한 순간이 온 것이다. 트위터에 지나치게 정치적인 메시지가 많은 반면 페이스북은 더 많은 사람이 일상적으로 다양하게 사용하고 있었다. 두 사람은 페이스북을 통해 세월호 유가족들을 위로하기 시작했고 아예 안산으로 이주해 세월호 유가족을 위한 '치유공간 이웃'을 만들었다. 물론 소셜 미디어를 한다고 해서 이 모든 일이 저절로 되는 것은 아니다. 사회 변화를 위해선 많은 사람의 엄청난 노력과 힘이 모아져야 한다. 소셜 미디어는 잘 활용하면 그러한 변화를 촉진할 수 있다. '와락'과 '이웃'은 소셜 미디어와 연결된 새로운 치유공간의 모델이다. 정혜신, 이명수 부부는 트위터와 페이스북이 강력한 사회 참여의 도구가 될 수 있음을 실천으로 증명했다.

소셜 미디어에서 연결된 개인은 개방돼 있으며 무언가를 공유한다. 소식을 공유하고 참여를 공유한다. 맛집을 공유하고 자동차를 공유하며 책과 영화를 공유한다. 촛불혁명 같은 거대한 사회변동을 공유하며, 재난이 발생했을 때 안전을 위한 모든 정보를 신속하게 공유한다.

후쿠시마 원전 사고 때 통화량이 폭주해 전화와 문자가 정지된 순간에도 트위터를 통한 정보 교류는 활발하게 이뤄졌다. 원전 사고 당일 일본에서만 트위터 신규 가입자가 57만 명에 이르렀다. 재난 상황에 대한 트위터 매뉴얼을 잘 만드는 것만으로도 피해를 줄일 수 있고, 피해 규모를 더 빨리 파악할 수 있으며, 피해 지역에 대한 구호 활동도 더 폭넓게 전개할 수 있다. 아이티 대지진 때 전 세계에서 몰려든 구호 팀을 가장 당황하게 만든 것은 아이티 지도가 존재하지 않는다는 사실이었다. 지도가 없으니 어디로 이동해서 무엇을 할지 계획을 세울 수가 없었다. 그 순간 누군가가 빛나는 아이디어를 냈다. 아이티를 여행한 사람들이 아이티에서 찍은 사진을 모으는 플랫폼을 만들자는 제안이었다. 플랫폼이 만들어졌고, 순식간에 각양각색의 아이티 사진이 접수되었다. 이 사진들을 바탕으로 구호를 위한 아이티 전국 지도가 탄생했다. 여행자들의 사진을 모아 아이티 지도를 협업으로 만들어낸 사실은 소셜 미디어의 특징을 아주 잘 설명해준다.

미디어는 일정한 시설과 인력을 가진 생산자가 정기적으로 콘텐츠를 생산해 소비자에게 제공한다. 여기서 중요한 것은 콘텐츠를 '정기적으로' 제공한다는 점이다. 정기성은 미디어의 핵심 가운데 하나다. 이제 다시 소셜 미디어를 정의해보자. 아직도 어렵긴 마찬가지지만 그래도 각자 소셜 미디어를 정의해보는 것은 나름의 의미가 있다. 소셜 미디어는 연결된 개인이 자신의 경험과 가치를 정기적으로(혹은 불연속적으로) 공유하는 일종의 플랫폼이다. 기존 미디어의 정기성과 소셜 미디어의 정기성은 사뭇 다를 수밖에 없다. 우리는 24시간 연결돼 있기 때문에 꼭 어떤 특정한 시간에 콘텐츠를 업로드할 필요는 없다. 다만 한 달 동안 아무것도 올리지 않은 계정을 좋아할 사람은 그리 많지 않을 것이다.

소셜 미디어가 기존 미디어와 구분되는 가장 큰 특징은 데이터화된다는 점이다. 데이터 저널리즘은 소셜 미디어 시대의 아주 주목할 만한 경향으로 따로 연구할 가치가 있다. 사용자들의 반응과 확산을 데이터로 분석해 최적의 콘텐츠를 생산하는 이른바 온라인 저널리즘 기업들이 전통 미디어 강자들을 넘어 더 큰 영향력과 수익을 올리고 있다. 『허핑턴포스트』 같은 블로그 미디어는 독자들의 반응을 실시간으로 체크하고 이 결과에 따라 반응이 큰 기사 유형을 연구, 생산한다. 그들이 섬기는 신은 '반응'이다. 반응이 커야 수익이 커지기 때문이다.

사람들이 무언가를 할 때 자기표현을 소셜 미디어에 올린다는 것은 객관적 사실뿐 아니라 그들의 정서까지도 데이터화된다는 것을 뜻한다. 우리는 라면을 먹으면서 그 느낌을 트위터에 적는다. 화장품을 쓸 때도, 새로 나온 스마트폰을 쓸 때도 그렇다. 영화를 보거나 책을 읽을 때도 느낌을 적는다. 날씨에 따른 기분도 적는다. 기존의 여론조사 회사들은 대부분 힐러리 클린턴의 당선을 예측했지만, 빅 데이터는 일관되게 도널드 트럼프의 승리를 확신했다. 소셜 빅 데이터 언급량에서 트럼프는 항상 힐러리를 압도했다.

미디어 공급자만 콘텐츠를 생산하는 시대는 끝났다. 소셜 미디어 시대에는 모두가 소비자이면서 동시에 생산자가 되길 원한다. "나는 참여한다, 고로 존재한다."

『허핑턴포스트』를 창립한 아리아나 허핑턴은 한 매체와의 인터뷰에서 "자기표현은 새로운 오락이다. 사람들은 정보를 소비할 뿐 아니라 자신도 정보 활동에 참여하고 싶어 한다. 이러한 충동을 이해하는 것이 저널리즘의 미래와 연결된다"고 말했다. 우리는 이것을 진심으로 이해하고 있는가?

4장

기술혁신과 함께 전진하는 메시지

1) 캠페인의 목표와 전략

정당의 선거 캠페인이든 시민운동의 공익 캠페인이든 모든 캠페인엔 목표가 있다. 선거 캠페인은 후보의 당선을 목표로 하기 때문에 분명하고 단순하다. 공익 캠페인은 선거만큼 승패가 분명하지 않기 때문에 보다 복잡하고 장기적인 성격을 갖는다. 가령 설악산 케이블카 설치 반대 캠페인의 경우, 환경 파괴와 수익성 등의 문제를 제기하게 되는데, 이는 단순히 이기고 지는 승패의 문제를 넘어 우리의 미래에 대한 가치 지향적인 호소의 성격을 갖는다. 나아가 지역 주민의 이해관계와 보편적 가치가 충돌하는 성격도 띠게 된다. 반대를 하는 입장에선 반대의 이유를 다각적으로 전달할 수 있어야 한다. 이해관계 충돌을 다루는 메시지 전략이 쉽지 않은 이유다.

선거 캠페인은 당선과 낙선이라는 분명한 결과를 마주한다. 아주 특별한 경우를 제외하고, 즉 인지도를 쌓아서 다음 선거에 도전하려는 목표를 가진 후보를 제외하고, 모든 선거는 당선이라는 목표를 갖는다. 특히 우리나라처럼 1등만 당선되는 소선거구제를 기반으로 한 나라는 더욱 그렇다. 한 선거구에서 3-4명을 선출하는 중대선거구제의 경우 똑같이 당선을 목표로 하더라도 그 방식은 사뭇 다르게 전개될 수 있다. 오직 1등을 목표로 하는 것과 4강을 목표로 하는 것은 아주 다르다. 여러 가지 우려에도 불구하고 중대선거구제가 승자 독식의 소선거구제보다 소수 정당의 원내 진입에 유리하다. 물론 민심을 정확하게 반영하려면 독일식 연동형 비례대표제 도입 같은 혁신적인 선거제도 개혁이 필요할 것이다.

전략은 목표를 위한 최선의 길이다. 그래서 흔히 전략 없는 전술은 소음처럼 시끄럽다고 말한다. 반대로 전술 없는 전략은 공허하다. 전략을 되뇔 뿐 목표에 근접하는 세부 실천 계획이 없기 때문이다. 공허한 전략은 자기만족의 유희로 전락하는 경우가 많다. 승리를 위한 최선의 길은 하나다. 혹은 많아야 두 개다. 우리는 플랜 A를 설정하고 이것이 막판까지 목표가 달성되지 않을 경우 플랜 B를 가동할 수 있다. 우리가 흔히 선거 전략이라고 말하는 것은 플랜 A를 의미한다. 페이스북 COO인 셰릴 샌드버그는 불시에 남편을 잃은 뒤 슬픔에서 헤어나는 과정을 그린 책 『옵션 B』(애덤 그랜트 공저)에서 "누구에게나 고통에 빠졌을 때 누를 수 있는 (또 다른) 버튼이 필요하다"고 말했다. 플랜 A가 실패했을 때 가동할 수 있는 플랜 B도 미리 준비하는 것이 좋다.

전략에서 중요한 것은 일관성을 유지하고 이를 관철하는 것이다. 캠페인을 벌이는 동안 전략에 대한 반론은 수없이 제기된다.

길고 지루한 과정을 통해 캠페인에 참여한 사람들을 집요하게 설득하지 않으면 안 된다. 전략을 방법론적으로 말하면 질문에 대한 대답이다. 그것도 가장 어려운 질문에 대한 대답이다. 어떻게 하면 이길 수 있는가? 선거 캠페인에서 전략을 세우는 데 가장 중요한 지점은 후보의 경쟁력을 세밀하게 평가하는 것이다. 후보의 삶을 구체적으로 파악하고 후보에게 끊임없이 질문을 던져 후보의 삶과 후보의 준비 정도를 냉정하게 분석하고 평가해야 한다. 선거 캠페인은 한마디로 후보라는 상품을 판매하는 것이기 때문이다.

가령 후보가 '나는 왜 정치를 하는가?' '나는 왜 이 선거에 출마하는가?'에 대해 가장 간결한 언어로 단순하고 분명하게 대답하지 못한다면 그 후보를 '판매'할 수 없다. 선거 캠페인의 전 과정은 유권자들에게 왜 상대 후보가 아니라 나를 찍어야 하는지 설명하는 과정과 다름없기 때문이다. 전략을 수립하기 위한 첫 번째 리서치가 후보를 대상으로 한 것이라면 두 번째 리서치는 후보 주변 인물을 대상으로 한다. 후보의 가족은 후보의 선거 출마를 지지하는가? 지지한다면 어느 정도 강도로 지지하는가? 이번 선거에서 후보의 선거를 적극적으로 도울 수 있는 가족은 누구인가? 이런 것들을 파악하는 것은 매우 중요하다. 후보는 '가족도 설득하지 못한 후보가 어떻게 일반 유권자를 설득할 수 있겠느냐'라는 너무 당연한 질문이 얼마나 중요한지 깨달아야 한다.

전략은 수없이 많은 질문에 대한 가장 단순한 대답이다. 다시 말하면 모든 질문과 비판을 통제할 수 있는 단 하나의 대답이다. 이 대답을 만드는 것은 매우 어려운 일이다. 대답을 서두르면 최선의 전략을 짜기 어렵다. 흔히 객관적 데이터만으로 선거 전략을 짜려는 사람들이 있다. 가령 해당 지역의 유권자 분포, 역대 선거에서의 지지 정당 및 후보, 여론조사 데이터 등이 그것이다. 물론 그런 데이터들도 중요하다. 하지만 선거는 후보자가 치르는 것이기 때문에 후보자의 역량 평가와 객관적 데이터가 만나는 지점에서 이길 수 있는 최선의 방법을 찾아야 한다.

2) 보응우옌잡의 '3불 전략'

베트남의 전쟁 영웅 보응우옌잡(무원갑武元甲)은 프랑스, 중국, 미국 등 3대 강국의 침략을 모두 물리친 명장이다. 베트남의 군인이자 정치가로 베트남 공산주의 운동을 이끈 그는 디엔비엔푸 전투에서 프랑스군을 대파하면서 전쟁 영웅이 되었다. 그는 고등학교 때 프랑스에서 유학한 엘리트로 어려서부터 『손자병법』, 『전쟁론』 등에 심취할 정도로 군사전략에 관심이 많았다고 한다. 대학에서는 역사학과 경제학을 전공했다. 다양한 학문은 상상력을 키운다. 상상력은 전혀 다른 질문들을 만들고 그 질문들에 대한 사고의 과정에서 전인미답의 길을 만들어낼 가능성이 생긴다.

보응우옌잡은 한 인터뷰에서 어떻게 세계 최강의 군대들과 싸워 모두 이길 수 있었냐는 질문을 받고 '3불 전략'을 설명한다. 상대적으로 전력이 약한 베트콩 군대가 세계 최강의 군대와 싸워 이기려면 전혀 새로운 전략이 필요했다. 강 대 강으로 맞붙어 이길 가능성은 거의 전무하다. 그는 자신의 전략을 간단하게 이렇게 정리했다.

첫째, 적이 원하는 시간에 싸우지 않았다. 밝은 대낮에 싸우지 않았고 적이 활동하기 좋은 시간에 싸우지 않았다. 회피 전략이다. 둘째, 적이 원하는 장소에서 싸우지 않았다. 우회 전략이다. 우리는 흔히 사자와 호랑이가 싸우면 누가 이길까, 하는 질문을 던진다. 정말 궁금하지 않은가? 일방적 승부가 아니라면 승패의 확률을 설명할 다른 방법이 있을 것이다. 그러려면 생각을 조금 확장해야 한다. 사자는 무리를 지어 다닌다. 즉 평야를 선호한다. 호랑이는 혼자 사냥을 다닌다. 평야에서도 강하지만 계곡에서는 더욱 강하다. 평야에서 싸우면 사자가 유리하고 계곡에서 싸우면 호랑이가 유리하다고 말할 수 있다. 물론 항상 그렇지는 않을 것이다. 더 건강하거나 더 절실한 쪽이 이길 수도 있다. 어쨌거나 보응우옌잡은 상대가 뻔히 보이는 평평한 공간에서 대규모 정면 대결을 벌여서는 승산이 없다는 것을 알았다. 그의 게릴라 전투는 미군 정예부대의 허를 찌르며 예측을 무력화했다. 예측할 수 없는 불시의 기습이 반복되자 미군은 두려움을 느꼈다. 회피 전략과 우회 전략은 전력이 약한 군대가 취할 수 있는 불가피한 선택이다. 하지만 이것만 갖고 전쟁에서 승리하기는 어렵다. 그의 마지막 세 번째 전략은 적이 원하는 방법으로 싸우지 않는 것이다. 적이 생각지 못한 방법을 연속적으로 고안해내는 것이다. 적이 A를 예상할 때 B의 방식으로, 적이 C를 예상할 때 A의 방식으로 싸우는 것이다. 구정 공세는 적이 소규모 게릴라전으로 나올 것이라고 예상하고 있을 때 취했던 대규모 공세다. 이는 파괴 전략이다. 보응우옌잡은 회피 전략, 우회 전략, 파괴 전략으로 미군의 대공세를 물리치고 결국 전쟁에서 승리할 수 있었다.

처음 전략을 세우는 것도 어렵지만 이 전략을 일관되게 유지하는 것은 더욱 어렵다. 대개의 경우 수많은 반대파가 존재하기 마련인데 이들을 설득하지 않으면 전력에 심대한 손실이 초래된다. 잉글랜드 프리미어리그 축구 경기에서도 감독이 선수에게 전략과 전술을 충분히 설명하지 않아 갈등을 빚었다는 뉴스를 심심찮게 접할 수 있다. 내로라하는 스타들을 거느린 팀에서 선수들을 일관되게 지휘하기는 쉬운 일이 아닐 것이다. 그런 팀은 아무리 스쿼드(전력)가 뛰어나도 모래알처럼 무너지기 일쑤다. 감독이 세운 전략에 반대하는 선수들이 있더라도 감독의 역할은 단지 전략을 세우는 데 그치는 것이 아니라 선수들을 설득해서 자신의 전략을 실제로 구현하는 것이다.

전략을 효과적으로 설득하려면 전략을 설명할 단순한 메시지가 있어야 한다. 거스 히딩크가 한국을 월드컵 4강으로 이끈 데도 선수와 팀을 장악하는 메시지의 힘이 컸다. 그는 한국 대표 팀을 맡고 나서 일반적인 생각과는 다른 진단을 내놓는다. 한국 대표 팀이 "기술은 괜찮은데 체력이 약하다"는 것이다. 아마 그가 진짜 하고 싶었던 이야기는 "기술은 경쟁이 안 되니 체력을 키우자"였을 것이다. 히딩크의 경쟁 전략과 지옥 훈련은 대표 팀의 전투성을 고양시켰다. 박지성은 그런 히딩크 전략의 상징이었다. 히딩크는 그라운드를 종횡무진 누비는 '산소탱크'가 필요했다. 그가 남긴 최고의 메시지는 "나는 아직 배가 고프다"였다. 이처럼 전략을 내부적으로 통일시키는 데서도 메시지는 매우 중요하다. 내부를 설득하는 메시지와 외부에 전달하는 메시지는 다르겠지만, 전략을 관철하는 힘은 메시지에서 나온다.

선거 캠페인에서 흔히 2등 후보, 3등 후보, 4등 후보, 심지어 5등 후보가 1등이라고 착각하는 경우를 볼 수 있다. 자신을 추앙하고 좋아하는 참모들에 둘러싸여 객관적 상황과 상관없이 1등 후보처럼 캠페인하는 정치인을 보는 것은 그다지 어려운 일이 아니다. 5등이 1등처럼 캠페인을 하면 그 선거에서 이길 가능성은 없다. 심지어 선거 캠페인에서는 1등 후보도 스스로를 도전자 위치에 세우는 경우가 많다. 유권자들은 대체로 변화를 원하고 도전하는 정치인을 선호하기 때문이다. 메시지는 혁신과 도전을 만날 때 강력해진다. 혁신과 도전은 마치 메시지의 산소탱크와 같다.

3) 기술혁신 "캠페인을 캠페인한다"

도전자 프레임은 유권자들의 열정을 불러일으킨다. 열정은 참여와 상호작용을 강화한다. 따라서 도전자 프레임은 메시지 파워를 극대화한다.

  정치권력의 기득권자도 도전자 프레임을 만들 수 있다. 더 나은 세상을 향해 과감히 도전하는 것이다. 작가 출신의 하벨 전 체코 대통령의 말처럼 불가능을 꿈꾸는 것이다. 하벨 대통령은 정치를 불가능의 예술이라고 생각했다. 대체로 부조리로 가득한 세상을 변화시키는 것은 어렵다. 정치인은 그 어려움에 도전하는 사람이다. 정치가 불가능을 꿈꿀 때 대중의 꿈과 열정이 합류하고 그래야 가능한 변화라도 만들어낼 수 있다. 정치는 사람들의 마음을 움직여 세상을 바꾸는 유일한 수단이다. 더 나은 세상을 만들려면 강력한 기득권과 싸워야 하고 기득권과 싸워 이기려면 더 많은 대중의 동의와 참여가 필요하다. 만약 대통령 선거에 나서는 사람이 마치 기획재정부 장관처럼 엑셀 파일에 예산의 수입과 지출 항목을 돌리며 계산하고 있다면 그는 이미 지도자 대열에서 완전히 이탈한 것과 같다. 리더십은 예산을 정밀하게 계산하는 것에서 나오지 않고 세상을 더 나은 곳으로 만들려는 꿈과 용기에서 나온다. 엑셀 파일의 감옥에 갇혀 꿈과 용기를 잃어버린 정치인에게 열광할 대중은 그리 많지 않다.

버락 오바마 대통령은 2012년에 재선 캠페인에 나섰다. 현직 대통령이 재선에서 이기기란 쉽지 않은 법이다. 대중들은 흔히 현직 심판론에 더 빨리 경도되기 때문이다. 유권자는 자신이 지지하는 후보를 당선시키기 위해 투표장에 가기도 하지만 자신이 싫어하는 후보를 떨어뜨리기 위해 투표장에 가기도 한다. 선거에서 현직 심판론은 효과적인 방법이다. 오바마 캠프는 이 점을 충분히 알고 있었고 오바마 케어, 일자리 회복 등 오바마의 업적을 홍보하는 것만으로는 심판 프레임을 넘어서기에 턱없이 부족하다는 사실도 잘 알고 있었다. 오바마는 본능적으로 도전자 DNA를 가진 아주 드문 지도자이다. 백악관에서 4년을 지냈지만 그에게는 세상의 변화를 위해 할 일이 아직 많이 남아 있었다.

도전자 프레임을 만들기 위해 가장 먼저 그는 선거 캠페인에 기술혁신을 접목했다. 2008년 선거를 흔히 소셜 미디어 선거라고 부른다. 대통령 선거사상 최초로 소셜 미디어를 전면에 내세운 선거라는 뜻에서다. 2008년에 비해 2012년에 소셜 미디어는 그 속도와 크기를 가늠할 수 없을 정도로 성장했다. 트위터와 페이스북 가입자들이 그 어떤 나라의 인구수보다도 많아졌다. 인스타그램, 핀터레스트, 유튜브 등의 파괴력도 급증했다. 미국의 경우 링크드인

Linkedin 같은 전문적 소셜 미디어 활동도 활발했다. 스마트폰이 대중화되면서 각종 메신저 서비스는 물론이고 이메일도 새롭게 각광을 받기 시작했다. 스마트폰은 이메일 접근성을 높였고, 따라서 이메일 개봉률과 열독률, 참여율을 높이는 것이 캠페인의 핵심 과제가 되었다. 특히 미국 선거의 대부분을 차지하는 후원 캠페인에서 이메일의 역할은 거의 절대적이었다.

오바마는 소셜 미디어 선거만으로는 부족하다고 생각했다. 새로운 상상력이 필요했다. 소셜 미디어의 가장 큰 특징 가운데 하나는 모든 활동, 심지어 정서까지도 데이터화할 수 있다는 점이다. 오바마 캠프는 2012년 대선 캠페인을 '빅 데이터 선거'로 규정했다. 캠페인의 압도적 새로움으로 현직 대통령이 갖는 기득권 이미지를 상쇄하고 새로운 도전자 프레임을 만들기 시작한 것이다. 2012년 오바마 캠페인의 핵심 전략은 캠페인을 잘하는 것을 넘어 '캠페인을 캠페인하는 것'이었다.

오바마는 자신의 정책 이외에 테크놀로지를 판매하기 시작했다. 여론조사와 기존 미디어 전략에 익숙한 선거 전략가 대신 젊은 세대와 소통할 수 있는 소통형 전략가 짐 메시나를 수장으로 선택한 이유다. 선거 캠프와 별도로 샌프란시스코에 차린 오바마의 테크놀로지 월드는 정치와 무관한 젊은 IT 전문가들로 북적였다. 오바마의 디지털 캠페인을 지휘한 책임자는 24살의 테디 코프. 그들은 선거와 관련된 모든 데이터를 수집했을 뿐 아니라 소셜 미디어 데이터를 이용해 매일 수만 번의 시뮬레이션을 했다. 특히 여론조사가 거의 무용지물인 11개의 경합 주 데이터를 매일매일 수집하고 분석하기를 반복했다. 그들이 도전한 것은 오차율 0의 예측이었고 마지막 순간 오차 범위 내의 예측에 성공했다. 그들의 선거 예측은 100% 적중했다. 그들은 선거 당일 상대 후보인 롬니가 샴페인을 주문했다는 소식을 비웃었다. 오바마의 패배를 예측한 여론조사 결과도 그들의 확신을 흔들지는 못했다. 테크놀로지 월드의 빅 데이터 전문가들은 오차 범위 내에서 오바마의 승리를 확신했다.

오바마의 테크놀로지 월드는 철저한 보안 속에 운영됐다. 사람들은 대부분 감출수록 더 알고 싶어 한다. 미국 언론들은 베일에 싸인 테크놀로지 월드를 집요하게 파고들어 기사를 만들어내기 시작했다. 한때 오바마의 정책이나 이슈보다 오바마의 캠페인 방식이 더 많이 보도되었다. 유권자 데이터를 매일 갱신한 선거운동원들의 태블릿 PC의 대시보드는 가가호호 방문의 효과를 극대화했다. 특히 경합 주에 집중 투입된 경험 많은 선거운동원들은 데이터에 근거해 더 효과적인 유권자 맞춤형 메시지를 전달할 수 있었다.

오바마의 2012년 캠페인은 선거사상 최초로 기술적인 측면에서 글로벌 기업을 앞선 기술혁신 캠페인으로 평가받는다. 실제로 오바마 캠프에 참여했던 IT 기술자들은 선거 이후 엄청난 연봉을 받고 일류 기업에 스카우트되었다. 오바마 캠페인 이후 기업들은 앞다퉈 빅 데이터 분석에 열을 올리기 시작했다. 캠페인이 빅 데이터 열풍의 진원지가 된 셈이다.

오바마의 기술혁신 캠페인은 그 자체로 도전자 이미지를 구축했다. 오바마는 현직 대통령이었지만, 세상에 도전하는 현직 대통령이었다. 공화당의 롬니도 디지털 선거에 대한 충분한 자각을 갖고 있었으나 오바마의 압도적 새로움에는 미치지 못했다. 특히 미국의 젊은 유권자들에게 오바마는 새로움이었고 미래 그 자체였다. 롬니는 현직 대통령 오바마의 새로움 때문에 생각한 것만큼 현직 대통령 심판론을 작동시키지 못했다.

4) '권력의 기득권자'에서 '세상의 도전자'로

오바마의 도전자 프레임은 캠페인 방식의 혁신에 그치지 않았다. 권력의 기득권자인 오바마는 도전자 프레임을 확고히 하기 위해 세상에 대한 도전을 선언했다. 선거가 있기 6개월 전인 2012년 5월 9일 ABC텔레비전과의 인터뷰에서 '동성 결혼 합법화'를 지지한다는 의견을 처음 밝힌 것이다. 오바마는 이 인터뷰에서 "동성 커플이 결혼을 할 수 있어야 한다고 생각한다"며 "지난 수년간 동성 결혼 문제에 대해 가족, 친구들과 대화를 나눈 결과 동성끼리도 결혼할 수 있어야 한다는 결론에 이르렀다"고 밝혔다.

이 인터뷰가 나감과 동시에 미국 전역에 파장이 일었다. 이미 절반이 넘는 주에서 동성 결혼을 금지하는 주 법률을 통과시킨 상태였다. 동성 결혼에 대한 국민들의 지지가 상승 추세였다는 것을 감안해도 기독교 국가인 미국에서 오바마의 동성 결혼 지지 선언은 모험이라는 평가가 많았다. 하지만 오바마는 동성 결혼 합법화를 공론화함으로써 자신을 세상의 진보를 위한 진짜 도전자 포지션에, 롬니를 기득권자 포지션에 두는 데 성공했다. 롬니는 알면서도 이 프레임 속으로 들어올 수밖에 없었다. 오바마가 '거절할 수 없는 제안'을 한 것이다. 오바마는 평등권과 차별 금지에 대한 신념을 공개적으로 밝힘으로써 젊은 층을 비롯한 진보적 유권자들을 재결집시켰다. 당시 오바마 재선 캠페인 슬로건은 '전진Forward'이었다. 오바마의 빅 데이터를 활용한 선거 캠페인과 동성 결혼 합법화 지지는 캠페인의 새로운 추진 동력으로 작용했다.

그로부터 3년 뒤인 2015년 5월 26일 미국 연방대법원은 동성 결혼을 합법화하는 역사적 판결을 내렸다. 미국 50개 주 전역에서 동성 결혼이 허용된 것이다. 이 법안은 대법관 9명 가운데 찬성 5명, 반대 4명으로 가결됐다. 다수 의견을 대표해 결정문을 쓴 앤서니 케네디 대법관은 "수정헌법 14조(평등권)는 각 주가 동성 결혼을 허용할 것과 동성 사이의 결혼이 자신들이 사는 주가 아닌 다른 주에서라도 적법하게 이뤄졌다면 허용할 것을 요구한다"고 밝혔다. 그는 동성 결혼에 대한 반감이 많이 사라진 사회의 현상을 법이 반영해야 한다고도 했다. 결정문에는 "동성 커플들의 희망은 비난 속에서 외롭게 살거나 인류 문명에서 가장 오래된 제도의 하나로부터 배제되는 것이 아니라 법 앞에서의 평등한 존엄을 요구한 것이며 헌법은 그 권리를 그들에게 보장해야 한다"고 썼다. 그러면서 미국은 모든 미국인에게 헌법의 약속을 실현할 수 있게 됐다고 선언했다. 판결문의 마지막 문단을 보자.

> 결혼보다 심오한 결합은 없다. 결혼은 사랑, 신의, 헌신, 희생 그리고 가족의 가장 높은 이상을 담고 있기 때문이다. 혼인 관계를 형성하면서 두 사람은 이전의 혼자인 그들보다 위대해진다. 이들 사건의 일부 상고인들이 보여주었듯이, 결혼은 때로 죽음 뒤에도 지속되는 사랑을 상징한다. 동성애자 남성들과 여성들이 결혼 제도를 존중하지 않는다고 말하는 것은 그들에

대한 오해다. 그들은 결혼을 존중하기 때문에, 그들 스스로 결혼의 성취를 이룰 정도로 깊이 존중하기 때문에 결혼을 청원하는 것이다. 그들의 소망은 문명의 가장 오래된 제도 가운데 하나로부터 배제되어 고독 속에 남겨지지 않는 것이다. 그들은 법 앞에서 동등한 존엄을 요청했다. 연방헌법은 그들에게 그럴 권리를 부여한다. 연방 제6항소법원의 판결을 파기하고 동성애자들의 결혼을 합법화한다. 이상과 같이 판결한다.

미국 전역을 비롯해 전 세계가 성소수자를 상징하는 무지개로 물결쳤고 오바마 대통령은 이날 해시태그 #LoveWins와 함께 여러 개의 트위터를 올렸다. "모든 미국인이 동등하게 취급받을 때 우리는 더욱 자유로워집니다." "이번 판결은 미국을 위한 판결입니다." "모든 인간은 그들이 어떤 사람이든, 누구를 사랑하든 상관없이 동등하게 대접받아야 합니다." 오바마는 전략과 프레임을 메시지화하는 데 탁월한 재능을 지녔다. 사실 그 탁월한 메시지가 없었다면 어떤 전략도 대중에게 전달되기 어려웠을 것이다.

동성애의 성지인 샌프란시스코 시청은 물론이고 백악관에도 무지개 조명이 밝혀졌다. 트위터를 비롯한 소셜 미디어는 동성 결혼 합법화 메시지로 가득했다. 세상의 변화를 향한 중요한 도전은 전 세계 사람들 각자의 삶이 투영된 새로운 메시지로 재생산되었다. 그리고 이 메시지들은 기존 미디어 브랜드의 도움 없이도 각각의 미디어가 되어 사람들의 가슴에 내려앉았다.

5장

메시지 없는 전략의 운명

1) 여전히 막강한 TV 토론

소셜 미디어가 미디어의 미래 패권을 장악했다고 해도 대통령 선거 같은 특별한 행사에서 기존 미디어의 영향력을 과소평가할 수는 없다. 특히 대통령 선거는 사람들이 후보들의 메시지를 적극적으로 찾아서 듣는 거의 유일한 선거다. 유권자가 들려오는 메시지를 수동적으로 '수용'하는 것이 아니라 적극적으로 찾아서 보고 듣고 읽는다는 것은 매우 특별한 의미를 지닌다.

특히 대통령 선거에서 TV 토론의 영향력은 여전히 막강하다. 마치 월드컵 결승전처럼 어마어마한 순간 집중력을 동원한다. TV 토론 이벤트가 미디어 환경의 변화에도 불구하고 이렇게 막강한 영향력을 갖는 것은 관심의 크기가 압도적이기 때문이다. 국민들은 후보자들을 검증하고 싶어 한다. 후보자들이 사전에 준비한 메시지를 인터뷰나 연설문으로 듣는 것도 검증의 한 과정이지만 그것은 검증보다 지지를 확인하는 절차라는 성격이 강하다. 검증은 로큰롤 같은 준비된 포효보다 재즈처럼 즉흥성이 살아나는 연주에서 더욱 선명해진다. 후보들이 TV 토론을 아무리 완벽하게 준비한다고 해도 상대 후보의 모든 질문을 예측할 수는 없다. 후보들의 평소 철학과 준비 정도를 판단하기에 적합한 것이 TV 토론이다. 전혀 예상하지 못한 질문을 접한 후보자의 반응을 보는 것만큼 유권자들에게 짜릿한 순간은 없다. 참모들이 써준 원고를 읽는 것과 링 위에서 거친 말싸움을 벌이는 것은 차원이 다르다.

선거에서 가장 중요한 것은 후보이고 후보의 준비 정도다. 후보가 준비가 잘돼 있다면 지고 있어도 이길 기회를 잡을 수 있지만, 후보가 준비가 되어 있지 않다면 이기고 있어도 언제나 불안하다. 대중의 관심이 크고 민감하기 때문에 사소한 실수가 일파만파 전세의 흐름을 뒤바꾸기 때문이다. 특히 스마트폰 시대의 대선은 마치 24시간 점화할 준비를 갖춘 화약고 같다.

현대 선거, 특히 대통령 선거처럼 국민들의 관심이 집중된 선거에서 TV 토론의 영향력은 여전히 막강하지만, 그 유통 경로는 과거와는 사뭇 달라졌다. TV 토론은 순간 시청률도 높지만 소셜 미디어를 통한 전파는 2차, 3차 영향력을 극대화한다. 예전엔 토론이 일어난 날 밤의 열기가 다음 날이 되면 어느 정도 가라앉았다. 그런데 지금은 그렇지 않다. 오히려 다음 날 아침부터 더 뜨거워진다. 특히 결정적 실수는 회복하기 어려울 정도의 집요하고 지속적인 공격에 직면한다. 실수한 장면의 편집 영상이 다음 날 더 넓게 퍼진다. 우리는 굳이 여론조사 결과가 나올 때까지 기다리지 않아도 TV 토론 다음 날 트위터와 페이스북을 살펴보는 것만으로 — 누가 당선될지 확신하기는 어려워도 — 누가 당선권에서 확실히 멀어지고 있는지 정도는 알 수 있다. 트위터 언급량과 긍·부정 분포, 그것의 1주일 추이를 지켜보는 것만으로 특정 후보의 지지율 상승이나 하락을 분명하게 예측할 수 있는 것이다. 소셜 미디어가 왜 이 시대의 주류 미디어인지를 명백하게 보여주는 현상이다.

지난 2017년 19대 대선은 아주 특별한 상황에서 치러졌다. 촛불혁명과 박근혜 탄핵은 정치사 전체를 통틀어서 아주 이례적인 사건이었다. 헌정사상 처음 헌법재판소의 대통령 파면 결정이 내려졌고 박근혜는 수많은 혐의에 연루돼 구속되었다. 현직 대통령의 파면과 구속이라는 비상 상황에서 대통령 선거가 진행됐다.

2016년 총선에서 국민의당이 이룩한 성과는 대단했다. 제3당으로 신당을 창당한 직후 치러진 국회의원 선거에서 국민의당은 호남의 압도적 지지를 바탕으로 38석을 획득했으며, 지지율에선 더불어민주당을 제치고 2위를 차지했다. 공천 파동으로 국민의 신뢰를 잃은 새누리당은 애초 압승 예상을 깨고 참패했다. 새누리당의 참패와 여소야대 정국의 조성, 강력한 제3당의 출현은 정치권의 지각변동을 불러왔다. 보수 여당의 아성이 무너지면서 박근혜 정부의 권력 카르텔에도 균열이 가기 시작했다. 최순실 게이트는 국민 분노의 도화선이었다. 1,000만 명 이상이 평화로운 집회와 시위를 통해 국회의 압도적 탄핵 의결을 견인했다. 234명의 국회의원이 대통령 탄핵을 의결했고, 급기야 새누리당은 붕괴하기 시작했다.

박근혜가 탄핵된 상황에서 선거는 박근혜의 대척점에 서 있던 문재인 후보를 대통령으로 인정할 것인지, 말 것인지를 결정하는 단순한 구도로 짜여졌다. 다만 지지율의 흐름으로 볼 때 문재인의 지지율이 40% 박스권에서 정체하는 모습을 보인 것이 선거의 유일한 변수였다.

40% 이상의 확장성을 갖지 않은 압도적 1위 후보가 존재하는 상황은 선거의 강력한 긴장 요인이 됐다. 문재인의 흐름이 완강한 가운데 반문재인의 흐름이 후보를 갈아타며 문재인을 위협하는 상황이 반복됐다. 반기문 유엔 사무총장이 한때 문재인의 대항마로 떠올랐다. 각종 연대론과 빅 텐트론이 반기문을 중심으로 형성됐다.

하지만 그의 조급한 귀국과 낡은 행보, 한국의 현실을 간파하지 못한 각종 실수들이 그의 몰락을 재촉했다. 반기문은 기본적으로 박근혜 탄핵 정국이 무엇을 의미하는지 정확하게 이해하지 못했다. 무엇보다 보수 기득권의 무능과 부패에 대한 국민적 분노의 크기를 냉정하게 살피지 못하고 과거 방식의 낡은 이념 지도를 따라 움직였다. 결과는 무기력한 행보, 급속한 몰락이었다. 반기문은 단 한순간도 자신의 정치적 비전과 철학을 메시지로 전달하지 못한 채 퇴각했다. 소문난 잔치에 먹을 것이 없다는 것을 분명하게 보여준 것이다. 또한 반기문의 몰락을 막는 방파제 역할을 해야 할 반기문의 지지 세력도 부재했다. 보수정당은 그들 스스로가 그로기 상태였고, 소셜 미디어에도 반기문의 우군은 거의 존재하지 않았다. 문재인이 막강한 소셜 미디어 팬덤을 갖고 있었던 것과는 매우 대조적인 현상이었다.

바람직하다고 생각하지는 않지만, 편의상 한국 국민의 이념 지형을 기계적으로 분류하면 다음과 같다. 진보가 30%, 중도 진보가 20%, 중도 보수가 30%, 보수가 20%다. 때에 따라서 보수가 확장되기도 하고 진보가 확장되기도 한다. 중도는 상황에 따른 움직임의 폭이 더 큰 편이다. 박근혜 게이트로 가장 크게 분노한 사람들은 누구일까?

박근혜 정부를 원래 싫어했던 진보나 중도 진보 세력은 2016년 10월 24일 JTBC의 태블릿 PC 보도가 나간 뒤 즉각적인 행동으로 박근혜 탄핵과 구속 촉구에 나섰다. 그들의 분노는 상실감에서 비롯된 것이라기보다 '올 것이 왔다'는 신념에서 비롯된 분노였으며 조기 대선이라는 희망을 향한 분노였다. 깊은 상실감과 좌절을 느낀 사람들은 중도 보수였다. 보수적이면서 동시에 합리적인 선택을 해왔던 그들은 자신들이 선택했던 대통령의 무능과 상상을 초월한 부패에 치를 떨었다. 그것은 상실감과 배신감의 화학작용을 불러일으켰다. 보수가 유능하고 깨끗할 것이라는 그들의 기대는 완전히 무너졌다. 그런데 대부분의 보수 후보들은 중도 보수의 분노를 제대로 이해하지 못했다.

중도 보수의 완강한 이동은 75% 대 25%라는 새로운 프레임을 만들었다. 박근혜 탄핵과 구속을 지지한 75%가 대한민국의 새로운 변화를 요구했다. 그들은 정의로운 대한민국을 원했다. 권력의 사유화가 아니라 민주공화국의 가치 실현을 원했다. 중도 보수의 일부는 광장에 나와 자신의 의견을 표현하기도 했다. 박근혜 탄핵은 이념 지형으로 보면 진보, 중도 진보, 중도 보수 연합이 이뤄낸 새로운 형식의 민주주의 혁명이다. 이것은 12월 9일 오후에 이뤄진 국회의 탄핵 의결을 위한 표결에도 반영됐다.

2) 양자 프레임 '문재인과 안철수의 대결'

중도 보수가 박근혜 탄핵을 반대한 극우 보수에게 힘을 실어줄 일은 없었다. 그리고 이것을 제대로 이해하지 못한 후보들은 왜 무너지는지도 모른 채 순식간에 고꾸라졌다. 반기문은 보수 세력이 주도하는 '반문재인 연대'를 구축하려다 링 밖으로 내려갔다. 한때 더불어민주당 경선에서 문재인을 강력하게 위협했던 안희정은 '박근혜 대통령도 선의로 했을 것'이라는 말과 자유한국당을 포함한 '대연정론'으로 강력한 역풍에 직면했다. 대연정은 개혁을 위해 필요한 일이지만, 당시의 상황에서 박근혜 세력과의 연정을 이야기한 것은 나가도 한참 나간 것이었다. 살아 있는 촛불의 위력을 과소평가한 한마디의 메시지가 소셜 미디어를 타고 전달됐다. 부산대학교 강당에서 한 말이 채 두 시간도 지나기 전에 역풍의 진원지가 됐다.

소셜 미디어 시대에 '메시지 역풍'은 더욱 강력해진 프레임의 열차를 타고 후보를 돌아오지 못할 곳으로 보내버린다. 전략을 아무리 잘 세워도 전략에서 이탈한 메시지 하나가 모든 것을 혼란에 빠뜨린다. 스마트폰 시대의 가장 큰 특징은 메시지가 전략을 압도하는 순간이 불현듯 찾아온다는 점이다. 특히 권력이 길 위에 나뒹굴고 있는 상황에선 더욱 그렇다. 걷잡을 수 없는 순간이 부지불식간에 도래한다. 촛불혁명은 길거리에 나온 권력의 주인을 만들기 위한 하나의 평화로운 여정이었다. 2017년 3월 10일 이정미 헌법재판관이 '대통령을 파면한다'는 역사적인 선고를 한 이후 대선 시계는 가파르게 흐르기 시작했다.

다른 측면에서 19대 대선은 정의로운 민주공화국을 만들어달라는 국민의 요구를 실현할 정부를 세우는 선거였다. 이것은 진보나 보수의 문제가 아니었다. 누가 더 이 나라를 정의롭게 할 것인가, 누가 더 이 나라를 2017년의 나라다운 나라로 만들 것인가 하는 문제에 응답해야 하는 선거였다. 박근혜가 구속된 상황에서 박근혜 정부 탄생에 기여한 사람들에겐 기회가 없는 선거이기도 했다. 19대 대선은 정권 교체냐 정권 연장이냐를 결정하는 선거였는데, 애초에 정권 연장 세력에게는 기회가 사라진 선거이기도 했다. 즉 선거에서 이기려면 가장 기본적으로 자신이 정권 연장 세력이 아님을, 다시 말해 정권 교체 세력임을 의심의 여지 없이 완전하게 증명하지 않으면 안 되는 선거였다.

그런 점에서 선명하게 박근혜의 대척점에 있던 문재인은 변수가 아니라 상수였다. 문재인은 정권 교체 세력이라는 존재 증명에서 가장 자유로운 후보였다. 새누리당의 반대편에 있던 더불어민주당 후보들은 그 자체로 정권 교체 프레임 안에 존재했다. 제3당이자 중도 진략을 깃고 있던 국민의당은 유리 구두처럼 깨시기 쉬운 상태였다. 정권 연장으로부터 자유로웠지만, 정권 교체의 선명성에서 문재인을 따라갈 수가 없었다. 국민들에게 정권 교체 세력으로 인정받으려면 각별한 주의와 노력이 필요한 상태였던 것이다.

2017년 1월에 안철수 국민의당 예비 후보의 지지율은 5위 정도였다. 문재인과 안철수 사이에서 반기문, 안희정, 이재명 등이 순위 다툼을 하고 있었다. 안철수가 당시 선거를 '정권 교체 대 정권 연장'으로 규정하고 정권 연장 세력을 배제한 전략은 옳았다. 정권 연장 세력을 제외하고, 민주당에서 문재인이 후보로 선출되면 정권 교체 세력 가운데 양자 프레임을 세울 가능성이 존재했다.

1월 4일자 안철수 인터뷰를 다룬 『경향신문』 기사의 제목은 「이번 대선은 문재인 안철수의 대결이 될 것」이었다. 5위 후보가 선거를 정확히 규정해 양자 프레임 전략을 세움으로써 존재감을 키우려 한 것이다. 물론 중도 보수 지형의 대변화를 감지하지 못한 정치인들이 안철수를 반문재인 연대 프레임에 넣으려는 시도를 했지만 안철수는 흔들리지 않고 당내 경선이 진행되는 동안에 정권 교체 프레임을 유지했다. 연대론을 깨고 자강론을 유지한 것은 정권 교체 프레임 안에 존재하기 위한 선택이었다. 보수 세력과의 연대에 조금이라도 여지를 두는 순간 그 자리에는 홍준표가 치고 올라오게 돼 있었다. 선거에서 중도의 존재는 매우 깨어지기 쉽다. 그것을 돌파하는 방법은 기존의 방식으로 계산하지 말고 (나심 탈레브의 말을 빌리면) '안티프래질'하게 도전하는 것이다. 과감함과 용기만이 주도권을 쥘 수 있는 유일한 방법이다. 안철수는 문재인과의 양자 프레임을 확고하게 하고 그 프레임 안에 다시 '과거 대 미래' 프레임을 설정함으로써 '문재인과 안철수 가운데 누가 더 좋은 정권 교체인가'라는 질문을 가능하게 만들었다. 즉 자신을 '정권 교체 + 미래'로 규정함으로써 문재인과의 최종 승부수를 던진 것이다.

박근혜 탄핵 정국에서 안철수는 정권 교체 프레임에 근거한 일관된 메시지 전략을 구사하고 반문재인 연대 제안을 거절함으로써 정권 교체를 바라는 국민들의 기대에 부응했다. 안철수는 '특정인을 반대하기 위한 연대에 반대한다'는 입장을 분명히 밝혔다. 당내 경선에서 연대론을 돌파하기 위한 이른바 '자강론'은 지지자들을 급속하게 결집시켰다. 정권 교체를 바라지만 문재인에게 마음을 주지 않은 중도 보수가 안철수 지지로 돌아서는 모습이 목격되었다. 안철수는 끝내 국민의당이라는 약한 전력을 믿고 1월 초 인터뷰에서 설정한 '문재인과 안철수의 대결'이라는 프레임에 올라탄 것이다.

당내 경선이 막바지에 이르면서 안철수 지지율이 치솟기 시작했다. '문재인-안철수 대결'이라는 양자 프레임이 국민들 속에서 받아들여지기 시작했다. 선거 캠프가 메시지를 반복하다 지쳐서 더 이상 그 메시지를 되풀이하고 싶어 하지 않을 때에 이르러서야 비로소 유권자들이 그 메시지를 받아들이기 시작한다는 말이 실감나는 순간이었다. 4월 5일을 전후해 안철수 지지율이 문재인을 앞서는 결과들이 일부 나오기 시작했다. 양자 대결로 좁혔을 때 이기는 결과들이 더 많이 나온 시기도 있었다. 소셜 빅 데이터 언급량에서 안철수는 4월 5일부터 16일까지 약 10여 일 동안 문재인을 앞질렀다. 구글 트렌드에서도 마찬가지였다. 결과를 알 수 없는 예측 불가의 순간을 만들어낸 것이다.

3) 추락하는 것은 날개가 없다

올라가긴 어려워도 내려가는 건 너무 쉬운 법이다. 지지율이 너무 빨리 오르면 여러 가지 부작용이 발생한다. 우선 너무 많은 사람이 한꺼번에 몰려들면서 전략적 일관성이 흔들린다. 당의 체력이 약할 때 이것은 큰 혼란을 부르며, 후보의 역량이 부족하면 치명적인 결과를 낳는다. 또한 지지율이 오르면서 상대 진영이 가해오는 강력한 네거티브 공격을 견디는 것도 쉬운 일이 아니다. 문재인 캠프는 안철수 부인인 서울대 의과대학 교수 김미경을 집요하게 공격했다. 서울대 교수 특혜 채용 의혹과 의원실 갑질 논란을 계속 제기했다.

민주당에는 이를 효과적으로 활용할 메신저들이 많았고 선거가 후반부로 접어들수록 위력을 발휘했다. 선거에서 가족이 네거티브 공세를 받을 때 평정심을 유지할 수 있는 후보는 많지 않다. 안철수도 흔들렸다. 집중력이 떨어지기 시작했다. 당선 가능성이 생기자 온갖 세력이 달려들었다. 가족에 대한 공격, 너무 많은 조언, 갑작스런 지지율 상승이 전략적 혼란을 부추겼다. 반면에 위기를 느낀 문재인은 적폐 청산 일변도의 캠페인 전략에 '국민 통합' 프레임을 얹어 안정감을 강화했다. 국민의당이 선거대책본부를 만들면서 새로운 사람들이 대거 합류해 혼란을 부추긴 바로 그 순간 위기를 느낀 문재인 캠프는 오히려 결정 단위의 몸집을 줄였다. 몰려드는 다수의 의견에 휘둘리지 않고 위기의 순간에 소수의 전략가들과 중요한 결정을 내렸다. 안철수의 빠른 지지율 상승이 문재인의 집중력을 강화시켰다.

TV 토론이 시작되면서 문재인은 선방했고 안철수는 무너졌다. 안철수는 네거티브 공세로 인해 촉발된 문재인에 대한 분노를 통제하지 못한 것처럼 보였다. 심지어 보수 쪽 사람들이 대거 유입되면서 정권 교체 스탠스도 흔들리기 시작했다. 보수 쪽의 요구를 수용한 입장도 나타나기 시작했다. 광주에선 진보, 대구에선 보수라는 나쁜 전략이 메시지로 표현되었다. '북한이 주적'이라는 발언이 그 신호탄이었다. 심지어 국민의당 일부 인사들은 보수 기독교 세력의 지지를 의식해 동성애 혐오 발언을 무분별하게 쏟아냈다. 사회경제적 이슈에서는 전진을 멈추고 후퇴하거나 머뭇거렸다. 전략적 혼선이 정권 교체 프레임마저 흐릿하게 만들고 있었던 셈이다.

안철수가 보수 쪽으로 반걸음 이동하자 문재인 지지자들의 사기가 높아졌고 결집도 강해졌다. 그리고 그 틈을 비집고 홍준표의 상승세가 두드러졌다. 문재인의 최소 지지가 40%라면 홍준표, 유승민, 심상정의 합을 20% 이하로 묶어야 안철수가 승리할 가능성이 조금이라도 열리게 된다. 그런데 TV 토론에서 안철수는 문재인을 공격하고 일부 의제에서 보수적 스탠스를 취함으로써 결과적으로 홍준표에게 상승의 다리를 놓아준 셈이 됐다. 홍준표 지지율이 20%에 육박한 순간 안철수의 당선 가능성도 사라졌다. '갑철수' 'MB 아바타' 발언이 안철수의 입에서 나오는 순간 안철수는 '대통령다움'을 잃어버리기 시작했다. 안철수가 정권 연장 세력을 강도 높게 공격하면서 미래 프레임을 강화하는 데 집중했더라면 선거에서 이기지는 못하더라도 아주 매력 있는 2등은 할 수 있었을 것이다. 안철수는 확고한 정권 교체 프레임 안에서 '더 좋은 정권 교체'라는 메시지를 강력하게 견지해야 작은 가능성이라도 엿볼 수 있었다. TV 토론은 이 가능성을 무너뜨렸다.

국민들은 TV 토론을 통해 후보의 정책이나 공약만 보는 것이 아니다. 오히려 정책이나 공약은 후순위일 수 있다. 토론에서 보이는 태도, 자세 등을 통해 후보의 자질과 리더십을 검증한다. 또 미리 준비하기 어려운 토론 메시지를 통해 후보의 역량을 검증하기도 한다. 그것은 단기간에 공부로 극복될 수 있는 것이 아니다.

후보의 삶과 이야기, 가치와 철학이 토론 과정에 묻어난다. 토론에서 나오는 후보의 메시지는 준비해서 읽는 연설문보다 훨씬 더 파장이 크다. 소셜 미디어를 장악한 문재인 지지자들은 안철수의 실수를 불가역적인 것으로 만들기 시작했다. 소셜 미디어는 이후 안철수를 '초딩 프레임'에 넣은 수십만 건의 패러디 메시지들을 생산하고 전파했다. 기존 미디어나 텔레비전 브랜드는 아무런 영향을 미치지 못했다. 어느 채널에서 TV 토론을 했는지조차 중요하지 않았다. 안철수를 비판하는 소셜 미디어 이용자들의 메시지는 리트윗과 공유를 통해 퍼져나갔다. 결과적으로 안철수는 3당 후보는 3등을 한다는 대통령 선거 역사의 전통을 깨지 못한 채 안타까운 패배 메시지를 남겨야 했다.

6장 세상을 바꾼 메시지들

1) 이름을 불러주세요!

나는 단언한다. 2014년 4월 16일 이래 한국에서 '노란 리본'만큼 강력한 메시지는 존재하지 않았다. 노란 리본은 그동안 우리가 잊고 살았던 무수한 질문을 꺼내놓았다. 나에게 노란 리본은 하나의 '물음표'였다. 그리고 그 질문은 지금까지 살아온 나의 삶을 돌아보게 만들고, 공동체 나아가 국가의 의미를 다시 생각하게 만들었다. 길을 가다가도, 밥을 먹다가도, 새벽에 잠에서 깨어나서도 문득문득 눈물을 흘렸다. 교복을 입은 고등학생들을 볼 때마다 가슴이 아려왔다. 도대체 우리는 어디에 서 있고, 또 어디로 가고 있는가?

세월호 희생자들이 남긴 마지막 음성 메시지와 카톡 메시지는 차마 듣거나 보기조차 어려운 슬픔이었다. 그 하나하나의 간절함이 우리 사회를 얼마나 깨우치고 있는가? 앞에서도 언급했지만 촛불혁명의 기저에는 세월호 참사의 슬픔과 분노가 용암처럼 도도하게 흐르고 있었다.

최근 수년간 신문에 나온 칼럼 가운데 내가 가장 오래 머무른 칼럼은 2015년 4월 20일자 『한겨레』에 실린 '이명수의 사람그물'이었다. 세월호 유가족을 위한 '치유공간 이웃'의 이명수 대표가 그날 쓴 칼럼의 제목은 「이름을 불러주세요」였다. 나는 이명수의 칼럼에 실린 304명의 이름을 호명하며 아주 오래도록 그 칼럼을 읽었다. 나는 이 책을 쓰면서 세월호 참사로 희생된 그 304명의 이름을 불러보고 싶었다. 이명수 대표가 칼럼 인용을 흔쾌히 허락해주었다. 최근 페이스북에 올린 이름이 가장 정확하다고 일러주기까지 했다. 다시 봐도 먹먹한 느낌을 전해주는 이명수 칼럼을 전재한다.

사랑하는 가족이 왜 죽었는지 알고 싶다는 유가족과 시민들에게 물대포와 최루액을 쏘며 '여러분이 사랑하는 가족 품으로 돌아가길 바랍니다'라는 경찰의 경고 방송은 이미, 사람의 말이 아니다. 유가족도 없는 팽목항에서 연극 무대에 오른 배우처럼 홀로 낭독회를 했던 대통령이란 이의 추도사는 더 기막히다. '이제는 가신 분들의 뜻이 헛되지 않도록 그분들이 원하는 가족들의 모습으로 돌아'가란다. 왜 죽었는지 본인도 알 수 없는데 어떻게 눈을 감나. 그 이유만이라도 알려주려고 죽을 힘을 다하는 가족들의 모습이 가신 분들의 뜻이 아니겠는가. 시민 304명이 세월호 희생자 304명의 이름을 하나하나 불러주는 영상을 봤다. 이름만 부르는 데도 10분이 넘게 걸린다. 한 명의 이름만이라도 나지막이 불러주시라. 천천히 적어주시라.

그러면 세월호 지겹다는 얘기 안 나온다. 나일 수도, 내 부모 형제일 수도 있는 이들이었다.

미수습자 - 권재근 권혁규 남현철 박영인 양승진
단원고 1반 - 고해인 김민지 김민희 김수경 김수진 김영경 김예은 김주아 김현정 문지성 박성빈 우소영 유미지 이수연 이연화 정가현 조은화 한고운
2반 - 강수정 강우영 길채원 김민지 김소정 김수정 김주희 김지윤 남수빈 남지현 박정은 박주희 박혜선 송지나 양온유 오유정 윤민지 윤솔 이혜경 전하영 정지아 조서우 한세영 허다윤 허유림
3반 - 김담비 김도언 김빛나라 김소연 김수경 김시연 김영은 김주은 김지인 박영란 박예슬 박지우 박지윤 박채연 백지숙 신승희 유예은 유혜원 이지민 장주이 전영수 정예진 최수희 최윤민 한은지 황지현
4반 - 강승묵 강신욱 강혁 권오천 김건우 김내희 김동혁 김범수 김용진 김웅기 김윤수 김정현 김호연 박수현 박정훈 빈하용 슬라바 안준혁 안형준 임경빈 임요한 장진용 정차웅 정휘범 진우혁 최성호 한정무 홍순영
5반 - 김건우 김도현 김민석 김민성 김성현 김완준 김인호 김진광 김한별 문중식 박성호 박준민 박진리 박홍래 서동진 오준영 이석준 이진환 이창현 이홍승 인태범 정이삭 조성원 천인호 최남혁 최민석
6반 - 구태민 권순범 김동영 김동협 김민규 김승태 김승혁 김

승환 박새도 서재능 선우진 신호성 이건계 이다운 이세현 이영만 이장환 이태민 전현탁 정원석 최덕하 홍종영 황민우
7반 - 곽수인 국승현 김건호 김기수 김민수 김상호 김성빈 김수빈 김정민 나강민 박성복 박인배 박현섭 서현섭 성민재 손찬우 송강현 심장영 안중근 양철민 오영석 이강명 이근형 이민우 이수빈 이정인 이준우 이진형 전찬호 정동수 최현주 허재강
8반 - 고우재 김대현 김동현 김선우 김영창 김재영 김제훈 김창헌 박선균 박수찬 박시찬 백승현 안주현 이승민 이승현 이재욱 이호진 임건우 임현진 장준형 전현우 제세호 조봉석 조찬민 지상준 최수빈 최정수 최진혁 홍승준
9반 - 고하영 권민경 김민정 김아라 김초예 김해화 김혜선 박예지 배향매 오경미 이보미 이수진 이한솔 임세희 정다빈 정다혜 조은정 진윤희 최진아 편다인
10반 - 강한솔 구보현 권지혜 김다영 김민정 김송희 김슬기 김유민 김주희 박정슬 이가영 이경민 이경주 이다혜 이단비 이소진 이은별 이해주 장수정 장혜원
선생님 - 유니나 전수영 김초원 이해봉 남윤철 이지혜 김응현 최혜정 강민규 박육근 고창석
일반인 - 김순금 김연혁 문인자 백평권 심숙자 윤춘연 이세영 인옥자 정원재 정중훈 최순복 최창복 최승호 현윤지 조충환 지혜진 조지훈 서규석 이광진 이은창 신경순 정명숙 이제창 서순자 박성미 우점달 전종현 한금희 이도남 리샹하오 이영숙
선원 - 박지영 정현선 양대홍 김문익 안현영 이묘희

선상 아르바이트생 - 김기웅 구춘미 이현우 방현수

하나하나 이름을 적다가 오래 울었다. 304개의 우주가 우리 눈앞에서 속수무책으로 사라졌다. 그게 세월호 참사다.

(세월호 희생자 이름은 4주기인 2018년 4월 16일 9시 11분에 올라온 이명수의 페이스북 담벼락에서 가져옴)

'304개의 우주가 우리 눈앞에서 속수무책으로 사라졌다'는 이명수의 발언은 스마트폰 시대가 우리에게 일깨워준 개인의 복원과 맥락이 같다. 메시지는 그것이 국가의 도덕이 아니라 '나의 이야기'와 연결될 때 강한 힘을 갖는다. 그동안 우리는 너무 거대한 것에 이끌려왔다. 거대한 것에 이끌려 생명의 존엄과 소중함을 잊고 살았다. 세월호 참사는 우리에게 개인의 생명이 갖는 우주적 존엄에 관한 각성을 안겨주었다. 하나하나 희생자의 이름을 적는 것은 하나하나 자신의 미디어를 가질 수 있는 시대에 가장 강력한 헌사다. 나의 이야기가 곧 우주의 이야기라는 자각, 우리는 지금 그 자각의 문앞에 낭도해 있는지도 모른다.

2) 세종대왕이 살아 있다면?

나는 가끔 스마트폰을 바라보며 질문을 던진다. 소셜 미디어에 올라온 친구들의 글을 읽으며 생각한다. 소크라테스가 살아 있다면? 레오나르도 다빈치가 살아 있다면? 맑스가 살아 있다면? 아인슈타인이 살아 있다면? 신채호가 살아 있다면? 김구가 살아 있다면? 전태일이 살아 있다면? 아하! 세종대왕이 살아 있다면?

1443년에 창제되고 1446년에 반포된 훈민정음. "우리나라 말이 중국과 달라 서로 뜻이 통하지 않아서 어리석은 백성들이 말하고자 하는 것이 있어도 그 뜻을 펼치지 못한다. 그래서 28자를 만들었다. 사람들이 쉽게 익혀서 날마다 편리하게 사용하기 바란다"는 세종대왕의 메시지야말로 혁명적인 것이며 민초들에게 메시지의 길을 열어준 사건이다. 당시 기득권 학자들의 반대가 얼마나 거셌는지 생각하면 세종을 혁명가라 불러도 무방할 것 같다.

　메시지는 원래 강력한 힘을 갖고 있었다. 말의 힘은 칼의 힘보다 강했다. 고대의 수사학이나 아테네의 직접민주주의는 모두 말의 힘을 기반으로 이뤄졌다. 그런데 학문이 세분화되면서 수사학이 퇴보했고 전문화된 영역의 감옥에 갇혀 세상을 움직이는 말의 힘이 설 자리가 좁아졌다. 이제 다시 말과 글의 힘은 초인의 소유에서 당신의 소유로 이전됐다. 스마트폰 시대는 그것이 말이든, 글이든, 사진이든, 동영상이든 누구나 자신의 뜻을 표현할 수 있는 시대를 열었다.

　촛불혁명의 광장에서 가장 밝게 빛난 것도 시민들의 스피치였다. 지역, 성별, 계층, 세대를 불문하고 모두 자기 삶에 견주어 세상의 변화 필요성을 역설했다. 이들을 묶은 연대감은 "이게 나라냐"는 외침이었고, 문재인 후보는 "나라를 나라답게"라는 슬로건으로 대통령에 당선되었다. 슬로건은 시민들의 보편적 공감을 집약할 때 큰 힘을 갖는다. 미투 운동에 나선 여성들의 고발엔 씻을 수 없는 상처와 함께 후배들은 이런 성폭력을 당하지 말았으면 하는 간절함이 담겨 있다. 그들이 꿈꾸는 세상은 평등한 세상이다. 중증발달장애 어머니들의 삭발은 어떤가? 그 행위에는 평생 장애인 가족을 보살피며 그들이 감당해야 했던 크나큰 고통이 담겨 있다. 나라다운 나라라는 것은 자유와 평등이 보편적 가치로 인정되는 나라다. 사회적 약자들이 희망을 가질 수 있는 나라다. 청년들이 꿈꿀 수 있는 나라다.

메시지는 진실한 삶과 고통 받는 약자에 대한 공감, 변화를 위한 용기가 결합될 때 강해진다. 정치인의 메시지는 정치가 그런 힘을 가졌기 때문에 더 주목을 받는다. 최근엔 오프라 윈프리나 엠마 왓슨 같은 유명인들의 메시지도 널리 회자된다. 광장에서 행해진 김제동의 헌법 연설, 성주의 사드 반대 집회에서의 시민들의 연설도 많은 사람의 가슴에 새롭게 다가갔다. 정치는 확장되었다. 정치인들이 정치를 독점하던 시대가 끝났다. 세상의 변화를 거스르는 정치인은 퇴출된다. 2020년 총선은 정치 세력 교체의 거대한 전환점이 될 것이다. 스마트폰 시대에 정치의 개념은 더욱 넓어졌다. 소수가 독점하던 정보가 빛의 속도로 공유되기 때문이다. 세종대왕의 한글 창제 정신은 스마트폰 안에도 담겨 있다.

최근 세계의 명연설을 모은 책들이 쏟아져 나온다. 영어 공부를 하려는 사람들, 말을 잘하고 싶은 사람들, 선거에 나온 사람들이 이런 책들을 찾는다. 위대한 연설은 시대를 초월해 보편성을 갖는다는 점에서 연설문은 아주 좋은 텍스트라 할 만하다. 메시지의 꽃이라고 할 수 있는 연설문은 세상에 대한 치열한 고민, 때론 목숨을 건 투쟁 속에서 어려운 과정을 거쳐 탄생하지만 메신저의 입을 떠난 순간 청중의 것이 된다. 연설문은 연설이 끝난 뒤 연단의 종이에 머무르지 않고 청중들의 마음속에서 각자의 경험과 가치로 다시 태어난다. 꿈이 되어 날아오른다. 꿈들이 모여 힘을 만들고 힘들이 모여 강력한 기득권 체제를 전복한다. 그리고 스마트폰 시대에 좋은 메시지는 더 멀리 퍼져 공감과 연대, 참여를 향한 구심점이 되기도 한다.

3) 나에게는 꿈이 있습니다

"나에게는 꿈이 있습니다."

요즘 '헬조선'이나 모든 것을 포기했다는 뜻의 'N포 세대'라는 말이 유행이다. 둘 다 꿈을 잃어버렸다는 뜻이다. 청년들이 꿈꿀 수 없는 나라엔 미래가 없다. 나는 연설문을 쓸 때 '꿈'에 집착하는 버릇이 있다. 정치는 세상의 변화를 꿈꾸는 행위다. 세상을 변화시키려면 촛불처럼 사람들의 가슴에 무언가를 이루려는 꿈을 환하게 밝혀야 한다. 체코의 하벨 전 대통령이 정치를 '불가능의 예술'이라고 했을 때 그것은 가능한 것만 꿈꾸면 가능한 것조차 이룰 수 없다는 뜻이다. 우리가 현실적으로 '가능하다'고 말하는 것은 대체로 기득권 체제를 인정하고 순응하는 것이기 때문이다. 하벨은 불가능을 꿈꿔야 세상을 변화시킬 수 있다고 했다. 이것은 하나의 역설이다. 지금은 너무 당연해 보이지만 2017년 박근혜 전 대통령의 탄핵도 불과 그 1년 전인 2016년 봄까지만 해도 불가능한 꿈이었다.

킹은 우리보다 훨씬, 상상할 수조차 없을 정도로 험난한 시대를 살았다. 링컨 대통령이 노예해방선언을 한 지 오랜 시간이 지났음에도 불구하고 미국의 인종차별은 끔찍했다. 흑인은 버스에 앉지도 못했고, 투표권도 없었다. 역사적인 선언은 아직 현실로 실현되지 되지 않았다. 1963년 8월 28일 킹은 '일자리와 자유를 위한 워싱턴 행진'에서 이 위대한 연설을 했다. 킹은 이 연설에서 "나에게는 꿈이 있습니다"를 여덟 번 반복했다. 샘 리스는 이를 두고 예수 그리스도가 연상된다고 했다. 예수가 인간이 행복해지는 8가지 방법을 가르치며 '복되도다'라는 말을 8번 반복한 것을 상기한 것이다.

킹은 그날의 마지막 연사로 나와 5분간 연설할 예정이었다. 그의 연설은 TV로 생중계될 예정이었고 연설이 끝나면 수십만의 군중이 행진에 참여할 예정이었다. 영화배우 말론 브랜도와 가수 밥 딜런도 참여했다. 그것은 정말 중요한 연설이었다.

보통 짧은 연설이 긴 연설보다 어렵다. 애덤 그랜트는 그의 책 『오리지널스』에서 "10분짜리 연설을 준비하는 데는 꼬박 2주가 걸린다. 시간 제약 없이 연설을 한다면 아무런 준비도 할 필요가 없다"는 우드로 윌슨의 말을 인용했다.

킹의 연설문 작성자 클레런스 존스는 킹이 연설문 작성을 미루고 또 미루었다고 했다. 킹은 신중하게 생각을 가다듬고 또 가다듬었다.

연설문에 들어간 어음과 현금 이야기는 존스의 아이디어였던 것으로 알려진다.

> 어떤 의미에서 우리는, 국가로부터 받은 수표를 현금으로 바꿔야 할 시기를 맞고 있습니다. 이 나라의 개척자들이 헌법과 독립선언문에 훌륭한 구절을 적어 넣었을 때, 그들은 모든 미국인이 상속받게 되어 있는 약속어음에 서명한 것입니다. 그 약속어음이란, 모든 인간에게 삶과 자유, 행복 추구라는 양도할 수 없는 권리를 보장한다는 약속이었습니다 (샘 리스, 『레토릭』).

그런데 존스에 따르면 자신이 쓴 연설문 초안에도, 킹이 수정한 연설문 초안에도 "나에게는 꿈이 있습니다"라는 문장은 없었다고 한다. 킹은 연단 앞에서도 연설문을 수정했는데 연단에 오를 때까지도 이 문장은 없었다. 연설문에 없던 문장을 즉흥적으로 사용했으며 그것을 여덟 번이나 사용하면서 연설문 전개의 기둥으로 삼은 것이다. 애덤 그랜트에 따르면 이 문장은 킹이 가장 좋아하는 가스펠 가수인 마할리아 잭슨의 제안을 받아들인 결과라고 한다. 25만 명의 군중의 함성과 열기를 보면서 잭슨의 제안을 떠올렸고 그 가운데서 킹은 순간적인 영감을 얻은 것이다. 킹이 예전에 했던 연설에 있었으나 주목받지 못했던 이 말은 세계 최고의 연설 문장으로 기록됐다.

킹의 연설은 마치 목사의 설교처럼 한 문장이 끝날 때마다 청중의 호응을 이끌어냈다고 한다. 킹은 이렇게 회고했다.

나는 연설문을 낭독하기 시작했다. 그런데 중요한 대목으로 넘어가려던 순간, 청중의 대단한 반응이 느껴지면서 갑자기 무언가 떠올랐다. 예전 연설에서도 여러 번 꺼낸 적이 있던, "나에게는 꿈이 있습니다"라는 구절이었다. 이 자리에서 그 말이 하고 싶었다. 연설을 시작하기 전에는 그 말을 꺼낼 생각도 안 했는데 갑자기 왜 그런 마음이 들었는지 나도 모르겠다(샘 리스, 『레토릭』).

4) 고양이가 기가 막혀!

1971년 김대중 대통령 후보의 장충단 공원 연설은 긴 연설의 백미를 보여준다. 연설 서두에 경쟁자이자 독재자인 박정희 후보의 건투를 비는 대목부터 김대중의 연설은 100만 명이 넘는 청중을 단숨에 사로잡는다. 연설 제목이 「여러분, 청와대에서 만납시다」였다. 김대중은 지지자들에게 박정희의 온갖 탄압과 부정선거에도 불구하고 반드시 승리하겠다는 다짐을 하고, 지지자들의 용기를 북돋우기 위해 시종 자신감 있는 연설을 했다.

김대중은 이날 연설에서 수많은 데이터와 폭로, 정책 등을 서민들의 언어로 표현했다. 한마디로 청중을 쥐락펴락했다. 때론 비장하고 때론 포용적이며 때론 전문적이었다. 그리고 김대중은 연설 말미에 고양이 이야기로 청중들에게 웃음을 선사했다. 블랙 코미디를 추가한 것이다. 이것은 먼 곳에서 어렵게 찾아온 대중에게 주는 깜짝 선물이었는지도 모른다. 김대중은 연설문의 천재라기보다 연설의 천재였다. 김대중은 문어체보다 구어체를 좋아했다. 화려한 문장보다 사람들이 이해하기 쉬운 서민적인 언어를 즐겨 사용했다. 그런 점에서 김대중의 연설은 오바마보다 킹에 가깝다. 김대중의 연설을 보면 킹의 어음 이야기처럼 보다 쉽고 친근하게 상황을 설명해주려고 노력한 흔적이 도처에서 엿보인다.

트위터와 인스타그램 해시태그 최상단에는 언제나 #고양이가 등장한다. 스마트폰 시대에 벼락 스타가 된 동물이 고양이이니 그 대목을 소개하기로 한다.

여러분!

나는 마지막으로 여러분에게 말합니다. 박정희 씨는 그동안에 내가 공명선거에 대해서 협의하자고 해도 안 해. 서로 만나서 얘기하자고 해도 안 해. 국민 앞에서 테레비나 라디오 토론을 하자고 해도 안 해. 독재적인 수법만 취하고 있어요.

뿐만 아니라, 지금 공무원을 총동원해서 부정선거를 하고 있어. 나에 대해서 자유로운 보도를 못하게 하고, 내 집에다가 심지어 폭탄을 던져가지고, 그래가지고 범인을 우리 쪽에 뒤집어씌우려고 해도 안 되니까 중학교 2학년밖에 안 된 내 어린 조카아이를 데려다가 48시간 동안이나 잠을 안 재우면서 물고문을 하고 당수로 치고 이래가지고 어린애의 강제 자백을 받아가지고 그놈을 검찰청에서 마포경찰서 유치장에 넣는데, 중학교 2학년 어린아이를 잡아가는 데 완전무장된 기동경찰이 얼마나 동원됐느냐? 무려 120명이 동원됐어요.

아마 이북에서 김일성이 잡아 올래도 그렇진 않을 거야.

뿐만 아니라 우리 선거 사무장이신 정일형 박사 댁에는 불을 질러놓고 범인을 조작할 수 없으니까 한다는 소리가,

"고양이들이 불을 질렀다."

정 박사 댁 고양이 두 마리가 이웃집 고양이 한 마리더러 오라고 해가지고 고양이끼리 회의를 해가지고,

"우리 집에다 불 지르자."

이래서 그 근방 종이는 모두 긁어다가 연탄불을 붙여 불 질렀다, 이거예요.

어떻게 해서 고양이하고 말을 하는지 알 수 없다, 말예요. (웃

음소리)

여러분!

나는 여기서 박 정권에 대해서 얘기해. 부정선거 하려면 해보라 그 말야. 부정선거 하려면 해봐라! 부정선거를 할 테면 해봐라! 그 말야.

이제 나는 내가 여기서 분명히 말해. 만일 끝까지 부정선거를 획책한다면 국민의 지금 이와 같은 정권 교체의 여망을 끝까지 짓밟겠다는 것이오, 박정희 정권은 제2의 이승만 정권, 제2의 4월 혁명을 각오하고 부정선거를 하라고 말하고 싶어('옳소!' 환성).

노무현 전 대통령의 연설은 간결하면서도 공격적이다. 어려움 속에서 문제를 돌파하고 해결해온 그의 삶을 보여주는 듯하다. 노무현은 연설할 때 연설문을 거의 보지 않는 것으로 유명하다. 앞에서도 이야기했지만 짧고 간결하게 연설하는 것이 얼마나 힘든 일인가? 노무현은 이야기할 핵심 주제를 정하고 자신의 삶을 투영해 호소력을 높이는 정치인이다. 에둘러 가지 않고 선명한 대조를 통해 자신의 강점을 최대한 부각한다.

한국 민주주의 역사의 결정적 장면 가운데 하나인 2002년 봄 민주당 대통령 후보 광주 경선에서 노무현 후보가 들고 나온 메시지는 '정면 돌파'였다. 2002년 3월 16일 광주 염주종합체육관의 열기는 뜨거웠다. 김대중 대통령을 만든 광주에서 누가 승리하느냐가 민주당의 경선 판도를 좌우할 것이었기 때문이다. 당시 광주 경선 여론조사에선 김대중의 복심이던 한화갑이 앞서고 이인제가 뒤를 이었다. 노무현이 광주 경선의 목표를 2위라고 했을 정도다. 부산 출신의 노무현 후보가 광주 경선을 돌파한 메시지는 무엇이었을까?

> 존경하는 당원 동지 여러분 오늘은 정말, 정말 중요한 선택의 날입니다. 오늘 이 자리에서 하는 여러분의 선택이 광주의 선택이고 바로 광주의 선택이 민주당의 선택이고 대한민국의 선택이 될 것입니다. 바로 역사의 선택이 될 것입니다.

기호 2번 노무현의 쩌렁쩌렁한 목소리가 체육관에 모인 당원들과 대의원들을 집중시켰다. 광주의 선택을 역사의 선택이라고 등치시킨 그의 메시지 전략은 지금 봐도 아주 탁월했다. 이는 김대중을 대통령으로 만든 광주민주화운동의 주역인 광주 시민의 자부심에 호소하는 메시지였다. 그는 한나라당에서 넘어온 이인제를 겨냥해서 누가 진정 민주당다운 후보인지를 물었고, 한화갑을 겨냥해서 누가 본선에서 이회창을 꺾을 후보인지를 물었다.

"정면 돌파해서 영남 표를 받아 와서 이회창 지지 기반 무너뜨리고 민주당의 승리를 가져와야 합니다"라는 호소는 아주 큰 설득력을 가졌다. 노무현은 '누가 정면 돌파해왔는지' 물은 뒤 젊은 서민의 대표 노무현만이 70대 귀족의 대표 이회창을 이길 수 있다고 목소리를 높였다.

노무현은 당내 경선에서 가장 중요한 요소가 본선 경쟁력이라는 사실과 민주당다운 정체성이라는 사실을 그 누구보다 잘 이해하고 있었다. 노무현의 메시지는 전략적 일관성을 갖고 있었고, 여기에 자신의 삶과 가치, 철학을 결합시키면서 광주 시민들의 마음을 움직였다. 노무현은 이렇게 물었다.

누가 정면 돌파했습니까? 저 노무현이 정면 돌파했습니다. 92년 3월에 14대 총선에서 정면 돌파했습니다. 95년 부산시장 선거에서도 정면 돌파했습니다. 지난 4.13 총선에서도 정면 돌파했습니다. 민주당 깃발 들고 제3당 무소속의 깃발이 아니라 정정당당하게 민주당 깃발 들고 김대중 대통령 사진 들고 정면 돌파해서 37% 받아 왔습니다. 이번에 다시 저 노무현이 정면 돌파해서 50% 받아 오겠습니다. 어떻습니까!

노무현은 광주 경선에서 37.9%를 득표해 1위를 차지했다. 그 열기는 체육관 안에만 머물지 않았고, 노사모 열풍이라는 팬덤으로 이어졌다. 데스크톱 인터넷 시대 노무현의 정면 돌파는 대통령 당선이라는 결과로 이어졌다. 부인 권양숙 여사의 빨치산 경력이 문제되자 "그렇다고 마누라를 버리란 말입니까?"라고 한 말은 지금도 잊히지 않는다. 노무현은 탁월한 메시지로 불리한 선거를 극복하고 승리한 정치인이다. 김대중 정부에 이어 또 한 번의 진보정권이 탄생한 순간이었다.

메시지가 좋으려면 좋은 삶을 살아야 한다. 정치인이나 사회운동가에게 좋은 삶이란 세상을 바꾸기 위한 용기를 통해 실현된다. 김대중은 민주주의와 시장경제, 평화와 통일을 위해 목숨을 걸고 싸운 정치인이다. 실제로 죽을 고비도 여러 번 넘겼다. 그에게서 누구도 대신할 수 없는 메시지가 나오는 것은 당연하다. 노무현은 인권 변호사로 활동하다가 국회의원이 된 뒤 전두환 5공 청문회에서 일약 스타가 됐다. 동족을 학살한 전두환을 몰아붙이던 노무현의 표정과 목소리는 용감한 정치인의 단면을 보여주었다. 변호사다운 날카로움과 정치인다운 용기가 결합되면서 그는 정치 지도자 이미지를 획득했다.

그는 쉬운 길을 위해 타협하지 않았다. 그를 정치에 입문시킨 것은 김영삼이었지만, 김영삼이 3당 합당을 하자 단호히 결별했다. 그리고 그는 서울의 좋은 지역구를 버리고 지역주의와 싸우기 위해 험지 부산에서 출마해 연속으로 낙선했다. 떨어질 것을 알면서도 그곳에서 도전한 그의 용기가 그의 메시지를 만든 것이다. 김대중은 두려움의 시대를 걸었다. 죽음의 그림자가 늘 따라다녔다. 김대중이 "두렵지 않아서가 아닙니다. 두렵지만 해야 하기 때문에 하는 겁니다"라고 말했을 때 사람들은 그의 진정성에 마음을 포갰다. 노무현이 "반칙과 특권이 없는 사회를 만들겠다"고 했을 때 사람들은 노무현이니까 그걸 해낼 것이라고 믿었다.

5) 전태일을 살려내라!

세상을 바꾼 메시지들은 수없이 많다. 연설을 잘한 정치인들도 부지기수다. 히틀러는 대중을 흥분시킬 줄 알았고, 처칠은 전쟁 시기의 불도저였다. 링컨의 게티즈버그연설은 외워도 좋을 만큼 짧고 감동적이다. "국민을 위한, 국민에 의한, 국민의 정부"만 기억할 일이 아니다. 버락 오바마 대통령은 현대 정치가 낳은 불가사의한 연설가이다. 장엄하며 신념을 불러일으키는 그의 연설문도 연설문이지만 그는 목소리, 태도, 표정, 순발력 등 어느 것 하나 부족한 것이 없는 탁월한 정치인이다. 연설문을 잘 쓰고 싶은 사람이 있다면 연설문들을 한꺼번에 읽지 말 것을 권한다. 문득 하나를 꺼내어 읽고 또 읽고 하면서 무엇이 사람들의 마음을 움직이는지 찾아낼 줄 알아야 자기 것이 된다. 소리 내어 읽는 것은 또 다른 경험이 될 것이다.

이 장에서 마지막으로 함석헌 선생을 추억해야겠다. 내가 대학생일 때 그에게 여러 번 초청 강연을 요청한 적이 있다. 참으로 멋진 할아버지였던 것으로 기억한다. 그는 우리 시대의 사상가였고 진정한 스승이었다. 함석헌이 캠퍼스에 오면 사복 경찰들이 강연장을 에워싸고 정복 경찰들이 교문 밖에서 전투태세로 대기했던 기억이 새롭다. 우리는 강연이 끝나면 스크럼을 짜고 교내 시위를 했다. 맞고 끌려가면서도 우리는 선생의 말씀을 가슴 깊이 간직했다.

함석헌이 생각난 것은 얼마 전 김호기가 『한국일보』에 쓴 칼럼 때문이다. 김호기는 2018년 2월 말부터 '김호기의 100년에서 100년으로'라는 칼럼을 연재하고 있다. 그 시작이 함석헌이었다. 「씨알의 함성이 곧 촛불의 함성」이라는 제목이 눈길을 끌었다.

도서출판 한길사는 함석헌의 글을 모은 저작집 30권을 펴냈다. 함석헌은 세상의 변화를 위해 정말 많이 쓰고 많이 말한 사회사상가다. 김호기는 이 칼럼에서 『뜻으로 본 한국역사』를 함석헌의 대표 저작으로 꼽았다.

함석헌 사상의 키워드는 '씨알'이다. 함석헌은 씨알을 스승 유영모로부터 배웠다. 씨알이란 말은 유영모가 『대학大學』에 나오는 '민民'을 '씨알'로 번역한 것에서 비롯된다. 씨알에는 '하나님의 씨(아들)' '평민'이라는 두 가지 의미가 있다. 함석헌은 후자를 중시했다.

김호기는 함석헌의 씨알 사상이 "민중 담론은 물론 민주주의에 지대한 영향을 미쳤다"고 했다. '생각하는 백성이라야 산다'는 함석헌 메시지는 나라의 주인이 민중이라는 확고한 신념에서 나왔다. 김호기는 "다가올 100년에서 민주주의가 여전히 중요한 가치라면, 국민주권을 추구하는 재야의 정신은 한국 민주주의에 지속적인 생명력을 부여할 것"이라고 했다. 이것이 촛불혁명의 정신과 연결되는 지점이다. 촛불 정신과 재야 정신은 상호 영향을 미치면서 한국 민주주의를 전진시킬 것이다.

함석헌은 사상가이자 실천가였다. 또 탁월한 연설가였다. 평화시장 노동자 전태일 열사가 분신자살했을 때 함석헌은 "전태일을 살려내라!"는 위대한 연설을 했다. 장례식장에서 죽은 자를 살려내라고 외친 이 연설은 이후 노동운동과 학생운동, 시민운동에 큰 영향을 미쳤다.

스스로 자기 손으로 자기 목숨을 불사른 사람에게 슬퍼한다는 것이 무슨 의미가 있습니까?
나는 그보다도 차라리 우리가 그를 살려내야 한다고 말하고 싶습니다.
전태일을 살려야 합니다.

그는 우리를 위해 죽었습니다.

우리는 그를 차마 죽은 채로 둘 수 없습니다.

아닙니다.

전태일은 죽은 사람이 아니라 산 사람입니다.

그는 죽음으로 우리 앞에 삶을 절규하고 있습니다.

그를 어찌 차마 죽음 속에 묻어두고 썩혀둘 수가 있습니까?

전태일을 살려야 합니다.

그리고 전태일은 지금도 우리 곁에 살아 있다. 세월호 참사로 희생된 304명의 우주도 우리 곁에 살아 있다. 주어가 '나'였던 마틴 루터 킹의 꿈도 우리 곁에 살아 있다. 광화문 광장을 비롯한 전국의 거리에서 타올랐던 1,700만 개의 촛불도 우리 곁에 살아 있다.

3부

캠페인 메시지 공작소

―

"고요"― 이 단어가 종이 위에서 버스럭대면서

"숲"이라는 낱말에서 뻗어 나온 나뭇가지를

이리저리 흔들어놓는다

― 비스와바 쉼보르스카, 「쓰는 즐거움」, 『끝과 시작』

스마트폰 시대에 캠페인 메시지를 유권자를 향해 발신할 방법은 너무 많다. 그런데 메시지 발신이 쉬워진 만큼 수많은 정보를 뚫고 메시지를 실제로 '전달'하는 것은 더욱 어려워졌다. 트위터나 페이스북에 메시지를 올리는 것은 언제나 가능하지만 사람들의 관심을 끌기는 쉽지 않다. 잘못하면 안 좋은 인상을 남길 가능성도 있다. 자칫 실수를 하면 오히려 유권자의 마음을 돌아서게 만들 수도 있다. 소셜 미디어의 타임라인은 비교되면서 흐른다. 캠페인에는 항상 상대가 존재한다. 상대보다 못하면 유권자의 선택을 받을 가능성이 더 적어진다. 메시지가 더 중요해진 이유다. 소셜 미디어 계정의 정체성을 정하고 일관되게 반복할 메시지 전략을 짜는 것은 기본이다. 메시지에 대한 반응을 체크하고 사용하는 언어와 문장 구조, 태도 등을 계속 개선해나가야 한다. 어떤 내용이 더 나은 반응을 일으키는지, 어떤 사진이 더 호감을 부르는지, 어떤 링크에 어떤 코멘트가 적절한지 계속 체크하면서 조금씩 앞으로 나아가는 것이 중요하다. 대박을 기대하면 후회가 따른다. 꾸준히 더 좋은 메시지를 만들려는 노력을 하다 보면 상당히 영향력 있는 계정을 가질 수 있다.

좋은 메시지는 유권자에게 전달되는 메시지이며, 접촉면에서 반응을 일으키는 메시지이며, 궁극적으로 유권자의 마음을 움직여 자신을 지지하도록 만드는 메시지이다. 만약 하나의 메시지가 유권자의 마음을 감동시킨다면 상당한 확산력을 갖게 될 것이다. 전하고자 하는 메시지가 무엇인지 모르는 상태에서 좋은 메시지가 나올 가능성은 거의 없다. 무엇을 하기 전에 잠시 숨을 고르고 이 포스팅에서 무엇을 전하고자 하는지 생각해야 한다. 잠시 멈춤은 더 좋은 글을 올리기 위한 좋은 습관이다. 새로운 계정을 만들기 전에 항상 무슨 이야기를 할 것인지 묻고 또 물어야 한다. 적어도 캠페인에서 효과를 보기 위한 계정이나 페이지라면 반드시 그래야 한다. 페이스북을 만들려면 무엇을 정기적으로 말할지 결정해야 한다. 트위터를 하려면 어떤 이슈를 선점할 것인지 결정해야 한다. 인스타그램을 하려면 어떤 사진을 시리즈로 찍을 생각을 하는 것이 좋다. 유튜브 채널을 만들려면 내가 자신 있게 들려줄 이야기가 무엇인지 충분히 생각해야 한다. 유권자에게 자신의 이미지를 각인시키려면 스스로 지겨워질 때까지 충분히 반복해야 한다.

모두가 소셜 미디어를 아는 것처럼 말하지만 실제로는 일방적으로 자신의 이야기를 하려는 사람들이 많다. 소셜 미디어는 개인 성명서가 아니다. 캠페인에 나선 후보가 발신하는 메시지는 정교해야 한다. 후보가 무언가를 시작하는 순간, 메시지는 캠페인의 핵이 된다. 콘텐츠는 메시지를 다양한 형식으로 만들어 청중에게 전달하는 어떤 것이다. 모든 콘텐츠에는 메시지가 스며들어야 한다. 노골적이든 우회적이든 메시지가 스며들지 않은 콘텐츠는 오히려 메시지 전달을 방해한다. 명함 다르고, 포스터 다르고, 공보물 다르고, 온라인 콘텐츠가 다르다면 그것은 아무것도 하지 않는 것이나 마찬가지다. 후보자의 핵심 메시지는 공유되고 일관성을 유지해야 하며 충분히 매력적으로 전달되어야 한다.

그렇다면 좋은 메시지란 무엇인가?

1장

좋은 메시지의 9가지 원칙

1) 메시지는 진실하고 믿을 수 있어야 한다

가장 중요하면서 가장 어려운 항목이다. 사실 이것에만 충실해도 좋은 메시지를 만들 수 있다. 메시지는 나의 이야기이며 다른 사람이 대신할 수 없는 것이다. 후보자의 경험과 경력, 가치와 철학에 기초하지 않으면 유권자의 마음을 움직이기도 어렵고 신뢰를 주기도 어렵다. 후보자의 배경과 완전히 모순되는 이야기나 후보자의 신뢰를 떨어뜨릴 만한 과장도 하지 않는 것이 좋다. 가령 조지 부시가 연설 서두에 "저는 오직 세계의 평화를 지키기 위해 이 자리에 섰습니다"라고 한다면 여기저기서 웃음소리가 들릴 것이다. 이는 "박근혜가 1원도 축재하지 않았다"고 말하는 홍준표의 말처럼 공허하다. 실제로 홍준표는 "박근혜가 1원도 안 받고 지인에게 조언을 구했는데 24년"이라고 발언해 많은 비판을 받았다.

이는 에토스, 로고스, 파토스 가운데 에토스에 해당한다. 즉 "나는 누구인가?"에 대한 대답으로, 청중과의 유대감을 강화하기 위해 자기를 소개하는 과정이다. 선거에 나서는 후보는 나는 누구인지에 대해 간결하고 분명하게 말할 수 있어야 한다. 누구의 선택을 받지 않아도 되는 사람이라면 모를까 우리는 누구나 "나는 누구인가?"에 대해 대답해야 하는 순간에 직면한다. 입시나 입사 면접 때 자기소개를 한다. 자기소개가 거짓되거나 허황되게 느껴진다면 그 사람의 업무 능력이나 비전에 대해서도 부정적으로 평가할 가능성이 높다.

그 사람의 과거는 그 사람의 현재를 규정한다. 나는 이렇게 살아왔고 그 결과 이런 생각을 갖게 되었다고 말할 때 청중과의 유대감이 강화된다. 구체적인 경험에서 우러나오면 보다 설득력을 갖게 될 것이다. 가령 선거에서 일자리가 가장 중요한 의제로 떠올랐을 때, 일자리와 관련된 구체적인 경험이 있다면 그것을 부각하는 것이 좋다. 일자리와 관련해 내세울 만한 경력이 없다면 가족이나 구체적인 이웃의 사례로 시작하는 것이 좋다. 그러려면 진심으로 그 이웃의 처지를 이해해야 할 것이다. 자신이 직장에서 느꼈던 일자리에 대한 생각을 반추해서 정리하는 것도 좋은 방법이다.

자기를 소개하는 데 있어 솔직하게 자신의 핸디캡을 인정하는 것도 좋은 방법이다. 노무현은 자신이 상고 출신이라는 것을 솔직하게 인정하는 것으로 메시지의 신뢰도를 높였다. 오히려 그것을 자수성가 이미지와 반기득권 이미지를 강화하는 데 활용했다. '반칙과 특권이 없는 세상'을 말할 때 상고 출신이라는 사실은 약점이 아니라 강점이 될 수 있다.

2005년 스티브 잡스의 스탠퍼드대학 졸업식 연설은 좋은 사례다.

> 고맙습니다. 오늘 세계적인 명문 대학에서 여러분께 연설을 하게 되어 영광입니다.
> 솔직히 말씀드리자면, 저는 대학을 졸업하지 않았습니다.
> 그래서 지금 이 자리가 마치 제가 대학을 졸업하는 것처럼 느껴집니다.
> 오늘 저는 이 자리에서 제 삶에서 가져온 세 가지 이야기를 하려고 합니다.

쉽고 평이하면서 겸손한 태도다. 스티브 잡스는 이렇게 이야기를 시작함으로써 세 가지 이야기에 대한 신뢰를 강화했다. 청중과의 극적 유대감을 만들어낸 연설로는 존 F. 케네디의 베를린 연설이 으뜸으로 꼽힌다. 샘 리스는 이 연설의 의미를 "베를린장벽이 세워진 후 동독이 언제 침략할지 모른다는 불안을 안고 살던 서베를린 시민을 격려하기 위한 것"이라고 설명했다. 12만 명의 베를린 시민들은 광장에서 설레는 마음으로 케네디를 기다렸다. 로버트 피어스는 "케네디의 연설은 베를린 시민들에게는 음악이나 다름없었다"고 했다. 케네디는 연설 서두와 마지막을 "나는 베를린 시민입니다Ich bin ein Berliner"라는 말로 장식했다. 이 말을 듣는 순간 베를린 시민들은 저멀리 미국에서 온 대통령에게 동질감에 가까운 유대감을 느꼈고, 케네디가 연설하는 내내 환호와 박수를 보냈다.

나는 오늘 서베를린 투혼의 상징인 시장의 초청을 받아 이곳에 온 데 대하여 자랑스러운 마음을 갖고 있습니다. 2000년 전 사람들이 가장 자랑스러워했던 말은 "나는 로마 시민입니다"였습니다. 그러나 오늘날 자유세계에서 가장 자랑스러운 말은 단연 "나는 베를린 시민입니다"입니다.

이런 메시지는 패러디해도 좋을 것이다. 페이스북 친구가 되면 시민권을 주는 스위스의 한 오지 마을처럼 우리는 새로운 상상력으로 유대감을 강화할 수 있다. 부산 출신인 노무현이 광주 경선에서 유대감을 강화하기 위해 자신이 영남에서 김대중을 위해 헌신적으로 캠페인을 했던 기억을 되살린 것도 마찬가지 맥락이다. 가령 당신이 베트남 호치민 시에 초청받아 가서 연설을 한다고 생각해보라. "제 마음은 오래전부터 호치민 시민입니다. 제 인생에서 가장 존경하는 사람 가운데 한 명이 호치민 주석이기 때문입니다. 오늘 저는 이곳에서 호치민 주석을 추모합니다"라고 연설을 시작하면 베트남 시민과의 유대감이 한층 강화될 것이다. 만약 당신이 베트남전 참전 용사였다면, 그 사실을 솔직히 고백하고 진심어린 사과를 하는 것이 좋다. 역사에 대한 사과는 사람들의 분노를 누그러뜨리는 법이다.

1부에서도 예로 들었지만 문재인 대통령이 제천 화재 현장에서 "유가족들의 욕이라도 들어드리는 게 대통령의 도리"라고 말한 것은 대통령이라는 직분을 재해석한 메시지다. 유가족들은 대통령의 겸손한 태도를 보며 분노를 다소 누그러뜨릴 수 있었을 것이다.

후보자의 메시지 작성에 관여하는 사람은 무엇보다 후보를 가장 잘 알아야 한다. 그가 살아온 삶의 구체적인 이력을 알아야 하고 그의 장점과 단점, 매력 등을 구체적으로 파악해야 한다. 가족 관계는 어떤지, 친한 동료는 누구인지, 그와 적이 된 사람은 누구이며 왜 그랬는지도 알아야 한다. 아주 작은 것이라도 범죄 사실은 없는지 이웃에게 선행을 베풀고 살았는지, 좋아하는 운동은 무엇인지, 어떤 영화, 어떤 책, 어떤 음악을 좋아하는지도 아는 것이 좋다. 후보가 누구를 존경하는지, 정치적 롤모델은 누구인지, 좌우명은 무엇인지도 알아야 한다. 또한 후보자도 스스로를 다시 정리해야 한다. 그 과정에서 계속 질문하고 답해야 한다. "나는 누구인가?" 후보자가 자신이 누구인지 분명하게 정리하고 나면 나머지 문제들은 저절로 풀린다. 후보가 야당 의원 시절 갑의 폭력에 대항해 을의 권익을 지키기 위한 일을 열심히 했다면, 그 구체적인 사례를 파악해서 스토리로 만들어야 한다. 도움을 받았던 사람과의 관계도 복원하는 것이 좋다.

사실 후보를 인터뷰하는 일은 선거 캠페인에서 가장 중요한 일이다. 대체로 생략하는 사람들이 많지만.

2) 메시지는 구체적인 것을 포함해야 한다

스마트폰 시대는 구체적인 것, 손에 잡을 수 있는 것, 이미지로 떠올릴 수 있는 것에 더 적극적으로 반응하는 시대다. 조지 레이코프는 『이기는 프레임』에서 이미지로 떠올릴 수 있는 이야기가 오래 기억된다고 강조한다. 가구보다는 의자라고 말하는 것이 좋고, 동물보다는 고양이를 언급하는 게 효과적이다. 꽃이라고 말하면 머릿속에서 사라지지만 장미라고 말하면 선명하게 떠오른다. 청중과의 상호작용은 구체적으로 떠오른 이미지가 공유될 때 더 적극적으로 일어난다.

나는 누구인지와 나의 자격을 설득했다면 연설을 하는 지역이나 유권자에 대해 당신이 잘 알고 있다는 사실을 보여줄 필요가 있다. 페이스북 담벼락에 댓글을 남긴 시민에게 답글을 남기는 것은 당신의 소통 이미지를 강화한다. 모든 댓글에 답글을 남길 수는 없겠지만 당신이 그 댓글을 보고 있다는 인상을 남기는 것은 중요하다. 댓글을 남긴 사람들의 아이디나 이름을 동영상으로 직접 호명한다면 그 효과는 더욱 커질 것이다. 당신의 연설문에 그 지역의 유권자 이름이 들어 있을 수도 있다.

연설문에서 도시 자영업자에 대한 공약을 발표한다고 하자. 물론 영세 자영업자의 통계를 말하는 것도 중요하고 당신이 그들 편이라는 강한 호소를 하는 것도 중요하다. 하지만 여기에 더해 당신이 영세 자영업자의 이익을 위해 법안을 발의했거나 건물주의 횡포에 맞서 싸운 경험이 있다면 연설은 보나마나 성공할 가능성이 높다. 그런 경험이 있든 없든 당신이 영세 자영업자의 편이라는 것을 설득하는 가장 좋은 방법은 영세 자영업자의 삶을 구체적으로 거론하는 것이다. 예를 들어 서울시장에 출마한 후보는 이런 연설을 할 수 있을 것이다.

오늘 저는 망원시장에서 분식집을 하는 50대 후반의 김순임 어머니를 만났습니다. 고등학교 시절을 떠올리며 쫄면을 먹었는데 무척 맛있었습니다. 김순임 어머니의 아들은 취업 준비중이고 딸은 대학교 3학년입니다. 분식집을 운영해서 아이들을 훌륭하게 가르친 자랑스러운 어머니이십니다. 어머니 같은 분들 덕분에 세상이 유지됩니다. 그런데 요즘 너무 어렵다고 하십니다. 망원동 지역이 개발되면서 임대료가 너무 올랐다고 하십니다. 또 미세먼지 때문에 개방형 식당을 관리하기가 어렵고 손님도 줄어든다고 합니다. 이건 뭔가 문제가 있습니다. 어머니는 그 자리에서 평생을 성실하게 살아오셨을 뿐인데 임대료와 미세먼지가 어머니의 삶을 위협하고 있습니다. 자영업자들이 무너지고 있습니다. 도시가 무너지고 있습니다. 저는 다른 것은 몰라도 우리 어머니들의 삶을 무너뜨리는 적들과 싸우겠습니다. 어머니들의 환한 웃음을 위해 임대차보호법을 바꾸겠습니다. 재래시장의 미세먼지 대책을 위해 특별지원법을 만들겠습니다. 여기 이 자리에 김순임 어머니가 오셨습니다. 여러분! 큰 박수로 응원해주시기 바랍니다.

연설이 있는 날 페이스북의 주인공은 후보가 아니라 김순임 어머니가 되어야 한다. 소셜 미디어 시대에 구체적인 사람의 이야기를 후보자의 가치와 연결시키는 것은 매우 효과적이다. 앞서 이야기한 페이스북 페이지 '휴먼스 오브 뉴욕'이 크게 성공한 이유다. 자신이 핵심적으로 내세우는 공약과 출마한 지역의 유권자를 연결시키는 것은 후보자의 소통 이미지와 호감도를 급격히 증가시킬 수 있다.

오바마는 최저임금 10.10달러 인상을 촉구하는(일명 '텐텐법안') 미국 의회 연설에 전국 각지의 다양한 계층의 유권자를 초대했다.

고용인에게 최저 시급을 10.10 달러 이상 주면서 수익을 내고 있는 자영업자를 비롯해 각각 최저 시급과 관련된 이야기를 갖고 있는 사람들이었다. 오바마는 이들의 이름을 직접 호명하며 자신의 정책을 설명했다. 오바마는 2008년 선거 당일 시카고 당선 연설에서도 투표에 참여해준 국민들에게 감사를 표하기 위해 106세인 앤 닉슨 쿠퍼의 삶을 언급했다.

> 이번 선거에선 지금까지 들려지지 않았던, 앞으로 여러 세대를 건너 두고두고 회자될 이야기들이 많이 나왔습니다.
> 하지만 오늘 밤 제 가슴속에 있는 이야기는 바로 애틀랜타에서 자신의 표를 행사한 한 여성의 이야기입니다. 그녀는 의견을 표출하기 위해 투표장에 줄을 섰던 수백만 명의 다른 유권자와 같습니다. 하지만 단 한 가지 특이한 점이 있다면, 바로 그녀, 앤 닉슨 쿠퍼 씨가 106세라는 것입니다.
> 그녀는 노예제 폐지 직후에 태어났습니다. 길 위엔 차가 없고 하늘엔 비행기가 떠 있지 않았던 시대, 그리고 피부색과 여성이라는 두 가지 이유로 그녀가 투표를 할 수 없었던 시대에 말입니다.
> 그리고 오늘 밤, 저는 그녀가 미국에서 한 세기를 살아오면서 보았을 풍경들에 대해 생각합니다. 마음의 고통과 희망, 고난과 진보, 그리고 '너희는 할 수 없다'는 말을 듣던 시대에 미국의 신념을 단호하게 밀고 나갔던 사람들에 대해 말입니다. 그 신념은 바로 이것이었습니다. '예, 우리는 할 수 있습니다.'
> 여성들의 목소리가 묵살되고 그들의 희망이 부서지던 시대를

지나, 그녀는 이제 여성들이 권리를 위해 싸우고, 주장하고, 투표장으로 향하는 것을 보게 되었습니다.
'예, 우리는 할 수 있습니다.'(원문 출처: 위키소스wikisource http://reurl.kr/25F16FAUW)

오바마는 이 연설에서 106세 여성 쿠퍼의 삶을 통해 자신의 선거 슬로건이었던 '예. 우리는 할 수 있습니다Yes. We Can'를 여러 번 반복한다. 미국 역사상 최초의 흑인 대통령이 탄생하는 순간 터져 나온 감동적인 연설이다. 이처럼 구체적인 개인과 자신의 가치와 의미, 슬로건을 결합시키면 그 효과가 극적으로 배가된다.

『대통령의 글쓰기』의 저자 강원국에 따르면 김대중은 이름을 거론하는 데 인색하지 않았다고 한다. 연설문 보고를 받으면 거명해야 할 사람 중에 빠진 사람이 없는지부터 챙겼다고 한다. "도로나 항만 기공식 행사 연설에는 업체 관계자까지 빠짐없이 언급하고자 했다. 경찰, 군인, 소방관 등 평소 고생하는 사람들을 대상으로 한 자리에서는 특히 그랬다."

개인이 이야기이고 우주인 스마트폰 시대에 사람의 이름과 이야기, 사진만큼 소중한 것은 없다. 정치는 그 개인들과의 연결이고 그들의 마음을 움직여 세상을 바꾸는 것이다. 일반적인 사람, 추상적인 시민이 아니라 개개인의 우주 속으로 들어가면 훨씬 더 좋은 메시지가 나올 것이다.

3) 메시지는 유권자에게 중요한 것이어야 한다

메시지는 유권자들의 관심이 크고 유권자들이 중요하다고 생각하는 곳에서 잘 전달된다. 선거에서 유권자 조사가 중요한 이유이다. 그룹별 심층 좌담회를 하면 다양한 유권자 그룹의 솔직한 이야기를 분류해서 들을 수 있다. 유권자의 육성을 있는 그대로 읽고 행간의 의미를 파악하면서 메시지 전략에 활용하는 것이 좋다.

캠페인을 할 때는 후보가 좋아하는 것과 유권자가 좋아하는 것을 분리해야 한다. 후보가 좋아하는 것이 유권자의 관심 사항이 아니라면 과감히 배제해야 한다. 유권자는 별 관심이 없는데 후보자의 관심 때문에 그 얘기를 계속 꺼내서는 안 된다는 뜻이다. 어떤 주제를 이야기할 때 그것이 유권자가 정말 중요하게 생각하는 것인지를 반드시 판단해야 한다. 유권자가 정말로 중요하게 생각한다면, 당신이 이야기를 꺼내는 순간 눈빛이 반짝이는 것을 느낄 수 있을 것이다.

하지만 유권자가 중요하게 생각하더라도 당신에게 불리한 것이면 굳이 당신이 먼저 이야기할 필요는 없을 것이다. 상대 후보가 더 잘할 것이라고 알려진 사안에 대해서도 그렇다. 만약 그런 사안이 있다면 차이를 없애려는 노력을 해야 하고 그것을 유권자에게 증명해야 한다.

소규모 유세를 하는 경우 미리 그곳 유권자의 관심사를 조사하고 그것에 기초해 메시지를 만들어 가는 것이 좋다. 단도직입적으로 이야기를 시작하는 것도 좋은 방법이다. 이는 로고스에 해당하는 부분인데 한마디로 왜 내가 상대 후보보다 더 경쟁력이 있는지 명확하게 설명하는 과정이다.

유권자를 분류해서 설득할 때는 유의할 점이 있다. 이해관계가 첨예하게 얽힌 직능단체를 방문할 때 메시지의 일관성이 깨져서는 안 된다. 가령 건강보험 문제를 둘러싸고 의사협회와 한의사협회가 싸울 때 의사협회에 가서는 의사에게 유리한 말을 하고 한의사협회에 가서는 한의사에게 유리한 말을 해서는 안 된다는 뜻이다. 폐쇄된 공간에서의 말이라고 해도 스마트폰 시대엔 그 벽이 전혀 의미가 없다는 사실을 자각해야 한다. 현대 선거에서는 직능단체나 이익집단을 아예 방문하지 않는 것이 좋을 수도 있다. 19대 대선 때 안철수가 사립 유치원장 대회에 참석해서 오해를 불러일으킬 수도 있는 발언을 한 것은 공간적 제약이 완전히 사라진 스마트폰 시대의 위력을 이해하지 못한 실수라고 할 수 있다. 안철수의 유치원 공약은 문재인의 그것과 거의 다르지 않았음에도 불구하고 사립 유치원 프레임에 걸린 것이다. 이 사건은 당시 지지율이 하강 변곡점을 맞은 중대 사건이었다.

4) 메시지는 명확하며 가슴을 움직여야 한다

마크 트웨인은 "정확한 단어와 비교적 정확한 단어는 번갯불과 반딧불이만큼이나 차이가 차이가 난다"(강원국, 『대통령의 글쓰기』)고 했다. 캠페인 메시지는 단순히 단어의 선택 문제를 넘어선다. 유권자의 언어 습관을 어디까지 인정하고 수용할 것인가 하는 문제까지 포함한다.

'소셜'한 시대의 언어 변동은 매우 가파르다. 온갖 약어들이 의

사소통을 어렵게 할 정도다. 하지만 정치 지도자의 언어는 유행을 좇아간다고 해서 꼭 좋은 것이 아니다. 어설픈 느낌을 줄 수도 있고 자칫 가벼운 인상을 줄 수도 있다. 또 기성세대의 정서와 충돌을 일으킬 가능성도 있다. 잘못된 언어 습관은 생각을 명확하게 전달하는 데 방해가 된다. 조지 오웰도 현대 영어에 대한 칼럼에서 "잘못된 언어 습관을 없애면 생각을 더 명확하게 전달할 수 있고 이는 정치 혁신을 위해 반드시 필요하다"고 역설했다.

메시지를 일반적인 성명서라고 생각하는 사람들도 있다. 하지만 이런 언어를 경청할 유권자는 존재하지 않는다. 모든 캠페인 메시지는 유권자가 현재 생각하는 핵심 관심사에 밀착해 있어야 한다.

일단 메시지가 복잡하면 유권자들에게 혼란을 준다. 유권자는 무언가 혼란스러우면 경청을 중단한다. 김대중도 메시지 담당자에게 항상 한두 가지로 단순화할 것을 주문했다. 후보자의 풍부한 지식을 뽐내려고 하면 캠페인 메시지는 망가진다. 지나치게 시류에 편승해 분명하게 체화되지 않은 이야기를 늘어놓는 것도 좋지 않다. 강원국은 2007년 노무현이 4년 중임제 개헌안을 이야기했을 때 당시 한나라당 박근혜가 '참 나쁜 대통령'이라고 말한 것을 뼈아프게 기억한다. 노무현이 개헌은 나를 위한 것이 아니라 다음 세대를 위한 것이라고 반박했지만 '참 나쁜 대통령'이라는 프레임을 넘어서기엔 역부족이었다는 것이다.

마크롱은 나이 많은 부인 때문에 많은 공격을 당했다. 네거티브 루머가 창궐했다. 젊은 여자와 바람을 피우고 있을 것이라는 루머와 분명히 게이일 것이라는 루머가 그를 괴롭혔다. 마크롱은 이것을 '두 개의 혐오' 프레임으로 단순하게 규정했다. "만약 남자가 나이가 더 많았어도 이렇게 이야기했겠는가"라고 물으며 '여성 혐오'라고 했고, "내가 게이라면 게이라고 당당하게 밝혔을 것이다. 게이가 대통령이 되는 게 나쁜가"라고 물으며 '성소수자 혐오'라고 했다. 수많은 루머를 '두 개의 혐오'라는 규정으로 정면 돌파한 것이다.

메시지가 명확하고 유권자의 가슴에 가 닿으려면 이슈에 대한 명확한 규정과 용기가 필요하다. 그렇지 않을 경우 우왕좌왕과 애매모호의 친구가 되기 십상이다. 매일매일 표를 계산하느라 여기 가서는 이 말 하고 저기 가서는 저 말 하는 후보들의 메시지가 유권자의 가슴을 움직일 가능성은 제로다.

야당 입장에서 2017년 대통령 보궐선거는 한마디로 규정됐다. '정권 교체!' 박근혜가 탄핵된 순간 여당인 새누리당은 선거를 규정하기가 어려웠다. 보통 집권 세력의 선거 규정은 '전진' 혹은 '안정 속의 개혁'이다. 그런데 그런 말을 할 수 없었던 것이다. 그래서 들고 나온 것이 '좌파 청산'이다. 그런데 그 규정은 뜬금없다. 정권 교체가 기정사실화된 순간 문재인은 '적폐 청산'을 전면에 들고 나왔다. 촛불혁명 이후 민심을 반영한 적절한 구호였다. 일단 쉽고 단순했다.

현대 선거에서 핵심 메시지는 세 가지 이상을 넘지 말아야 한다. 하나의 연설이나 인터뷰에서 10가지를 이야기하는 것은 아무 이야기도 안 하는 것과 같다. 이슈나 정책도 마찬가지다. 100대 정책을 나열해서 보여주는 것은 선거 공보물 정도에서나 가능한 일이다. 이슈나 정책도 명확한 메시지로 다시 디자인해야 한다.

유권자들의 관심이 큰 이슈나 정책에 대해 왜 내가 적임자인지를 세 가지 이내로 명확하게 이야기하는 것이 캠페인 메시지이며, 이렇게 메시지가 정리되면 유권자의 가슴을 움직이기가 훨씬 쉬워진다.

5) 메시지는 대조를 이뤄야 한다

어떤 사람이 누구인지를 알려면 그가 누구와 싸우는지 혹은 무엇과 싸우는지를 보면 된다. 특히 정치 분야는 더욱 그렇다. 세상을 변화시키기 위해서는 변화를 가로막는 사람이 누구인지, 제도가 무엇인지 알아야 한다.

대부분의 경우 변화를 가로막는 기득권 세력은 힘이 세다. 강력하다. 미디어를 다루는 기술도 뛰어나다. 그들을 등장시켜 공격해야 메시지 전달력을 키울 수 있다. 영화 〈대부〉에 "친구를 가까이 하라, 적은 더 가까이하라"는 유명한 대사가 나온다. 이는 메시지에도 딱 맞는 충고다. 메시지는 친구보다 적을 더 가까이 해야 메시지를 전달받는 사람들의 이해와 공감을 받을 수 있다. 특히 선거 캠페인 메시지는 유권자들이 왜 상대 후보가 아니라 자신을 선택해야 하는지를 설득하는 것이기 때문에 모든 메시지는 상대방과의 차이를 부각시키는 과정이기도 하다.

유권자의 관심이 크고 상대방과의 차이가 클수록 메시지는 잘 전달된다. 유권자의 관심은 우리가 통제할 수 없다. 관심이 적은 것을 키우는 일도 어렵지만 관심이 큰 것을 인위적으로 적게 만들기는 더 어렵다. 유권자의 관심이 큰 이슈에 대해 자신이 유리한 고지에 있으면 이를 부각시키고, 상대가 더 유리한 고지에 있으면 차이를 좁혀야 한다.

2012년 대선 당시 박근혜가 유권자의 관심이 크고 자신에게 불리한 경제민주화, 청년 실업, 정치 혁신의 차이를 좁히기 위해 상징적 인물을 비대위에 영입한 사례는 유명하다. 당시 박근혜는 문재인에게 유리한 의제를 희석하기 위해 김종인, 이준석, 안대희 등을 영입했다. 차이를 좁히는 데 인재 영입만큼 좋은 방법은 없다. 인재 영입의 메시지 효과는 "나는 부족하지만 그것을 잘할 수 있는 사람을 중용하겠다"는 것이며 내가 집권하면 경제민주화도 하고 청년 실업도 해소하고 정치 혁신도 하겠다는 것이다. 물론 박근혜는 선거 때의 약속을 지키지 않았고 정경유착 등의 부정부패로 탄핵당한 최초의 대통령이 됐다.

2012년 미국 대선에서 오바마는 '줄리아의 일생'이라는 인포그래픽으로 젊은 여성 유권자들의 마음을 사로잡았다. 줄리아라는 한 여성이 요람에서 무덤까지 생애 주기별로 받을 수 있는 복지 혜택을 상대 후보인 롬니의 정책과 선명하게 비교한 시리즈 캠페인이었다.

가령 대학생이 된 줄리아는 오바마가 당선되면 학자금 융자를 낮은 이자로 받게 되지만, 롬니가 당선되면 빚더미에 올라앉게 된다. 결혼해서 아기를 낳은 줄리아는 오바마가 당선되면 오바마케어의 혜택을 받지만 롬니가 당선되면 천문학적인 의료 비용을 지불해야 한다. 유아기부터 노년기에 이르기까지 생애 주기별로 줄리아의 일생이 정부 선택에 따라 완전히 달라진다는 사실을 대조해서 보여줌으로써 여성 유권자를 설득한 캠페인이었다. 오바마는 당시 선거에서 역대 대통령 가운데 가장 높은 여성 지지율을 기록했다.

우리나라에도 잘 알려진 호세 무히카 우루과이 전 대통령의 메시지는 선명한 대조가 왜 더 설득적인지 잘 보여준다. 그의 연설은 단순하고 이해하기 쉬우며 선명한 대조를 이룬다. 일단 호세 무히카의 삶의 이력이 간단치 않다. 그는 무장 게릴라 출신으로, 1970년대에 체포되어 14년간 감옥 생활을 했다. 2010년에 우루과이 대통령이 된 그는 소박한 대통령 생활과 그가 추진한 혁신적인 정책들로 우루과이 국민의 큰 지지를 받았다. 52%의 득표율로 당선된 그의 2015년 퇴임 당시 지지율은 65%나 됐다. 그는 대통령 월급의 대부분을 사회에 기부하고 월 80여만 원으로 생활했다. 대통령궁은 노숙자들에게 내주고 원래 집에서 생활했다. 그래서 그에겐 가장 가난한 대통령이라는 수식어가 붙는다. 하지만 무히카는 자신이 가난하다는 주장에 동의하지 않는다.

> 난 가난하지 않다. 절제할 뿐이다. 가난한 사람은 필요한 것이 많은 사람이다. 많이 필요하면 만족할 수가 없다. 난 절제할 줄 아는 것이지 가난한 것은 아니다(마우리시오 라부페티, 『호세 무히카 조용한 혁명』).

그는 마약에 찌든 청년들의 문제를 해결하기 위해 마리화나를 합법화했고, 낙태죄를 폐지했으며, 동성 결혼도 합법화했다. 한 시민이 호세 무히카 부부의 식사 장면을 페이스북에 올린 것을 계기로 호세 무히카 부부와 그의 18년 된 반려동물인 마누엘라도 소셜 미디어 스타가 됐다. 『세상에서 가장 가난한 대통령 무히카』라는 책에는 마누엘라의 인터뷰도 실려 있다. 퇴임 뒤 더 유명해진 대통령, 호세 무히카가 2012년 6월 20일에 한 리우환경회의 연설은 가치의 대조를 통해 설득과 공감을 부르는 메시지의 진수를 보여준다. 이날 회의에는 120개국 정상급 수뇌부들이 참석했다. 그는 '발전과 행복'이라는 주제로 연설했다.

"우리가 세계화를 통제하고 있습니까? 세계화가 우리를 통제하고 있습니까? 이 무자비한 경쟁 시스템 아래서 우리가 연대나 함께 살아가자는 이야기를 할 수 있는 건가요? 어디까지가 동료이고 어디까지가 경쟁자인가요?"라고 질문한 뒤 모히카는 "우리는 발전을 위해 태어난 것이 아닙니다. 우리는 행복하기 위해 지구에 온 것입니다. 인생은 짧고 바로 눈앞에서 사라지고 맙니다. 생명보다 더 귀중한 것은 존재하지 않습니다"라고 강조했다.

이 연설문은 유튜브 채널에서 전문을 한글 자막과 함께 확인할 수 있다(https://www.youtube.com/watch?v=k2xcIU2U4UE&t=31s).

6) 메시지는 짧아야 한다

메시지 작성은 말을 더하기보다 말을 줄이는 과정이다. 하고 싶은 말을 없애고 줄여서 마지막 빛나는 알갱이만 남긴 것이 바로 메시지다.

모든 캠페인 메시지가 그렇지만 특히 스마트폰 시대의 상호작용 미디어에서 메시지는 짧고 간결할수록 좋다. 짧은 메시지를 만드는 훈련은 트위터로 하는 게 좋다. 140자라는 글자 수 제한을 두고 있는 트위터는 메시지 훈련의 아주 적절한 도구다. 초창기 트윗 대통령이라 불린 이외수는 이 분야에서 발군의 기량을 보여주었다.

페이스북이라고 해서 마냥 긴 글을 쓰는 것은 좋지 않다. 타임라인을 따라가는 유권자들은 내가 올린 메시지뿐 아니라 다른 친구들의 글도 읽어야 하기 때문이다. 물론 긴 글을 읽는 독자들도 있고 출마 선언문처럼 긴 글을 올려야 할 순간도 있다. 하지만 기본적으로 포스팅 하나에 하나의 메시지를 짧게 올리는 것이 좋다. 메시지를 짧게 만들려면 더 많은 생각을 해야 한다. 아무리 짧은 글이라도 글을 쓰고 세 번의 퇴고 과정을 거치는 게 좋다. 퇴고의 방향은 줄이는 것이다. 아무리 해도 줄여지지 않는다면 다시 써라.

최악의 경우는 페이스북에 보도 자료를 스캔해서 이미지로 올리는 경우다. 스마트해 보이는 정치인도 이런 일을 태연하게 하는 경우가 있다. 이런 것을 흔히 '셀프 디스'라고 한다. 소셜 미디어를 함으로써 비호감도를 키우는 경우다. 짧은 메시지를 쓰는 것은 어렵다. 매 순간 의제에 대해 생각하고 자신이 발언할 만한 것인지 아닌지 판단해야 한다. 발언을 해야 한다면 분명하고 단호해야 한다. 애매모호한 발언은 굳이 할 필요가 없다. 자신의 영향력을 키우고 존재감을 가지려면 '파문의 경계선' 위에 설 줄 알아야 한다. 공자 왈 맹자 왈 하나 마나 한 옳은 이야기만으로는 캠페인의 효과를 기대할 수 없다. 캠페인은 게임이고 전쟁이다. 소셜 미디어 시대에는 더 많은 전투가 벌어진다.

충청남도에서 열린 더불어민주당 2018 지방선거 출마자를 대상으로 한 강연에서 김종민 의원은 이런 말을 했다. "흔히들 선진국은 지방분권이 잘돼 있다고 말씀하시는데, 저는 지방분권을 잘했기 때문에 선진국이 되었다고 생각합니다." 그다음 강연자로 나선

나는 김 의원의 말을 인용하면서 이렇게 말했다. "일반적으로 유명한 정치인이 트위터를 잘한다고 말씀하시는데, 저는 트위터를 잘하는 정치인이 유명해진다고 생각합니다." 트위터를 통한 메시지 훈련은 정치인이 수많은 쟁점에 대해 짧게 자신의 생각을 말할 수 있게 만든다.

짧지만 위대한 연설을 하나 소개한다. 에이브러햄 링컨의 게티즈버그연설이다. 이 연설은 1863년 11월 19일 게티즈버그 전투에서 숨진 병사들을 기리기 위해 만든 국립묘지에서 행해졌다. 주 연설자는 고전학자 에드워드 에버릿. 그는 한 시간 이상 연설을 했고, 링컨은 여섯 번째 연설자로 나와 250단어 내외의 짧은 연설을 했다. 연설 시간은 2분 정도였다. 인기 있는 페이스북 동영상 길이다. 앞서 나는 짧은 메시지가 긴 메시지보다 훨씬 쓰기 어렵다고 했다. 링컨도 이 연설문을 쓰기 위해 굉장한 고심을 했다고 한다. 샘 리스에 따르면 링컨은 이 연설을 위해 국립묘지 설계도까지 구해 봤다고 한다. 이 연설을 어느 위치에서 하게 되는지 미리 알아볼 정도로 치밀하게 연설 준비를 한 것이다.

그도 그럴 것이 링컨은 원래 용감한 사람이 아니었다. 애덤 그랜트에 따르면 링컨은 「노예해방선언문」에 서명하기 전 6개월의 긴 시간을 고민했다고 한다. 링컨은 자신이 그런 일을 할 헌법적인 권한이 있는지 의심을 품었다고 한다. 또 남부 기득권 세력의 저항도 두려웠을 것이다. 하지만 이날 링컨은 그 모든 번민을 뒤로하고 역사를 전진시키는 위대한 선택을 했다. 에버릿의 한 시간짜리 연설을 예고편으로 돌려세운 2분짜리 연설은 명확한 선택과 과감한 용기가 왜 좋은 메시지의 중요한 요소인지 분명하게 보여준다. 이 연설의 마지막 부분을 샘 리스의 『레토릭』에서 정미나가 번역한 버전으로 인용한다.

> 살아 있는 자들이 할 일은 따로 있습니다. 이곳에서 싸운 이들이 이토록 고결하게 이루고자 했으나, 아직 이루지 못한 임무를 완수하는 것입니다. 우리 앞에 남겨진 그 위대한 임무에 헌신하는 것, 그것이 바로 우리 몫입니다. 명예롭게 죽어간 이들을 본받아 헌신의 의지를 더욱 굳게 다져, 그들이 마지막까지 온 힘을 바쳐 지키고자 한 대의에 우리를 바쳐야 합니다. 그리고 굳게 다짐해야 합니다. 그들의 죽음이 헛되지 않도록, 하나님의 가호 아래 이 나라가 새로운 자유의 탄생을 맞이하도록, 또 국민의, 국민에 의한, 국민을 위한 정부가 이 지상에서 결코 사라지는 일이 없도록 힘쓰겠다고 다짐하고 또 다짐해야 합니다.

7) 메시지는 반복되어야 한다

메시지는 캠페인 내내 끊임없이 반복돼야 한다. 메시지의 일관성을 유지하는 것은 승리의 전제 조건이다. 메시지가 바뀌면 후보의 정체성이 사라진다. 불행한 일이지만 유권자들은 당신의 이야기에 별 관심이 없다. 관심을 갖는다고 해도 그다지 집중하지 않는다. 삶에서 관심을 가질 만한 일이 너무나 많기 때문이다. 당신이 기자회견을 한다고 해도 오늘 열리는 야구 경기 결과가 더 중요한 유권자가 훨씬 많다. 가족과 관계된 일은 최우선 관심사다. 직장은 어떤가? 오랜만에 가는 동창회는 어떤가? 메시지는 지겹도록 반복할 만한 어떤 것이다. 당신은 지겨울지 몰라도 유권자들은 대부분 처음 듣는 이야기라는 사실을 잊지 말아야 한다.

스마트폰 시대에 메시지는 다양한 콘텐츠로 변주된다. 소셜 미디어를 할 때 자신의 핵심 메시지를 강조할 수 있는 기사를 링크하고 코멘트를 다는 것은 좋은 방법이다. 아무 기사나 링크하지 말라. 그러면 메시지가 분산된다. 후보자의 관심이 아니라 유권자의 관심에 집중해야 한다. 이슈가 생길 때마다 그것을 자신의 메시지와 연결시키는 것이 중요하다. 텍스트로도 변주하고 카드뉴스도 만들며 동영상도 만들어라. 가장 중요한 것은 메시지를 일관되게 반복하는 것이다. 신익희는 어떤 이야기가 나오든 "못살겠다 갈아보자"고 했다. 노태우는 누구를 만나든 "보통 사람의 시대를 열겠다"고 했다. 오바마는 모든 문장의 끝에 "예. 우리는 할 수 있습니다"를 반복했다. 노무현은 모든 이슈에 대해 "반칙과 특권이 없는 세상"을 강조했고 반칙과 특권에 맞서 "사람 사는 세상"을 만들겠다고 했다.

흔히 스스로 굉장히 똑똑하다고 생각하는 사람이 반복을 꺼린다. 더 많이 안다는 것을 보여주고 싶어 하기 때문이다. 바보 같은 일이다. 유권자는 지식이 많은 후보를 원하는 것이 아니라 세상을 변화시킬 후보를 원하기 때문이다.

온라인 캠페이너 로버트 하인리히는 "기자들이 더 이상 들을 수 없을 정도로 지겹게 반복해야 비로소 유권자들이 듣기 시작할 것이다. 언론들의 참을성이 완전히 바닥났을 때 비로소 유권자들이 기억하기 시작할 것이다"라며 반복의 중요성을 강조했다. 그가 메시지 반복을 위해 내건 슬로건은 이렇다. "하나의 메시지, 수천 개의 목소리! (다른 방법은 없습니다.)"

8) 메시지는 행동과 연결되어야 한다

트위터에서 후보가 리트윗을 요청하면 리트윗이 많아진다. 페이스북에서 '좋아요'를 요청하면 '좋아요'가 늘어나고 공유를 요청하면 공유가 많아진다. 메시지는 유권자의 참여와 행동을 요청할 때 더욱 강력해진다. 이재명이 '손가락 혁명군'을 조직한 까닭이다. 기계적 조작은 중대한 범죄이지만 참여 요청은 가장 적극적인 캠페인 방식이다. 후보자에 대해 잘 정리된 인터뷰 기사가 나왔을 때 기사에 대한 우호적인 댓글을 요청하거나 네이버 검색창에 후보자 이름 검색을 요청하는 것도 행동 요청의 한 사례다.

자원봉사자를 모집하고, 펀드를 모금하고, 집회에 군중을 모을 때에도 항상 직접 명시적인 요청을 할 필요가 있다. 함께해달라고 요청하는 것이다. 지방선거 당내 경선 때 여론조사 응답을 요청하는 문자와 음성 메시지를 들어봤을 것이다. 그럴 때도 항상 자신의 메시지를 앞세워야 한다. 그냥 요구하는 것은 확장성이 없다. 메시지를 기획할 때는 항상 유권자 참여 및 행동 지침을 포함시켜야 한다.

투표 참여 운동은 가장 보편적인 유권자 행동 요구이다. 하지만 "누구를 찍든 투표하라"는 메시지는 너무 소극적이다. 선거법이 정한 선거운동 범위 내에서는 항상 자신의 메시지를 앞세우고 자신을 지지해달라고 요청해야 한다. 가령 캠페인 기간에 미래에 대한 준비를 강조한 후보라면, '우리의 미래를 위해 꼭 투표해주세요'라고 말하는 것이 좋다.

스마트폰 시대에 메시지에 대한 행동 요청 아이디어를 만들고 이를 실행하는 것은 메시지 전파에서 아주 중요한 일이 되었다. 오바마가 메시지 전파를 위해 트위터상에 조직한 '진실 팀' 200만 명의 자발적 캠페인은 메시지 행동 요청의 중요한 사례다. 이들은 오프라인의 자원봉사자 그룹과 연결돼 캐주얼한 콘텐츠를 생산하며 선거 캠페인에서 캠프의 벽을 허물었다는 평가를 받았다.

9) 메시지는 겨냥되어야 한다

캠페인에는 목표가 있고 목표를 이루는 과정에서 집중해야 할 청중이 존재한다. 만약 캠페인 메시지가 모두를 향한 것이라면 이는 사실상 아무에게도 향하지 않는 것이다. 당신에게 투표할 사람들은 당신에게 투표하지 않을 사람들과 다른 사람들이다. 두 그룹의 관심사는 판이하다. 즉 캠페인에 동침할 사람들이나 당신을 지지할 가능성이 있는 사람들에게 메시지가 '조준'되어야 한다. 적극 지지층과 지지층, 중간층, 반대층, 적극 반대층의 유권자가 존재한다. 선거는 스윙보터swing voter를 우리 편으로 만드는 작업이다. 그것은 결코 간단한 일이 아니다.

유권자들의 관심사를 세분화하여 공략하는 마이크로 타기팅은 빅 데이터 시대의 산물이다. 하지만 이것이 메시지를 결정하지는 않는다. 우리는 대학생을 만날 때와 노인을 만날 때 다른 이야기를 해야 한다. 하지만 캠페인 메시지는 누구를 만나든 일관되게 반복할 그 무엇이다. 다만 메시지를 엄호할 내용이 조금씩 다를 뿐이다. 마이크로 타기팅은 메시지의 변화가 아니라 구체적인 설득 과정임을 명심해야 한다. 앞서 말했듯이 오바마의 2012년 슬로건은 '전진'이었다. 4년간의 성과를 바탕으로 미국을 앞으로 4년 동안 더 전진시키겠다는 것이다. 이것은 남성을 만날 때도 여성을 만날 때도 같다. 백인을 만날 때도 흑인을 만날 때도 히스패닉을 만날 때도 아시아계를 만날 때도 똑같이 반복될 메시지다. 다만 만나는 유권자층에 따라 전진하는 방법은 사뭇 다를 것이다.

메시지는 전략적 타기팅이다. 해당 캠페인의 승리를 위해 어떤 유권자의 지지를 이끌어낼지 정하고 정확하게 거기를 겨냥하는 것이다. 반면 콘텐츠는 전술적 타기팅이다. 메시지 기조를 확고하게 유지하되 세분화된 유권자층에 최적화된 방식으로 접근하는 것이다. 가령 유튜브에 심취해 있는 20대 초반 유권자들에게는 그들 정서에 맞는 1분 남짓한 동영상을 제작해서 핵심 메시지를 전달한다면 효과가 좋을 것이다. 20대 초반 유권자에게 길고 지루한 텍스트를 제공하는 것은 별 효과가 없을 것이다. 초등학생 아이를 둔 엄마에게는 교육정책 인포그래픽 같은 직관적인 콘텐츠로 접근하는 것이 효율적일 것이다. 하지만 어떤 방식이든 모두 후보의 메시지가 관통해야 한다. 후보의 핵심 메시지가 불평등 해소와 복지 확대에 초점이 맞춰져 있다면 거기에 집중해야 한다.

박원순 서울시장은 2018년 지방선거에 도전하면서 3선을 의식해 '서울 10년 혁명'이라는 메시지를 내놓았다. 10년은 해야 서울을 바꿀 수 있다는 것이다. 그러면서 4년 뒤 자신이 만들 서울의 청사진을 그렸다. '내 삶을 바꾸는 서울의 10년 혁명, 문재인 정부와 함께 완성하겠습니다'가 핵심 콘셉트였다.

전략적으로 겨냥된 일관된 메시지를 최대한 다양한 방식으로 전달하는 것, 그것이 캠페인이다.

좋은 메시지의 특징을 9가지로 정리해봤다. 물론 이것은 정답이 아니다. 다만 메시지를 쉽게 생각하는 후보들이 많은 것은 좀 안타깝다. 메시지 없는 선거는 대개 오합지졸이다. 선거에서 지든 이기든 그 사람이 무엇을 했는지 유권자들이 아무것도 기억하지 못하게 만들기 때문이다. 1년만 지나도 그가 출마했었는지조차 잊어버리게 된다. 선거에서 팀을 본격적으로 조직하기 전에 메시지에 집중해야 한다. 그리고 이때 메시지는 천천히, 공들여 만들어야 한다. 메시지를 몇 시간 만에 결정할 수 있다고 생각한다면 그 캠페인이 성공할 확률이 크게 낮아진다.

좋은 메시지가 있으면 모든 캠페인이 앞으로 나아갈 수 있다. 사실 캠페인의 모든 요소는 메시지 전파의 일부다. 하지만 현실은 그렇지 않은 경우가 많다. 로버트 하인리히는 "올바른 메시지를 찾는 일은 정치 캠페인에서 가장 중요한 일이다. 하지만 불행하게도 메시지는 무시되는 것들 가운데 하나"라고 말했다.

캠페인을 해보면 명함, 포스터, 홈페이지 디자인, 이벤트 등에 대해서는 누구나 한마디씩 자기주장을 내놓는다. 그런데 아무리 토론을 해도 결론이 나지 않는다. 후보를 선택하게 만드는 핵심 논거, 즉 메시지가 결정되지도 않은 상태에서 많은 일이 진행되기 때문이다.

선거 캠페인은 쉬운 것부터 하는 것이 아니다. 가장 어려운 질문부터 시작하는 것이 가장 빠른 길이다. 선거에 나가거나 공익 캠페인을 준비하고 있다면 먼저 후보를 포함한 핵심 멤버 4-5명 규모로 4박 5일간의 메시지 워크숍을 떠나는 것이 좋다.

메시지 워크시트

1) 후보 메시지 만들기

세 가지 질문에 대한 후보자 심층 인터뷰
- 나는 누구인가?
- 나는 왜 정치를 하는가?
- 나는 왜 이 선거에 출마하는가?

각각의 질문에 대한 핵심 요소들 정리하기

왜 유권자들이 당신의 정당이나 후보에게 투표해야 하는지 모든 이유를 목록으로 작성하기

목록 가운데 가장 경쟁력 있는 요소 가려내기

글쓰기: 나는 왜 이 선거에 출마하는가에 대해 정리하기

소리 내어 읽기: 쓴 글을 반드시 소리 내어 읽고 시간 측정하기

줄이기: 72초가 될 때까지 줄이고 또 줄이기

평가하기
- 당신의 메시지는 진실하고 믿을 만한가?
- 당신의 메시지는 시의적절하고 구체적인가?
- 당신의 메시지는 유권자에게 중요한 것을 담고 있는가?
- 당신의 메시지는 명확하며 가슴을 움직이는가?
- 당신의 메시지는 유권자가 경쟁자가 아니라 당신을 선택할 이유를 분명하게 제시하고 있는가?

모니터링 하기
- 핵심 참모, 가족, 친한 유권자 등 보안이 유지되는 사람들에게 보여주고 직관적인 반응 살피기
(만약 카톡을 통해 지인에게 메시지를 보냈다면, 그 메시지 창을 다시 보는 것이 좋다. 그러면 메시지를 전달한 사람의 입장에서 메시지를 다시 검토하게 된다.)

다시 쓰고 소리 내어 읽기

2) 메시지 박스 만들기

미국 민주당의 최고 정치 전략가 폴 털리는 1989년 론 브라운 전국 위원장과 함께 민주당을 과학적 데이터 정당으로 이끈 인물이다. 그는 에드워드 케네디, 게리 하트, 월터 몬데일, 조지 맥거번, 마이클 듀카키스 등 쟁쟁한 정치인들과 함께 일했다. 1992년 미국 대통령 선거에서 빌 클린턴 캠프를 선두에서 지휘하던 그는 선거전이 한창이던 1992년 9월 24일 뇌졸중으로 사망한다. 과로가 원인이었다. 빌 클린턴은 그해 대선을 '털리의 선거'로 규정했고 캠프 활동가들도 털리를 추모하며 승리를 위해 더 열심히 뛰었다. 심지어 경쟁자였던 공화당 부시 대통령의 선거 책임자인 메리 마탈린도 털리를 애도하며 "그는 영혼을 가진 탁월한 정치 전략가"라고 칭찬했다.

폴 털리 이야기를 꺼낸 것은 그가 고안한 '털리의 메시지 박스 Message Box'가 선거 캠페인에서 정당을 불문하고 사용되고 있기 때문이다. 털리의 메시지 박스는 메시지 정리의 가장 강력한 도구이다. 털리는 후보자들이 그들의 메시지를 만드는 것과 그들의 선거 전략을 방법론적으로 엄밀하게 생각할 수 있도록 돕기 위해 네 가지의 예제를 디자인했다. 이것을 메시지 박스라고 부른다. 메시지 박스는 후보자가 캠페인 기간에 무엇을 말할 것인가를 결정하는 것을 넘어 경쟁 후보의 공격에 어떻게 대응할 것인지를 미리 대비할 수 있게 해준다. 또한 메시지 박스는 경쟁자와의 선명한 대비를 통해 후보의 생각과 가치를 보다 명확하게 전달할 수 있도록 도와준다.

메시지 박스는 선거 캠페인뿐 아니라 시민운동의 공공 캠페인에서도 유용하게 활용된다. 공공 캠페인의 경우 상대 후보가 있는 것은 아니지만 반대 세력이 존재하기 때문에 이를 응용할 수 있다.

가장 단순하면서 동시에 가장 강력한 무기가 메시지 박스이다.

폴 털리의 '메시지 박스'

우리가 우리에 대해 말하는 것 (Us on Us)	그들이 그들에 대해 말하는 것 (Them on Them)
우리가 그들에 대해 말하는 것 (Us on Them)	그들이 우리에 대해 말하는 것 (Them on Us)

커다란 흰 종이에 4분면을 나누어 그린 뒤 벽에 붙이고 4분면을 하나씩 채워나간다. 선거 캠페인은 전통적인 SWOT 분석만으로는 턱없이 부족하다. 선거는 현실이며 상대가 있고 항상 메시지가 필요하기 때문이다. 소셜 미디어 시대의 선거에선 매일, 매 순간 메시지가 필요하다. 기본적인 메시지 박스 이외에 소셜 미디어 대응을 위한 메시지 박스를 매일 만들 필요도 있다.

• **우리가 우리에 대해 말하는 것**

후보자와 캠프는 후보자와 스스로를 어떻게 정의하는가? 이 항목은 유권자들이 우리 후보에 대해 알기를 바라는 모든 긍정적인 이야기들로 채워진다. 앞의 워크시트 1(후보 메시지 만들기)에서 정리한 내용들을 보다 간단한 언어로 정리해서 채워 넣으면 된다. 핵

심 주제와 캠페인 포지셔닝, 우리가 원하는 것 등을 간결한 언어로
정리한다.

• **우리가 그들에 대해 말하는 것**

　우리는 상대를 어떻게 정의하고 있는가. 이 항목은 유권자들이 우리 경쟁자들에 대해서 생각했으면 하는 모든 부정적인 것들과 유권자들이 그들에게 투표하지 말아야 할 이유들로 채워진다. 상대의 약점을 분명히 파악하고 있어야 한다. 우리가 유리하면 끝내 써먹지 않을 수도 있지만, 준비는 반드시 필요하다. 상대의 약점을 알고 있어야 보이지 않게 유리한 위치에 먼저 가 있을 수 있다. 만약 지지율이 불리한 상황이라면 이것이 캠페인의 핵심이 될 수도 있다. 그들에 대한 정보는 언론 인터뷰나 소셜 미디어 등을 통해 수집할 수 있다. 물론 더 긴밀한 정보원을 찾아낼 수도 있을 것이다.

• **그들이 그들에 대해 말하는 것**

　이것 역시 인터뷰나 소셜 미디어를 참조해서 작성한다. 그들은 그들에 대해 어떤 이야기를 하고 있는지, 그들이 생각하는 그들의 장점은 무엇인지 기록한다. 상대방의 선거 전략을 정리한다. 우리의 주된 경쟁자인 그들의 관점에서 유권자들이 왜 그들에게 투표해야 하는지를 정리한다.

• **그들이 우리에 대해 말하는 것**

　이 항목은 경쟁자의 시각에서 우리를 돌아보는 것이다. 그들이 말하는 우리의 약점은 무엇인가? 그들은 우리 유권자들이 우리 후

보자를 어떻게 생각하기를 바라는가? 왜 그렇게 생각하는가? 그들 생각에 유권자는 왜 우리 후보에게 투표하지 말아야 하는가? 그들이 보는 우리의 약점을 기록하는 것이다.

우리는 왼쪽 라인(우리의 이야기)에서 캠페인을 지배해야 한다. 메시지 박스는 상대방이 무슨 말을 할지 미리 예상할 수 있게 해주기 때문에 선제적 대응을 가능하게 한다. 또 우리와 그들, 유권자의 생각을 한 페이지 안에서 계속 생각할 수 있게 해주기 때문에 우리가 고립되지 않도록 막아준다. 메시지는 일관되게 반복해야 하지만 메시지 박스에는 일주일마다 변화된 상황을 체크해서 반영하는 것이 좋다. 실제 대응 매뉴얼이기 때문이다.

캠프의 핵심 구성원들이 모여 빈 칸을 제대로 적었다면, 완성된 메시지 박스는 선거 기간 내내 우리의 후보는 물론이고 경쟁자들이 할 말들을 고스란히 담고 있을 것이다. 여기에는 선거 기간에 실제로 사용되지 않을 것도 있고, 간접적으로 사용될 것도 있다. 암시적으로 사용될 것도 있다. 우리는 상대의 암시적 비난에도 대응해야 한다. 상대를 암시적으로 비교할 줄도 알아야 한다. 예를 들어 우리가 그 일을 할 만한 충분한 경력이 있다고 강조하는 것은 상대가 그렇지 않다는 것을 뜻한다. 상대 후보가 정직하지 않다면 우리 후보는 정직을 계속 강조할 수도 있다. 상대가 정직하지 않다고 명시적으로 말하지 않더라도 유권자들은 그것을 알아차릴 수 있다. 반대로 상대가 안보를 강조한다면 우리 후보는 안보에 대한 공격에 철저히 대비해야 한다.

상대가 명시적 혹은 암시적으로 우리 후보를 공격할 때 침묵한다면 어떤 일이 생길까? 유권자들은 그 상황을 믿게 될지도 모른다. 유권자들이 상대가 제공하는 어떤 정보가 사실이라고 믿게 만들어서는 안 된다. 메시지 박스의 주요 목적 가운데 하나는 상대가 무엇을 비난할지 예상하고 이에 대한 대응 메시지를 미리 준비하는 것이다. 메시지 박스는 어떤 공격이 들어와도 항상 그 순간에 꺼내 쓸 수 있을 정도로 철저히 준비할 필요가 있다.

선거 캠페인을 하면서 왼쪽 라인을 주로 꺼내 쓸 것인지, 오른쪽 라인(그들의 이야기)을 주로 꺼내 쓸 것인지는 후보의 포지션에 따라 달라진다. 후보가 지지율과 호감도, 신뢰도 측면에서 확고하게 앞서 있다면 우리의 이야기를 중심으로 선거를 치를 수 있다. 만약 상대 후보가 앞서 있다면 우리는 우리가 생각했던 것보다 더 일찍 그들의 이야기를 꺼내 써야 할지도 모른다. 포지티브 선거와 네거티브 선거를 결정하는 핵심 기준은 후보의 포지셔닝이다. 캠페인을 하다 보면 "난 절대 어떤 일이 있어도 상대 후보를 공격하지 않을 거야"라고 말하는 후보를 보게 되는데, 그 후보는 지금도 앞으로도 선거에 나오면 안 된다. 선거는 경쟁이고 왜 자신을 선택해야 하는지 정해진 기간에 설득하는 게임 혹은 전쟁이다. 불리한 후보가 상대를 압박하지 않으면 선거에서 이길 수 있는 길은 없다. 불리한 후보는 자신의 신뢰를 높이기 위해 더 적극적으로 노력하는 동시에 상대의 신뢰를 떨어뜨리기 위해 최선의 노력을 다해야 한다.

선거는 한마디로 자신의 장점을 키우고 상대의 단점을 부각하는 행위이다.

3) 이슈 중요도와 포지션 결정하기

메시지가 단지 이슈들의 목록은 아니지만 메시지는 유권자의 관심이 큰 이슈를 다뤄야 한다. 메시지는 나무처럼 흔들리지 말아야 한다. 메시지는 아무리 거센 바람에도 절대 흔들리지 않는 나무의 몸통이며 이슈들은 흔들리는 잎새 같은 것이다. 이슈를 다루더라도 후보의 메시지가 일관성을 잃으면 이슈를 다루는 것이 무의미해지거나 상대에게 유리한 것이 될 수도 있다. 상대에게 유리한 이슈의 프레임에 들어갔다가 헤어 나오지 못할 수도 있다. 거친 이슈의 광장에 나갈 때에도 모든 이슈는 메시지에 단단히 묶여 있어야 한다. 메시지로부터 이탈한 이슈는 이미 통제 범위를 벗어난 것이다.

문재인은 '적폐 청산' 기조를 일관되게 유지했다. 촛불혁명이 일어난 뒤라 적폐 청산은 국민 대다수가 바라는 일이었다. 그런데 한편에는 국론 분열을 우려하는 목소리가 있었다. 그래서 문재인은 '적폐 청산'을 메인으로 '국민 통합'을 결합하는 메시지 전략을 구사했다.

1992년에 빌 클린턴은 공화당이 내리 세 번을 집권한 뒤에 출마한 민주당 후보였다. 그의 메시지는 단순했다. "변화하거나 이대로 있거나change or more of the same?" 클린턴은 모든 이슈를 이 메시지에 묶어두었다. 건강보험 개혁, 교육, 경제, 사회복지, 전쟁 등 모든 이슈에 대해 클린턴의 결론은 하나였다. "변화를 선택하시겠습니까? 이대로 더 가시겠습니까?" 이는 금융 위기 때 출마한 오바마가 국민들이 느끼고 있는 깊은 절망에 공감하면서 "예. 우리는 할 수 있습니다"를 지겹도록 반복한 것과 같다.

그렇다면 이슈는 어떻게 골라야 할까? 국민들의 관심이 크다고 해서 모든 이슈에 뛰어들 필요는 없다. 어떤 이슈가 나에게 유리한 이슈인지 선별해야 한다. 상대에게 유리한 이슈에 뛰어들었다가 프레임에 갇히면 메시지도 무용지물이 되기 십상이다. 공격할 이슈와 방어할 이슈를 고르는 것은 매우 중요하다.

이슈들의 목록에서 이슈를 선택할 때 고려해야 할 사항은 두 가지다. 첫째 이 이슈는 우리 후보가 공략하려는 유권자들이 얼마나 큰 관심을 갖고 있고 또 그들에게 얼마나 중요한가? 둘째 유권자들이 보기에 이 이슈에 대해 우리 후보와 상대 후보 중 누가 더 유리한 포지션을 갖고 있는가?

유권자들은 중요하게 생각하지 않는 이슈에 대해 후보의 관심 때문에 시간을 낭비하는 경우를 흔히 발견한다. 그 캠페인은 후보자가 압도적 경쟁력을 갖고 있는 경우가 아니라면 성공하기 어렵다. 또 유권자들의 관심이 크고 중요한 이슈라고 해도 유권자들이 상대 후보가 훨씬 더 잘 해결할 것이라고 생각하는 이슈는 무시하거나 차이를 좁히거나 둘 중 하나를 선택해야 한다. 그런 경우는 수도 없이 많다. 박원순 시장은 도시재생 사업에서 성공적인 이미지를 쌓았다. 그런데 지지율에서 한참 뒤떨어진 후보가 도시재생 사업을 중심으로 캠페인을 한다면 그것은 오히려 박원순 시장의 존재감을 부각시켜주는 것이다. 하물며 도시 재생 사업이 서울 시민의 중요한 관심 사항이 아니라면 지지율을 회복할 기회조차 놓치고 있는 것이다. 후발 주자는 유권자의 관심이 가장 큰 이슈 가운데 자신에게 강점이 있으면서 동시에 상대가 취약한 이슈를 집중 공략해야 한다.

야구를 생각하면 더 쉽게 이해할 수 있다. 야구는 통계학이 가장 좋아하는 스포츠 가운데 하나다. 투수의 입장에서 볼 때 상대 타자가 잘 치는 공을 던져야 할까 못 치는 공을 던져야 할까? 투수는 상대 타자의 약점을 파고들어야 경쟁에서 이길 수 있다. 상대가 잘 칠 수 있는 공을 던지는 것을 야구에서 '실투'라고 한다. 야구도 선거도 실투를 줄이는 게임이다.

그러면 이제 선거에서 떠오를 10대 이슈들의 목록을 작성해보자. 이슈들의 목록 옆에 중요도(관심도)와 포지션의 칸을 만들어 1-10까지 표시해보자. 숫자가 높을수록 중요한 것이다. 그러면 중요도와 포지션이 모두 높은 항목이 도출된다. 매우 중요하고 포지션도 좋은 이슈를 골라 집중하는 것이 이슈 캠페인 전략의 핵심이다. 인도네시아의 선거 캠페인 재단 국가민주주의연구소(NDI)의 캠페인 교육 자료 가운데 이슈 평가표와 이슈 사분면표를 소개한다.

표 1 · 이슈 평가표

이슈들	중요도(관심도)	후보의 포지션
가	7	9
나	2	7
다	3	4
라	9	10
마	8	3
바	5	5
사	4	4
아	10	3
자	1	6
차	5	7

표 2 · 이슈 사분면표

	1	2	3	4	5	6	7	8	9	10
10			아							
9										라
8			마							
7								가		
6										
5					바	차				
4				사						
3				다						
2							나			
1						자				
0	1	2	3	4	5	6	7	8	9	10

매우 중요함+안 좋은 포지션(X) / 매우 중요함+좋은 포지션(O)
덜 중요함+안 좋은 포지션 / 덜 중요함+좋은 포지션

    우리는 이런 표를 통해 이슈를 고를 수 있다. 우리 후보가 부각시켜야 할 이슈와 상대 후보가 부각시킬 이슈가 정해진다. 유권자의 관심이 낮은 이슈는 크게 신경 쓰지 않아도 된다. 〈표 2〉 이슈 사분면표의 우측 상단처럼 우리 후보에게 유리한 이슈는 다양한 캠페인으로 부각시켜야 한다. 〈표 2〉에서 '라'와 '가'는 우리 후보가 집중해야 할 이슈다. 그런데 문제는 유권자들이 매우 중요하게 생각하는 이슈인데 우리 후보의 포지션이 아주 불리한 경우다. 〈표 2〉의 왼쪽 상단이다. 이 경우엔 이슈의 중심이 그쪽으로 가지 않게 하는 방법과 그 이슈에 대한 포지션을 좋게 만드는 방법이 있다. 이슈 전환과 포지션 리셋이다. 포지션 리셋의 가장 좋은 방법은 우리 후보를 보완하기 위한 사람을 데려오는 것이다. 스쿼드를 강화하는 것이다.

모든 유권자가 스마트폰을 들고 다니는 소셜 미디어 시대엔 메시지의 일관성을 유지하기가 더욱 어렵다. 너무 많은 정보가 돌아다니기 때문에 유권자에게 후보의 메시지를 전달하는 것 자체가 쉽지 않다. 하지만 그럴 때일수록 후보는 메시지에 완전히 붙어 있어야 한다. 메시지에 완전히 붙어서 모든 캠페인 과정에서 반복적으로 진정성을 보여준다면 승리의 기회는 언제든 찾아올 수 있다. 그런데 조급한 마음에 메시지의 끈을 놓아버리는 순간 기회도 함께 사라지게 될 것이다.

후보의 메시지가 유권자들에게 충분히 가치 있고, 중요한 것이라면 그것 자체가 미디어가 되어 후보를 돕게 될 것이다. 마지막으로 『이기는 프레임』에 나온 조지 레이코프의 충고를 덧붙인다.

- 당신 자신의 언어를 사용하라. 절대로 상대의 언어를 사용하지 말라.
- 당신이 믿는 바를 자각하고, 계속 반복해서 말하라. 당신이 옳다고 믿지 않는 개념은 절대로 반복하지 말라. 설령 그러한 개념에 반대하는 주장을 펼친다고 해도 말이다.
- 긍정적이 돼라.
- 진정성을 보여라.
- 절실하게 전달하라.
- 단순하게 말하라.

새로운 정치를 향한
스마트폰 행동주의

바위에서 불빛들이 반짝거리기 시작한다

기나긴 날이 저물고

느린 달이 솟아오른다

심연은 갖가지 소리로 신음하며 감돈다

오라, 나의 친구들이여

새로운 세계를 찾기에 너무 늦지 않았다

— **알프레드 테니슨, 『율리시즈』**

지금 한국 사회는 급격한 변화를 겪고 있다.

　전쟁의 위협을 제거하려는 문재인 대통령의 숨 가쁜 노력은 한반도 비핵화와 종전 선언이라는 1차 목표를 향해 나아가고 있다. 우여곡절도 많다. 북한과 미국의 힘겨루기는 아슬아슬하기까지 하다. 오랫동안 쌓여온 불신의 장벽을 허무는 일은 결코 쉬운 일이 아니다. 대전환의 시기에 한 나라의 최고 지도자나 책임 있는 당국자가 표출하는 말과 글은 매우 민감한 반응을 초래한다. 실제로 북미 정상회담이 성사되기까지 취소와 재개라는 위험한 소용돌이를 지나왔다. 그럼에도 불구하고 변화의 기운은 그 어느 때보다 강력하다.

　여기에는 미국과 북한 사이의 적극적인 중재자를 자임한 문재인의 역할이 크게 작용하고 있다. 특히 김정은과 트럼프를 칭찬하며 공을 돌리는 문재인의 메시지 전략은 구체제를 극복하고 새로운 변화를 만드는 윤활유 역할을 톡톡히 하고 있다. 한반도 비핵화와 평화체제 정착까지는 길고 어려운 과정이 존재하겠지만, 벽을 허물고 대화의 자리를 마련한 문재인의 외교적 역량은 두고두고 평가될 것이다.

문재인의 이런 담대한 행보는 국민들의 압도적인 지지가 있기 때문에 가능한 일이다. 만약 과거처럼 보수언론이 여론을 주도하는 시대였다면 대통령의 행보에 엄청난 제약이 따랐을 것이다. 한 보수언론이 '북한이 외신기자들에게 1만 달러의 취재비를 요구했다'는 등의 오보를 내면서까지 대화 노력에 흠집을 내려고 했지만, 그들의 영향력은 이제 여론의 흐름을 바꾸는 데까지 이르지 못한다. 『조선일보』를 비롯한 기존 뉴스 공급자들의 영향력은 급격히 줄어들었으며, 뉴스 이용자들의 능동적 참여가 여론 형성의 새로운 주체가 되었다.

'번개팅'처럼 진행된 2차 남북 정상회담 내용은 다음 날 오전 10시에 문재인 대통령이 직접 브리핑했다. 각종 통신사들이 앞다퉈 온라인 뉴스를 생산해냈고 국민들은 언론사의 프레임을 거치지 않고 직접 그 내용을 접할 수 있었다. 대통령이 발신한 메시지는 그 자체로 강력한 미디어가 되었던 셈이다. '격식을 갖추지 않고 수시로 양 정상이 만날 수 있는 길을 열었다'는 메시지는 복잡하고 어려운 한반도 문제를 푸는 데 있어 뭔가 예전과는 다를 것이라는 희망을 안겨주었다.

스마트폰 시대는 미디어 환경뿐 아니라 사회 전반에 걸쳐 새로운 현상을 만들어내고 있다. 그 가운데 하나가 정치의 변화다. 앞에서 살펴본 촛불혁명이나 미투 운동은 국민들의 직접 참여가 기존의 정치질서에 큰 영향을 미칠 것이라는 점을 예고한다. 촛불혁명은 박근혜 정권의 몰락을 이끌었고, 미투 운동은 남성 중심의 지배체제에 균열을 내기 시작했다. 급격한 사회변동의 시기에 정치의 역할은 무엇보다 중요하다. 새로운 시대에 맞는 법과 제도를 만드는 것이 정치이기 때문이다. 나아가 이제 모든 국민이 마음만 먹으면 자신의 미디어를 갖고 메시지를 발신할 수 있는 시대에 정치의 개념은 새로운 차원으로 확장된다.

하지만 현실의 정치는 너무 낡아서 시대의 변화를 수용하지 못하고 있다. 촛불혁명은 문재인 정부를 탄생시켰지만, 입법기관인 국회는 바꿀 수 없었다. 50대 남성권력의 상징이 된 국회는 촛불시민이 요구한 개혁 입법을 처리하지도 못했고, 새로운 시대의 요구를 반영한 개헌은 논의조차 제대로 하지 못했다. 이 글을 쓰고 있는 동안 국회는 상여금, 복리후생비 등 산입 범위를 확대한 최저임금법을 통과시켰다. 민주노총과 정의당이 반대하고 경총과 자유한국당이 동의한 실질적인 최저임금 삭감 법안이다. 이 법안이 발효되면 상여금과 복리후생비를 받는 일부 비정규직 노동자들의 실질임금이 줄어드는 효과가 나타난다. 여당인 더불어민주당이 앞장서 문재인 대통령의 최저시급 1만원 시대 공약을 사실상 휴지조각으로 만든 것이나 다름없다.

지금의 국회는 사회적 약자의 이익을 대변하기는커녕 기득권 제도를 강화하는 데 골몰하고 있다. 미국의 저명한 사회운동가 파커 J. 파머는 『비통한 자들을 위한 정치학』에서 "정치라는 것이 모든 사람을 위한 연민과 정의의 직물을 짜는 것이라는 점을 잊어버릴 때, 우리 가운데 가장 취약한 이들이 맨 먼저 고통을 받는다. 어린

이, 노인, 정신질환자, 가난한 사람 그리고 노숙인이 바로 그들이다. 그들이 고통을 겪을 때 우리 민주주의의 성실성도 고통을 겪는다"고 주장했다. 촛불혁명을 통해 공적 영역으로의 위대한 여정을 통과했지만 한국의 민주주의는 여전히 고통 받고 있다.

정치의 근본적 변화를 위해서는 스마트폰 행동주의를 경험한 새로운 세대가 더 많이 현실 정치에 진출할 필요가 있다. 촛불혁명이 제도적 개혁의 성과로 이어지려면 단지 정권교체가 아니라 국회 권력을 바꿔야 한다. 즉 2020년 총선이 촛불혁명 완성의 중요한 시험대인 것이다.

얼마 전 스페인의 신생정당인 포데모스의 전략 분석 및 사회변혁 사무국의 엠마 알바레즈 크로닌이 한국을 찾았다. '우리는 할 수 있다'는 뜻을 가진 포데모스는 2014년에 창당됐고, 현재 약 70여 명의 국회의원을 가진 스페인 제3당이다. 청년 단체인 '바꿈' 초청으로 내한한 엠마 알바레즈 크로닌은 서울시NPO지원센터에서 '스페인의 광장 민주주의 사례: 15M 운동과 포데모스'라는 제목으로 의미 있는 발표를 했다.

2011년 5월 15일 시작된 15M 운동은 우리의 촛불혁명처럼 광장에서 시작됐다. 광화문광장이 촛불을 상징했듯이 태양의 광장이 15M 운동을 상징했다. 이 운동의 가장 큰 특징은 기존 정치조직이나 시민단체가 주도한 것이 아니라 '이제는 진정한 민주주의를'이라는 온라인 플랫폼이 중심 역할을 했다는 점이다. 이 플랫폼은 5월 15일에 스페인의 60개 이상 도시에서 집회를 열었다. 이들은 거대 양당 체제 개혁, 기업 권력 해체, 긴축정책 반대, 참여 민주주의를 요구하는 행진을 벌였다. 광장의 메인 슬로건은 '우리는 정치가와 은행가의 손에 놀아나는 꼭두각시가 아니다'였다. 한국의 촛불혁명이 그랬던 것처럼 15M 운동도 소셜 미디어를 통해 확산되고 공유되었다. 이들은 신자유주의에 포섭된 사회주의 정권을 비판하며 경제위기를 서민들에게 전가하려는 시도를 강하게 부정했다. 온라인 플랫폼을 중심으로 광장에 모여든 시민들은 캠프를 차리고 서클을 만들며 조직화하기 시작했다. 촛불시위가 기성 정치권의 개혁을 요구한 반면, 이들은 그들 스스로 현실 정치권에 진입하려고 했다. 즉 새로운 정당 건설이 15M 운동의 지향점이었던 셈이다.

엠마는 이날 강연에서 "수년간 정치적 불만을 품은 채로 지내오던 개인들은 정치가 일상생활과 관련이 있으며 자신이 뭔가 할 수 있다는 것을 불현듯 깨달았다. 거리와 광장은 회의하는 사람들, 토론하는 사람들, 시위하는 사람들로 가득했으며, 이를 통해 운동은 점점 성장하고 사람들은 변화에 대한 열망을 키웠다"고 말했다. 이들은 공공 교육 체계를 위한 녹색 물결, 공공보건 시스템을 위한 하얀 물결, 나라를 떠나야 하는 젊은이들을 위한 붉은 물결, 사회서비스를 위한 주황색 물결, 여성의 권리를 위한 자주색 물결 등 자발적인 물결 운동을 벌였다.

대규모 시민운동과 플랫폼의 결합은 정당 창당으로 이어졌다. 포데모스는 2019년 선거에서 더 큰 성과를 내기 위해 조직을 강화하고 있다. 이들은 사람들의 더 많은 참여를 위해 블록체인 기반의 경선 플랫폼을 도입했으며, 지역 상황에 따라 유연한 선거 전략을 구사하면서 영향력을 키워가고 있다.

포데모스 사례에서 보듯이 스마트폰 시대의 일상적 정치 참여 경험은 새로운 정치 정당 출현의 가능성을 높인다. 메시지를 가진 개인은 이제 고립된 개인이 아니며 연결과 참여를 바탕으로 직접 정치의 변화를 주도하는 경향을 갖는다. 스마트폰을 손에 쥔 새로운 대중은 자신의 말과 글을 바탕으로 공적 영역에 들어서기 시작했다. 한 사회에 제기된 문제를 해결하려면 당사자들의 이야기가 많아져야 한다. 청년의 문제를 해결하려면 청년의 이야기가 많아져야 하고, 여성의 문제를 해결하려면 여성의 이야기가 많아져야 하며, 장애인의 문제를 해결하려면 장애인의 이야기가 많아져야 한다. 이야기는 개인의 경험과 공적 가치가 만나는 지점에서 강력해지며 그 자체로 미디어가 된다.

많은 이야기가 강력하게 연대하면 플랫폼이 되고 시민단체가 되며 그들이 권력을 지향할 때 새로운 정당이 된다. 더 이상 민의를 대변하지 않는 기득권 정치권력을 대체할 새로운 정치 세력의 등장은 민주주의의 미래를 살찌울 것이다. 물론 결코 쉬운 일은 아니다. 강력한 기득권 구조를 깨기 위해서는 사람들의 마음을 움직일 강력한 메시지를 가진 더 많은 개인들의 연합이 필요하기 때문이다.

나는 이 책이 스마트폰 행동주의를 체화한 여성과 청년이 공적 영역의 주체로 나서는 데 조그마한 도움이 되기를 바란다. 당신의 메시지가 사람들의 마음을 움직이는 순간, 세상은 변화하기 시작할 것이다. 아무리 강한 기득권의 장벽도 스마트폰의 전염성을 제어할 수 없을 것이다.

정치란 권력을 사용하여 삶에 질서를 함께 부여하는 행위로서, 심층적으론 하나의 인간적인 기획이다. 마음이 부서져 흩어진 게 아니라 깨져서 열린 사람들이 정치의 주축을 이룬다면, 보다 평등하고 정의롭고 자비로운 세계를 위해 차이를 창조적으로 끌어안고 힘을 용기 있게 사용할 수 있다(파커 J. 파머, 『비통한 자들을 위한 정치학』).

참고 문헌

강성기, 『신문소프트』, 지식공작소, 1991.
강원국, 『대통령의 글쓰기』, 메디치미디어, 2014.
김양호, 『김양호 박사가 선정한 세계의 명연설』, 비전코리아, 2016.
김예슬, 『촛불혁명 — 2016 겨울 그리고 2017 봄, 빛으로 쓴 역사』, 느린걸음,
       2017.
김정구 외, 『2018 트렌드 노트』, 북스톤, 2017.
김호기, 『세상을 뒤흔든 사상: 현대의 고전을 읽는다』, 메디치미디어, 2017.
나심 니콜라스 탈레브, 『안티프래질』, 안세민 옮김, 와이즈베리, 2013.
네이트 실버, 『신호와 소음』, 이경식 옮김, 더퀘스트, 2014.
뉴욕타임스 2020그룹 보고서, 『독보적인 저널리즘: 뉴욕타임스 혁신보고서』,
       강진규 옮김, 스리체어스, 2017.
니콜라스 네그로폰테, 『디지털이다』, 백욱인 옮김, 커뮤니케이션북스, 1999.
레이 커즈와일, 『특이점이 온다』, 장시형 외 옮김, 김영사, 2007.
리처드 탈러, 캐스 선스타인 외, 『넛지』, 안진환 외 옮김, 리더스북, 2009.

마셜 매클루언,『미디어의 이해: 인간의 확장』, 김상호 옮김, 커뮤니케이션북스, 2011.

마우리시오 라부페티,『호세 무히카 조용한 혁명』, 박채연 옮김, 부키, 2016.

마이클 린치,『인간 인터넷』, 이충호 옮김, 사회평론, 2016.

마이클 울프,『화염과 분노』, 장경덕 옮김, 은행나무, 2018.

마틴 포드,『로봇의 부상』, 이창희 옮김, 세종서적, 2016.

말콤 글래드웰,『그 개는 무엇을 보았나』, 김태훈 옮김, 김영사, 2010.

바츨라프 하벨,『불가능의 예술』, 이택광 옮김, 경희대학교출판문화원, 2016.

박성민,『정치의 몰락』, 민음사, 2012.

박종수,『뉴미디어 채택 이론』, 커뮤니케이션북스, 2013.

브랜던 스탠턴,『휴먼스 오브 뉴욕』, 박상미 옮김, 현대문학, 2014.

비스와바 쉼보르스카,『끝과 시작』, 최성은 옮김, 문학과지성사, 2007.

사이먼 마이어, 제레미 쿠르디,『위대한 연설 100』, 이현주 옮김, 샘앤파커스, 2010.

사이먼 사이넥,『나는 왜 이 일을 하는가』, 이영민 옮김, 타임비즈, 2013.

샘 리스,『레토릭: 세상을 움직인 설득의 비밀』, 정미나 옮김, 청어람미디어, 2014.

셰릴 샌드버그, 애덤 그랜트,『옵션 B』, 안기순 옮김, 와이즈베리, 2017.

안병진,『미국의 주인이 바뀐다』, 메디치미디어, 2016.

알랭 드 보통 외,『사피엔스의 미래』, 전병근 옮김, 모던아카이브, 2016.

애덤 그랜트,『오리지널스』, 홍지수 옮김, 한국경제신문, 2016.

에릭 데젠홀,『유리턱』, 이진원 옮김, 더난출판, 2015.

에릭 리우, 닉 하나우어,『민주주의의 정원』, 김문주 옮김, 웅진지식하우스, 2017.

에릭 시겔,『빅 데이터의 다음 단계는 예측 분석이다』, 고한석 옮김, 이지스퍼블리싱, 2014.

월터 아이작슨,『스티브 잡스』, 안진환 옮김, 민음사, 2011.

유승찬, 안병진, 이철희,『바꿔야 이긴다』, 로도스, 2013.

이기주,『말의 품격』, 황소북스, 2017.

조너선 체이트,『오바마의 담대함』, 박세연 옮김, 성안당, 2017.

조지 레이코프, 엘리자베스 웨흘링,『이기는 프레임』, 나익주 옮김, 생각정원, 2016.

존 주디스,『포퓰리즘의 세계화』, 오공훈 옮김, 메디치미디어, 2017.

존 하일먼, 마크 핼퍼린,『게임 체인지』, 정병선 옮김, 컬처앤스토리, 2011.

최영,『공유와 협력, 소셜 미디어 네트워크 패러다임』, 커뮤니케이션북스, 2013.

캐스 선스타인,『우리는 왜 극단에 끌리는가』, 이정인 옮김, 프리뷰, 2011.

콜린 딜라니,『승리를 위한 인터넷 사용법: 온라인 정치캠페인을 위한 손쉬운 가이드』, 장혜영 옮김, e_book.

크리스 앤더슨,『롱테일 경제학』, 이노무브그룹 외 옮김, 랜덤하우스코리아, 2006.

크리스 앤더슨,『메이커스』, 윤태경 옮김, 알에이치코리아, 2013.

크리스 앤더슨,『프리: 비트 경제와 공짜 가격이 만드는 혁명적 미래』, 정준희 옮김, 랜덤하우스코리아, 2009.

클라우스 슈밥,『클라우스 슈밥의 제4차 산업혁명』, 송경진 옮김, 새로운현재, 2016.

토머스 쿤,『과학혁명의 구조』, 김명자·홍성욱 옮김, 까치글방, 2013.

토머스 프레이,『미래와의 대화』, 이미숙 옮김, 북스토리, 2016.

파커 J. 파머,『비통한 자들을 위한 정치학』, 김찬호 옮김, 글항아리, 2018.

피터 힌센,『뉴 노멀』, 이영진 옮김, 2013.

한나 아렌트,『공화국의 위기』, 김선욱 옮김, 한길사, 2011.

한나 아렌트,『한나 아렌트의 말』, 윤철희 옮김, 마음산책, 2016.

한상기, 『한상기의 소셜 미디어 특강』, 에이콘출판, 2014.

『대통령의 연설: 백악관 스피치라이터들이 꼽은 오바마 최고의 순간들』(최현진 옮김, 스리체어스, 2017).

『디지털 뉴스 리포트 2017』(한국언론문화진흥재단, 로이터 저널리즘 연구소 발행).

「호세 무히카 리우 환경회의 연설」(https://www.youtube.com/watch?v=k2xc IU2U4 UE&t=31s).